DV-Konzepte operativer Früherkennungssysteme

Wirtschaftswissenschaftliche Beiträge

Band 1: Christof Aignesberger
Die Innovationsbörse als Instrument
zur Risikokapitalversorgung
innovativer mittelständischer
Unternehmen
1987. 326 Seiten. Brosch. DM 69,-
ISBN 3-7908-0384-7

Band 2: Ulrike Neuerburg
Werbung im Privatfernsehen
1988. 302 Seiten. Brosch. DM 69,-
ISBN 3-7908-0391-X

Band 3: Joachim Peters
Entwicklungsländerorientierte
Internationalisierung von
Industrieunternehmen
1988. 165 Seiten. Brosch. DM 49,-
ISBN 3-7908-0397-9

Band 4: Günther Chaloupek
Joachim Lamel und Josef Richter
(Hrsg.)
Bevölkerungsrückgang und
Wirtschaft
1988. 478 Seiten. Brosch. DM 98,-
ISBN 3-7908-0400-2

Band 5: Paul J. J. Welfens und
Leszek Balcerowicz (Hrsg.)
Innovationsdynamik im
Systemvergleich
1988. 466 Seiten. Brosch. DM 90,-
ISBN 3-7908-0402-9

Band 6: Klaus Fischer
Oligopolistische Marktprozesse
1988. 169 Seiten. Brosch. DM 55,-
ISBN 3-7908-0403-7

Band 7: Michael Laker
Das Mehrproduktunternehmen in
einer sich ändernden unsicheren
Umwelt
1988. 209 Seiten. Brosch. DM 58,-
ISBN 3-7908-0413-4

Band 8: Irmela von Bülow
Systemgrenzen im Management
von Institutionen
1989. 278 Seiten. Brosch. DM 69,-
ISBN 3-7908-0416-9

Band 9: Heinz Neubauer
Lebenswegorientierte Planung
technischer Systeme
1989. 183 Seiten. Brosch. DM 55,-
ISBN 3-7908-0422-3

Band 10: Peter Michael Sälter
Externe Effekte: „Marktversagen"
oder Systemmerkmal?
1989. 196 Seiten. Brosch. DM 59,-
ISBN 3-7908-0423-1

Band 11: Peter Ockenfels
Informationsbeschaffung auf
homogenen Oligopolmärkten
1989. 163 Seiten. Brosch. DM 58,-
ISBN 3-7908-0424-X

Band 12: Olaf Jacob
Aufgabenintegrierte
Büroinformationssysteme
1989. 177 Seiten. Brosch. DM 55,-
ISBN 3-7908-0430-4

Band 13: Johann Walter
Innovationsorientierte
Umweltpolitik bei komplexen ·
Umweltproblemen
1989. 208 Seiten. Brosch. DM 59,-
ISBN 3-7908-0433-9

Band 14: Detlev Bonneval
Kostenoptimale Verfahren in der
statistischen Prozeßkontrolle
1989. 180 Seiten. Brosch. DM 55,-
ISBN 3-7908-0440-1

Band 15: Thomas Rüdel
Kointegration und
Fehlerkorrekturmodelle
1989. 138 Seiten. Brosch. DM 49,-
ISBN 3-7908-0441-X

Band 16: Konrad Rentrup
Heinrich von Storch, das
„Handbuch der
Nationalwirthschaftslehre" und die
Konzeption der „inneren Güter"
1989. 146 Seiten. Brosch. DM 55,-
ISBN 3-7908-0445-2

Band 17: Manfred A. Schöner
Überbetriebliche
Vermögensbeteiligung
1989. 417 Seiten. DM 98,-
ISBN 3-7908-0446-0

Band 18: Paulo Haufs
DV-Controlling
1989. 166 Seiten. DM 55,-
ISBN 3-7908-0447-9

Band 19: Rainer Völker
Innovationsentscheidungen
und Marktstruktur
1989. 221 Seiten. Brosch. DM 65,-
ISBN 3-7908-0452-5

Band 20: Petra Bollmann
Technischer Fortschritt und
wirtschaftlicher Wandel
1989. 184 Seiten. Brosch. DM 59,-
ISBN 3-7908-0453-3

Band 21: Franz Hörmann
Das Automatisierte, Integrierte
Rechnungswesen
1989. 408 Seiten. Brosch. DM 89,-
ISBN 3-7908-0454-1

Band 22: Winfried Böing
Interne Budgetierung im
Krankenhaus
1990. 274 Seiten. Brosch. DM 69,-
ISBN 3-7908-0456-8

Band 23: Gholamreza
Nakhaeizadeh und
Karl-Heinz Vollmer (Hrsg.)
Neuere Entwicklungen in der
Angewandten Ökonometrie
1990. 248 Seiten. Brosch. DM 68,-
ISBN 3-7908-0457-6

Band 24: Thomas Braun
Hedging mit fixen Termin-
geschäften und Optionen
1990. 167 Seiten. Brosch. DM 55,-
ISBN 3-7908-0459-2

Band 25: Georg Inderst,
Peter Mooslechner
und Brigitte Unger (Hrsg.)
Das System der Sparförderung
in Österreich
1990. 126 Seiten. Brosch. DM 55,-
ISBN 3-7908-0461-4

Band 26: Thomas Apolte und
Martin Kessler (Hrsg.)
Regulierung und Deregulierung im
Systemvergleich
1990. 313 Seiten. Brosch. DM 79,-
ISBN 3-7908-0462-2

Band 27: Joachim Lamel/Michael
Mesch/Jiři Skolka (Hrsg.)
Österreichs Außenhandel mit
Dienstleistungen
1990. 335 Seiten. Brosch. DM 79,-
ISBN 3-7908-0467-3

Fortsetzung auf Seite 177

Torsten Knappe

DV-Konzepte operativer Früherkennungssysteme

Mit 60 Abbildungen

Physica-Verlag Heidelberg

Reihenherausgeber
Werner A. Müller

Autor
Dr. Torsten Knappe
Eichenweg 8
D-3300 Braunschweig

CIP-Titelaufnahme der Deutschen Bibliothek

Knappe, Torsten:
DV-Konzepte operativer Früherkennungssysteme / Torsten
Knappe. – Heidelberg: Physica-Verl., 1991
(Wirtschaftswissenschaftliche Beiträge; 48)

ISBN-13: 978-3-7908-0545-1   e-ISBN-13: 978-3-642-46919-0
DOI: 10.1007/978-3-642-46919-0

NE: GT

Inhaltsverzeichnis

1   Einleitung

Durch die Entwicklungen im Bereich der Informatik bekamen die Anwendungswissenschaften neue Impulse, die im Unternehmen auch Automatisierungspotentiale im Büro- und Verwaltungsbereich aufzeigen sollten. So existieren eine Reihe von Konzepten, die bestimmte Managementtätigkeiten automatisieren. Besonders hervorzuheben sind dabei die Konzepte, die in den 70er Jahren unter dem Stichwort Management-Informations-Systeme (MIS) und seit Mitte der 80er Jahre unter dem Schlagwort Entscheidungs-Unterstützungs-Systeme (Decision Support Systems) diskutiert wurden.

Begleitet wurden diese eher softwaretechnisch-orientierten Systeme durch eine stürmische Entwicklung im Hardwarebereich. Leistungsmerkmale von Computersystemen kann man schon wenige Jahre später als völlig überholt einstufen. So wurden auch die anfangs sehr idealistisch vorgestellten Management-Informations-Systeme bei ihrem Einzug in die Unternehmen unterstützt. Dennoch scheiterte die Ursprungsidee der Management-Informations-Systeme, ein totales Informationssystem für das Unternehmen bereitzustellen. Zu groß war die Lücke zwischen den formalen Entscheidungsmodellen, die von der Forschungsseite in einer großen Zahl angeboten wurden und dem tatsächlichen Entscheidungsverhalten der Manager im Unternehmen. Zudem mußte mit einem unvertretbar hohem Entwicklungs- und Pflegeaufwand gerechnet werden, da leistungsfähige Datenbankverwaltungssysteme und darauf abgestimmte Programmgeneratoren noch nicht existierten. LITTLE beschreibt bereits 1970, daß eine Kommunikationsbeziehung zwischen Modell und Benutzer nicht zustande kommt. Dabei sind die Gründe in den implementierten Modellen zu sehen [LITTLE 70, S.467]:

- gute Modelle sind schwer zu finden
- die genaue Bestimmung der Parameter erweist sich als noch schwieriger
- Manager verstehen die Modelle nicht
- die meisten Modelle sind unvollständig.

Aus dieser Diskrepanz entstand ein neues Konzept, das sich jedoch kaum von dem des Management-Informations-Systems absetzte: Entscheidungs-Unterstützungs-Systeme. Diese Systeme erhielten ein eigenes Profil, indem eine Abgrenzung zu den Management-Informations-Systemen vorgenommen wurde. Als wesentlicher Bestandteil dieses neuen Profils stand die Einbringung der "Persönlichkeit" des Managers im Unternehmen in "sein" System, also die stärkere Identifikation mit dem Computersystem und dessen Funktionalität. Diese Systeme sind auf bestimmte Bereiche zugeschnitten und sollen den Führungskräften Informationen für (Führungs-)Entscheidungen zur Verfügung stellen.

Daraus leitete LITTLE den *decision calculus* [LITTLE 70], eine Reihe modellgestützter Verfahren zur Verarbeitung von Daten und subjektiven Urteilen ab, der folgenden Kriterien genügen soll:

- Einfachheit
- Robustheit
- einfache Steuerungsmöglichkeit
- Anpassungsfähigkeit
- Vollständigkeit in Hinblick auf wichtige Größen
- Eignung zur leichten Kommunikation.

Begünstigt durch die o.a. Entwicklung im Hardwarebereich, aber auch durch immer leistungsfähigere Softwaresysteme, besonders im Bereich Datenbanken, setzte sich im Unternehmen zuerst die Automation der betrieblichen Basissysteme Buchhaltung und Kostenrechnung durch.

Die Grundlage für jedes System ist ein abstraktes Modell. Während diese Modelle im Bereich der Basissysteme klar definiert sind, gilt dieses für den Bereich, auf den die Entscheidungs-Unterstützungs-Systeme zielen, nicht mehr. Die konkrete Ausgestaltung eines Systems ist entscheidend von der Sichtweise des Anwenders abhängig, ja mehr noch, der Anwender ist selbst am Entwicklungsprozeß beteiligt, indem er die Modellbildung durch benutzergerechte Menüs selbst vornehmen kann. An dieser Stelle verheißen sogenannte Expertensysteme, die Modellbildung für schlecht strukturierte Probleme zu unterstützen. In diesen Systemen wird das Wissen zur Problemlösung abgelegt und ist somit jederzeit verfügbar. Legt man den Führungsprozeß im Unternehmen zugrunde [WILD 82, S.37], dann sollen Entscheidungs-Unterstützungs-Systeme die Phasen Planung und Kontrolle unterstützen. Auf diese Weise werden Plandaten im Zeitablauf durch die Kontrollsysteme überprüft, indem Plan- und Istwerte gegenübergestellt werden. Wenn nicht nur die Planwerte den Istwerten gegenübergestellt werden, sondern auch aus Istwerten und externen Einflüssen abgeleitete Prognosen, erhalten diese Systeme eine sogenannte Früherkennungskomponente.

Seit jeher versucht der Mensch die Zukunft vorauszusehen, um so möglichst Vorteile gegenüber anderen zu erhalten. Auf wirtschaftliche Fragestellungen übertragen heißt das, der Entscheidungsträger im Unternehmen möchte seine Entscheidung von heute durch das Geschehen von morgen begründen. Daß die Zukunft nicht vorauszusehen ist, ist evident, aber daß es Abläufe gibt, die bereits im Gange sind, ohne daß man es bisher gemerkt hat, ist nicht von der Hand zu weisen. So wird eine Krise niemals abrupt auftreten, sondern sie wird sich durch bestimmte Symptome ankündigen. In der Kontrollphase des Führungsprozesses würden die der Planung zugrundeliegenden Prämissen überprüft. Falls es Anzeichen gibt, daß der wirtschaftliche Erfolg und damit das Erreichen der gesetzten Ziele gefährdet ist, könnte rechtzeitig der Gefährdung entgegen getreten werden. In Zeiten der Hochkonjunktur waren die Befürchtungen von Unternehmen eher gering, aber seit das Wirtschaftswachstum Mitte der 70er Jahre auf den Nullpunkt sank und Unternehmen auf Absatzmärkten einem hohen Verdrängungswettbewerb ausgesetzt sind sowie durch steigende Kosten im Personal- und

Investitionsbereich unter Druck gesetzt werden, müssen sie ihre Entscheidungen besser absichern.

Diese Absicherung geschieht durch Informationen, die dem Entscheidungsprozeß zugrunde liegen. Wenn der Entscheidungsprozeß auf vollständiger Information beruht, d. h. daß er alle Informationen über die dem Prozeß beeinflussenden Variablen enthält, so kann eine rationale und richtige, im Sinne von wirtschaftliche, Entscheidung getroffen werden. Jedoch wird in der unternehmerischen Praxis kaum eine Entscheidung unter vollständiger Information gefällt, sondern es gibt in jeder Entscheidungssituation eine Reihe von unbekannten Größen, deren Wirkung geschätzt werden muß oder deren Vorhandensein gar nicht bekannt ist. An dieser Stelle sollen Früherkennungssysteme dem Entscheidungsträger im Unternehmen notwendige Informationen zur Verfügung stellen. Insbesondere sollen sie auf Konstellationen hinweisen, die die Zielerreichung gefährden oder nachhaltig positiv beeinflussen könnten. Diese Systeme benötigen neben umfangreichem Datenmaterial auch Modelle, die das Zielsystem des entsprechenden Bereiches abbilden.

Die Zielsetzung der Arbeit ist die Beschreibung eines Informationsverarbeitungskonzepts für Früherkennungssysteme. Dabei soll dem Integrationsgedanken wie auch den Automationspotentialen Rechnung getragen werden. Jedoch soll hier unabhängig vom konkreten Einzelfall untersucht werden, wie ein DV-gestütztes Früherkennungssystem im Unternehmen konzipiert und eingesetzt werden könnte. Als Ergebnis soll deshalb auch nicht ein implementiertes System stehen, sondern es soll vielmehr ein Rahmenkonzept entwickelt werden, das an bestimmten Stellen beispielhaft konkretisiert wird, um Automationspotentiale aufzuzeigen. Besonders soll die Möglichkeit des Einsatzes von wissensbasierten Systemen zur Modellierung berücksichtigt werden.

Kapitel 2 behandelt die wesentlichen Grundlagen dieser Arbeit. Zunächst wird ein Abriß der Entwicklung im Bereich der Früherkennungssysteme vorgenommen. Dazu werden die im operativen Bereich wesentlichen Modelle vorgestellt und in ein einheitliches Konzept zusammengefaßt. Dieses Konzept bildet dann den Rahmen für alle weiteren Ausführungen. Im zweiten Abschnitt des Grundlagenteils wird auf die wissensbasierten Expertensysteme eingegangen. Daher sind zunächst Begriffe zu klären. Ein wichtiger, meist vernachlässigter, Teilabschnitt beschäftigt sich mit dem Wissenserwerb, also mit der Frage nach Möglichkeiten der Extraktion des Problembehandlungswissens eines Menschen. Hier werden die z. Zt. diskutierten Ansätze in der Informatikforschung vorgestellt. Abschließend werden die zur Formalisierung dieses Wissens benötigten Datenstrukturen, die sich im Bereich der Expertensysteme durchgesetzt haben, und ein Modell des auf diesen Datenstrukturen operierenden Programmes (Inferenzmechanismus) beschrieben.

Da Früherkennung nur ein Teil einer umfassenden Controlling-Konzeption ist, wird Kapitel 3 zunächst das Früherkennungssystem als integralen Bestandteil der betrieblichen

Informationssysteme zeigen, bevor ein umfassendes Gedankenmodell für die Struktur eines DV-gestützten Früherkennungssystems entwickelt wird. Hierbei ist die beschriebene Organisationsform als zentraler Bestandteil eines Früherkennungssystems zu sehen.

Wie jedes Informationssystem gehorcht auch das Früherkennungssystem dem Eingabe-Verarbeitungs-Ausgabe-Prinzip. In Kapitel 4 werden die für die Datenerfassung wichtigen Rahmenbedingungen beschrieben. Abschließend soll in Kapitel 5 auf die Möglichkeiten zu Automation einzelner Komponenten des Früherkennungssystems eingegangen werden. Anhand eines Modells werden drei verschiedene Softwareansätze auf ihre Eignung hin als Modellierungswerkzeuge für die Früherkennungsfunktion untersucht.

2 Grundlagen

2.1 Früherkennungssysteme

2.1.1 Begriff des Früherkennungssystems

Der Begriff der Frühwarnung ist ursprünglich abgeleitet aus dem militärischen Bereich. Das dort eingesetzte NATO-Frühwarnsystem AWACS hat die Aufgabe, aus bestimmten Beobachtungen besondere Konstellationen zu erkennen, um einer möglichen Aggression seitens der Warschauer-Pakt-Staaten rechtzeitig begegnen zu können [LENAT 83]. Frühwarnung ist jedoch keineswegs auf den militärischen Bereich beschränkt, sondern in vielen Gebieten des menschlichen Lebens zu finden, wie z.B. in der Medizin, Geologie, Biologie, Technik und auch im ökonomischen Bereich [KRYSTEK 85,S.3].

In Bezug auf betriebswirtschaftliche Fragestellungen fanden Frühwarnsysteme seit Beginn der 70er Jahre Beachtung, als viele Unternehmungen sich mit neuartigen, schwierigen Problemen konfrontiert sahen, ausgelöst unter anderem durch die Ölkrise und durch die immer stärker in die Unternehmen drängende elektronische Informationsverarbeitung [HAHN/KLAUSMANN 83,S.250]. Angesichts derart veränderter Rahmenbedingungen wurden in der Folgezeit von Wissenschaft und Wirtschaftspraxis Versuche unternommen, solche kritischen Entwicklungen im Vorfeld des Eintretens zu erkennen. Aufgrund des zeitlichen Vorlaufs würde ein Unternehmen in die Lage versetzt, rechtzeitig Gegenmaßnahmen zu treffen, um die Verwirklichung der Unternehmensziele zu gewährleisten oder zumindest den möglichen Schaden zu begrenzen.

In der betriebswirtschaftlichen Literatur hat sich die Erweiterung der Frühwarnsysteme zu den Früherkennungssystemen durchgesetzt, weil im Bereich der Unternehmung nicht nur Gefährdungen bei der Zielerreichung bestehen, sondern auch Chancen für eine "Zielüberschreitung". Auch im Fall der positiven Frühwarnung kann es aus unternehmerischer Sicht notwendig sein, auf diese ungeplante Entwicklung zu reagieren [ALBACH/HAHN/MERTENS 79; KRYSTEK 85,S.11; WILD 82,S.45].

Zur Früherkennung von Gefährdungen und Chancen werden zwei Arten von Früherkennungsinformationen unterschieden. Erstens solche, die beim Erreichen einer bestimmten Grenze eine Meldung ausgeben (exzeptionelles Berichtswesen), und solche, die verschiedene Wertebereiche um eine Variable legen, um je nach Grad der Abweichung zu reagieren [KRYSTEK 85, S.19]. Aus informationstechnischer Sicht kann zwischen den beiden Arten der Früherkennungsinformation kein Unterschied festgestellt werden, so daß der Trennung im weiteren nicht gefolgt wird. Entscheidender ist, daß der Krisenprozeß als ein Aufeinanderfolgen von Ereignissen anzusehen ist, der sich als eine

Kette von Ursache-Wirkungs-Beziehung darstellt. Bei Erkennung einer Gefährdung gilt es, diese Ursache-Wirkungs-Beziehungen zu kennen, um gezielt möglichen Wirkungen begegnen zu können. Gleiches gilt selbstverständlich auch im positiven Fall.

Zur Identifikation einer Krisensituation, für die Frühwarnung gegeben werden soll, muß ein Vergleichsmaßstab existieren, der nicht nur aus dem Festlegen von Schwellenwerten besteht, sondern auch die Erfahrung aus vergangenen Ereignissen beinhaltet. Ein Frühwarnsystem richtet daher das Augenmerk nicht ausschließlich auf mögliche zukünftige Ereignisse, sondern auch auf die Auswirkungen bereits eingetretener Ereignisse [LÖHNEYSEN 82,S.48].

Die Möglichkeit der Früherkennung einer Krise ergibt sich aus der Tatsache, daß Krisen im allgemeinen nicht abrupt auftreten, sondern das Ergebnis eines Prozesses sind, der sich über einen längeren Zeitraum entwickelt und durch typische Signale auf die bevorstehende Krise hinweist [RIESER 80,S.33], "wobei der Zustand der Unternehmung äußerlich meist gesund ist und lediglich Konstellationen vorhanden sind, die bei einer weiteren Zunahme zu einer Krise erwachsen könnten" [WILDEMANN 84, S.20].

Dabei gilt es für ein Frühwarnsystem, die Krise im Ansatz anhand der Signale zu erkennen, um den nötigen Vorlauf für Maßnahmen zu geben, die die Auswirkungen der möglichen Gefährdung abschwächen oder sogar verhindern. Dabei stehen die Erkennung und Bewältigung in einem direkten Verhältnis zueinander. Die Bewältigung einer Krise wird mit fortschreitender Zeit immer schwieriger [WILD 82, S.67].

Um den beschriebenen Aufgaben eines Früherkennungssystems gerecht zu werden, bedarf es eines Informationsmanagements [HEINRICH/BURGHOLZER 87], das die Aufgaben der

- Informationsbeschaffung
- Informationsübermittlung
- Informationsauswertung

übernimmt. Ein Früherkennungssystem ist daher als institutionalisiertes Informationssystem [HAHN 79,S.25; BERG 79, S.135] anzusehen, wobei die Abgrenzung/Verbindung zu anderen betrieblichen Informationssystemen so zu verstehen ist, daß Früherkennungssysteme eine Erweiterung der bestehenden Systeme darstellen.

Früherkennungssysteme sollen im unternehmensinternen und unternehmensexternen Bereich mögliche, vorhandene oder noch verborgene Gefährdungen rechtzeitig erkennen und Entscheidungsträger in die Lage versetzen, Gefahren abzuwenden bzw. deren Auswirkungen abzuschwächen [KRYSTEK 81, S.187; RIESER 80, S.32; WELTER 79, S.117].

Ergebnis der im Rahmen eines Früherkennungssystems durchzuführenden [WILDEMANN/HOFFMANN 83,S.6]

- Identifikation
- Diagnose
- Beurteilung

ist die Früherkennungsinformation. Diese besteht aus [LÖHNEYSEN 82,S.51]

- inhaltlicher, möglichst vollständiger Beschreibung
- Relevanz für die Unternehmensziele
- Ausmaß
- Dringlichkeit
- Wahrscheinlichkeit des Eintreffens.

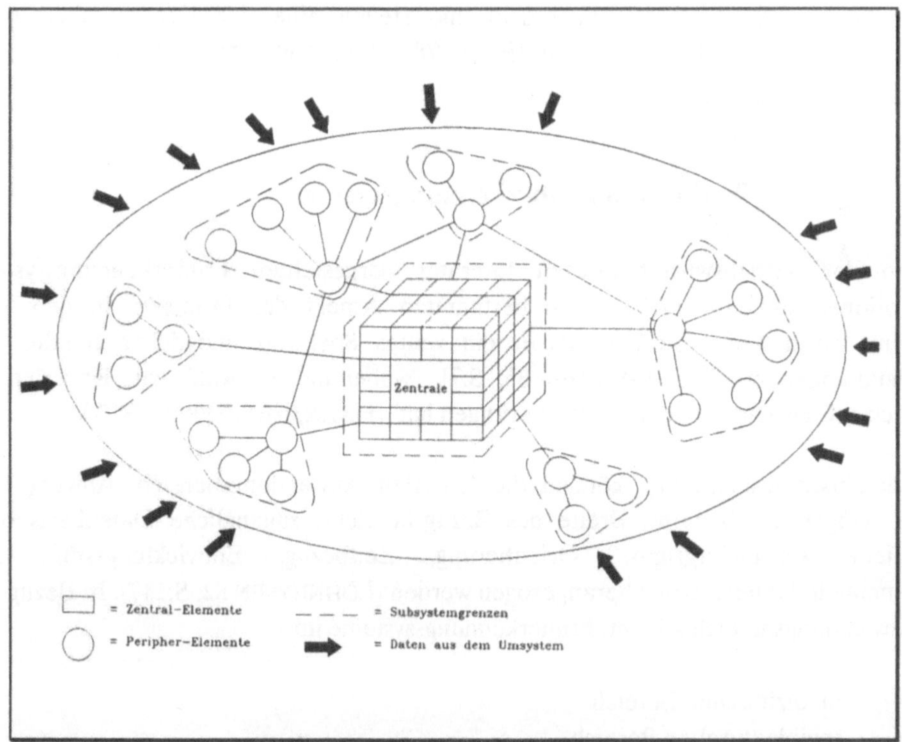

Abbildung 2.1.1/1:   Struktur eines Früherkennungssystems
[Quelle: Hahn/Krystek 79, S.72]

"Aus systemtheoretischer Betrachtungsweise kann ein Früherkennungssystem als ein offenes, reales und komplexes System angesehen werden, dessen Elemente Menschen, Maschinen und Mensch-Maschine Kombinationen sind" [HAHN/KRYSTEK 79, S.76; SCHIEMENZ 82, S.159]. In der vorliegenden Arbeit sollen diese Kombinationen näher untersucht werden, wobei Daten maschinell erfaßt, verarbeitet und ausgegeben werden, ohne daß der Mensch direkten Einfluß ausübt.

Abbildung 2.1.1/1 zeigt die Struktur eines Früherkennungssystems, wie sie von HAHN/KRYSTEK gesehen wird. Es werden dabei Peripher- und Zentralelemente unterschieden, denen jeweils spezifische Informationsverarbeitungsprozesse zugeordnet werden können. Die Peripherelemente, die einzeln oder in Gruppen zusammengefaßt sein können, haben die Aufgabe, Gefährdungen in dem von ihnen beobachteten Bereich (Umsystem) wahrzunehmen, diese zu analysieren und Bewertungen auf der Basis von gesetzten Zielen vorzunehmen. Die Zentralelemente überprüfen und verarbeiten die von den Peripherelementen empfangenen Informationen, um sie als Früherkennungsinformation an die Benutzer des Systems weiterzuleiten.

Die Festlegung der zu erfassenden Informationen und die zugehörige Sicherstellung der Informationsübermittlung zwischen den Elementen sowie den Benutzern des Systems können systemindividuell festgelegt sein und stellen eine der Kernaufgaben einer operativen Controlling-Konzeption dar [HAHN 78, S.109; HORVATH 86, S.436].

2.1.2   Klassifikation von Früherkennungssystemen

Die in der betriebswirtschaftlichen Literatur dargestellten Früherkennungssystemkonzeptionen stellen zumeist einen bestimmten Aspekt des Problems in den Vordergrund, so daß auf diesem Gebiet ein weites Spektrum möglicher Inhalte und Ausgestaltungen existiert [KRYSTEK 85, S.7], "wobei die Auswahl von Kriterien im Hinblick auf das Untersuchungsziel zu erfolgen hat" [HAHN/KRYSTEK 79, S.77].

Als Klassifikationsmerkmale können die Kriterien Anwendungsbereich, Anwendungsebene, Träger des Systems, Breite des Bezugsbereichs, zugängliche Datenbasis oder potentielle Anwendergruppe, Orientierung, Zeitbezug, Entwicklungsstufe und instrumentelle Unterstützung herangezogen werden [LÖHNEYSEN 82, S.147]. In Bezug auf den Anwendungsbereich können Früherkennungssysteme im

- medizinischen Bereich
- soziokulturellen Bereich
- technologisch-naturwissenschaftlichen Bereich
- politisch-gesetzlichen Bereich
- ökonomischen Bereich

unterschieden werden [HAHN/KRYSTEK 79, S.78]. Im hier interessierenden ökonomischen Bereich lassen sich für das Merkmal Anwendungsebene Früherkennungssysteme auf

- Unternehmensebene
- Branchenebene
- volkswirtschaftlicher Ebene
- raumwirtschaftlicher Ebene

unterscheiden [MÜLLER-MERBACH 79, S.151].

Bei Heranziehung des Merkmals Trägerschaft lassen sich im einzelwirtschaftlichen Bereich

- betriebliche
  (betriebliche Früherkennungssysteme werden von einer einzelnen Unternehmung getragen und benutzt)
- zwischenbetriebliche
  (zwischenbetriebliche Früherkennungssysteme werden von mehreren Unternehmungen gleicher oder verschiedener Branche genutzt)
- überbetriebliche
  (überbetriebliche Früherkennungssysteme werden von mehreren Unternehmen gleicher oder unterschiedlicher Branche, ergänzt durch eine weitere Institution, benutzt)

Früherkennungssysteme unterscheiden, wobei betriebliche und überbetriebliche Früherkennungssysteme praktische Relevanz erlangt haben [KRYSTEK 85, S.7].

Weitere Unterscheidungen, die sich aufgrund der theoretischen und praktischen Anwendung auf den einzelwirtschaftlichen Bereich beziehen, können folgendermaßen vorgenommen werden [KRYSTEK 85, S.7]:

- Bezugsbereich
  - ◇ gesamtunternehmungsbezogen
    Ausrichtung auf alle internen und externen Gefährdungen oder Chancen
  - ◇ bereichsbezogen
    Ausrichtung auf Gefährdungen/Chancen, die in einem der Kernbereiche erscheinen (Beschaffung, Produktion, Absatz)
- zugängliche Datenbasis bzw. potentielle Anwendergruppe
  - ◇ aus unternehmensexterner Sicht
    Früherkennungsinformation für Gläubiger oder Fremdkapitalgeber (beschränkt auf Bilanz usw.)
  - ◇ aus unternehmensinterner Sicht
    Früherkennungsinformation für Entscheidungsträger im Unternehmen (theoretisch unbegrenzte Zugänglichkeit der Unternehmensdaten)
- Orientierung des Systems

◊   extern orientiert
Erkennung von Gefährdungen/Chancen in der
Unternehmensumwelt
◊   intern orientiert
Erkennung von Gefährdungen/Chancen innerhalb der
Unternehmung

- Zeitbezug
  ◊   strategische Früherkennung
  Abschätzung der strategischen Zielerreichung
  ◊   operative Früherkennung
  Abschätzung der operativen Zielerreichung
- Entwicklungsstufe
  ◊   Früherkennungssysteme der 1.Generation
  Ermittlung von Frühwarninformationen auf der Basis von
  hochgerechneten Kennzahlen
  ◊   Früherkennungssysteme der 2.Generation
  Erkennung von Gefährdungen/Chancen anhand ausgewählter
  Indikatoren, die mit zeitlichem Vorlauf
  Früherkennungsinformationen abgeben
  ◊   Früherkennungssysteme der 3.Generation
  sog. strategisches Radar, ausschließlich auf die Erfassung
  strategischer Früherkennungsinformation ausgerichtet
- instrumentelle Unterstützung
  Computermodell-gestützte und nicht computermodell-gestützte
  Früherkennung von Gefährdungen/Chancen lassen sich hier
  unterscheiden, wobei für die meisten Früherkennungssysteme die
  Unterstützung der EDV sinnvoll und notwendig ist.

Eine Zusammenstellung von Früherkennungssystem-Konzeptionen anhand von ausgewählten Merkmalen findet sich bei LÖHNEYSEN [LÖHNEYSEN 85, S.153 und die dort angegebene umfangreiche Literatur auf S.161ff.]. Dabei werden folgende Merkmale unterschieden:

- gesamtunternehmungsbezogen
- bereichsbezogen
- unternehmungsextern orientiert
- unternehmungsintern orientiert
- strategisch
- operativ
- computermodellgestützt.

Es werden dort verschiedene Stufen einer Krise unterschieden und die Eignung eines Früherkennungskonzepts zur Anwendung auf eine Krisenphase beurteilt.

Tabelle 2.1.2/1 gibt eine Übersicht über die in der betriebswirtschaftlichen Literatur behandelten Früherkennungskonzepte [WIEDMANN 84, S.8].

Klassifikaton hinsichtlich	Klassifikationskriterien	Beispiele aus der Literatur	
... der zeitlichen Lage der Kontrolle	Früherkennung als laufende Kontrolle der Planannahmen	Kovats (1977)	
	Früherkennung als ex-ante-Kontrolle der Planannahmen	Ansoff (1976), Hahn und Krystek (1979), Kirsch et al (1979), Kühn und Walliser (1979), Rieser (1980)	
... dem zugrundeliegenden Planungshorizont	operative Früherkennung	Müller-Merbach (1979)	Berg (1979), Hahn und Krystek (1979), Hansen (1979), Uhlir (1979), Hahn (1983), Drexel (1984)
	strategische Früherkennung	Gernert (1979), Mertens und Rackelmann (1979), Müller (1981), Kirsch und Roventa (1983), Trux et al (1984)	
... der abgedeckten Unternehmensbereiche	bereichsbezogene Früher-kennung (Absatz, F&E etc.)	Berg (1979), Julius (1977), Reichmann und Lachnit (1979)	
	gesamtunternehmens-bezogene Früherkennung	Hahn und Krystek (1979), Kirsch und Trux (1979), Kühn und Walliser (1978), Rieser (1980)	
... der Benutzersichtweise bzw. -position unternehmensinterne	unternehmensinterne Sichtweise	dominante Perspektive in der Literatur	
	unternehmensexterne Sichtweise (z.B. Anteilseigner)	Uhlir (1979)	
... der Signalherkunft	unternehmensinterne Signale	Müller-Merbach (1979)	Rieser (1980)
	unternehmensexterne Signale		
... der Durchführungseinheit	betriebliche Früherkennung	Hahn und Krystek (1979), Hahn (1979) und (1983)	
	überbetriebliche Früherkennung		

Tabelle 2.1.2/1:   Übersicht über Früherkennungskonzepte in der betriebswirtschaftlichen Literatur [Quelle: Wiedmann 84,S.8]

2.1.3 Abgrenzung des operativen Früherkennungssystems gegenüber dem operativen Planungs- und Kontrollsystem

Das operative Planungs- und Kontrollsystem ist Teil des gesamten Planungs- und Kontrollsystems der Unternehmung, das aus [HAHN 85, S.70]

(1) Genereller Zielplanung
(2) Strategischer Planung
(3) Operativer Planung

und den diesen Planungstätigkeiten nachgeordneten Kontrollprozessen besteht.

Operative Planung baut auf den generellen Zielen der Unternehmung auf, die im Rahmen der strategischen Planung in Bezug auf das Produktprogramm und die damit notwendigen Potentiale konkretisiert werden. Im Rahmen der operativen Planung werden die kurz- bis mittelfristig zu erstellenden Produktprogramme nach Art und Menge auf der Basis gegebener Potentiale geplant. Dazu gehören z.B. [TÖPFER 76, S.144] auf der Realgüterebene:

- Absatz
- Produktion
- Beschaffung
- Lager und Transport
- Forschung und Entwicklung
- Personal
- Anlagen
- Verwaltung

und auf der Nominalgüterebene:

- Ergebnis
- Bilanz
- Einnahmen/Ausgaben
- Liquidität.

Durch die operative Planung werden Ziele vorgegeben, die im Zeitablauf anhand von geeigneten Maßstäben kontrolliert werden müssen. Voraussetzung ist eine präzise Zielformulierung, damit eine Beurteilung des Zielerreichungsgrades möglich ist. Im Rahmen der Zielkontrolle können drei Formen unterschieden werden [WILD 82, S.44]:

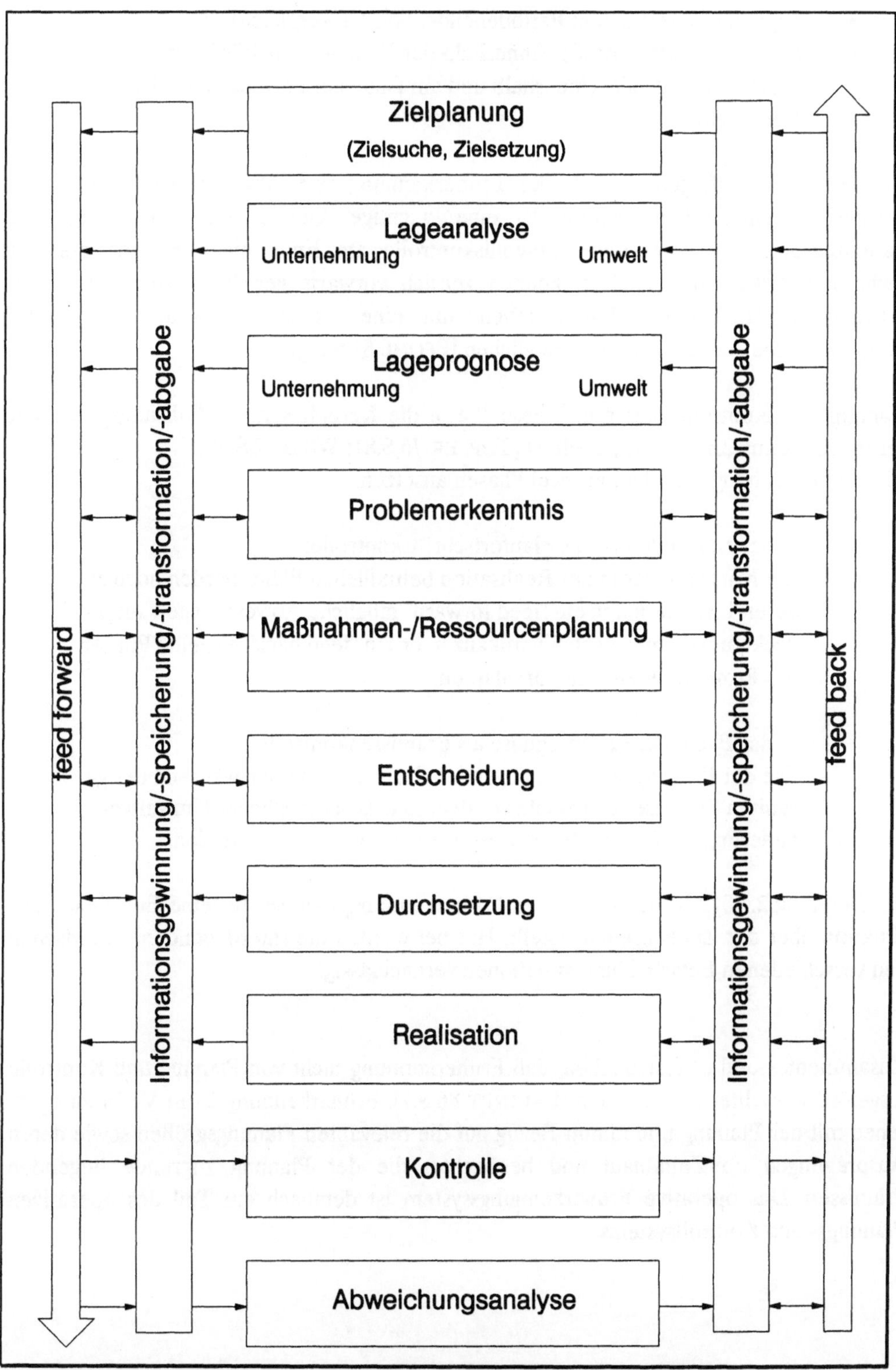

Abbildung 2.1.3/1:   Führungsprozeß im Unternehmen [Töpfer 76, S.81]

- Ergebniskontrolle (am Periodenende, Soll-Ist Vergleich)
- Planfortschrittskontrolle (innerhalb der Periode, Soll-Wird Vergleich)
- Prämissenkontrolle (innerhalb und am Ende der Periode, Wird-Ist Vergleich)

Bei dem hier verfolgten Zweck der Früherkennung von Abweichungen sind Planfortschritts- und Prämissenkontrolle eine wichtige Quelle zur Erkennung von Handlungsbedarf. Während die Ergebniskontrolle am Ende einer Periode erst im nachhinein Erkenntnisse liefert, können zeitlich vorwärts gerichtete Kontrollen den notwendigen Handlungsspielraum geben, um eine rechtzeitige Reaktion auf die voraussichtliche Abweichung zu ermöglichen [PFOHL 81,S.22].

Planung und Kontrolle bilden auf diese Weise die Kernphasen des Führungsprozesses, der in Abbildung 2.1.3/1 dargestellt ist [TÖPFER 76,S.81; WILD 82,S.37].
Die Früherkennung kann hier an zwei Phasen ansetzen:

(1)   in der Kontrollphase als Planfortschrittskontrolle:
Bei Kontrolle der in der Realisation befindlichen Pläne werden noch zu deren Laufzeit durch ein "feed forward" mögliche Abweichungen aufgedeckt, um dann je nach Signifikanz über ein "feed back" einzelne Phasen des Prozesses erneut zu durchlaufen.

(2)   in der Phase der Lageprognose als Prämissenkontrolle:
Die der Planung zugrunde liegenden Prämissen müssen während des gesamten Prozesses überwacht werden, so daß bei möglicher Umweltveränderung die Phasen des Prozesses erneut durchlaufen werden.

In Abbildung 2.1.3/2 ist der Ablauf des Früherkennungprozesses für eine Entscheidungssituation über der Zeitachse dargestellt. Hierbei werden die Interdependenzen zwischen den verschiedenen Entscheidungssituationen vernachlässigt.

Zusammenfassend ist festzuhalten, daß Früherkennung nicht von Planung und Kontrolle losgelöst betrachtet werden kann [LACHNIT 86,S.7]. Früherkennung ist in Verbindung zu sehen mit der Planung und nimmt Bezug auf die relevanten Planungsgrößen sowie deren Ausprägungen im Zeitablauf und beobachtet die der Planung zugrunde liegenden Prämissen. Das operative Früherkennungssystem ist demnach ein Teil des operativen Planungs- und Kontrollsystems.

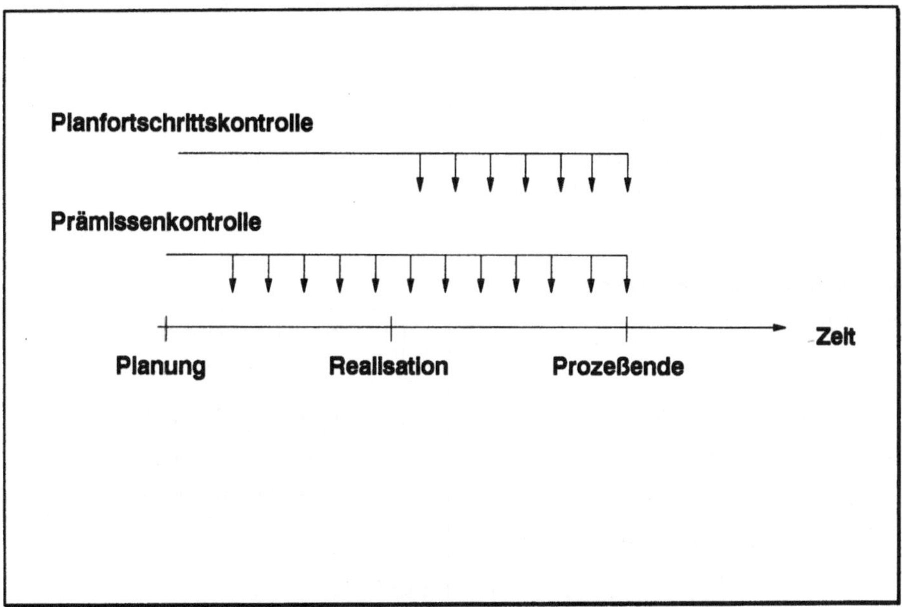

Abbildung 2.1.3/2:   Früherkennungprozeß in der Kontrollphase des
Führungsprozesses

2.1.4   Operative Früherkennungskonzepte

2.1.4.1   Das Indikatoren-Konzept

Das sogenannte Indikatoren-Konzept wurde am Institut für Unternehmensplanung (IUP) der Universität Gießen entwickelt und ist sowohl für operative als auch für strategische Belange einsetzbar [HAHN/KRYSTEK 79, S.76].

Die von HAHN/KRYSTEK entwickelte Konzeption läßt sich anhand von Abbildung 2.1.4.1/1 in mehreren Stufen beschreiben. Die Grundlage des Ansatzes bildet die Ermittlung von bereichsspezifischen Früherkennungsindikatoren, die in der Lage sein sollen, Gefährdungen oder Chancen zu erkennen, die im Verborgenen bereits vorhanden sind und sich vielfach in Form von "leading indicators" [TIMM 71,S.376] ankündigen. Früherkennungsindikatoren sind hierbei "Anzeiger", die Informationen von Ereignissen aufnehmen und in Signale umsetzen sollen [OEHLER 80,S.21]. Der wesentliche Unterschied zu den später zu betrachtenden Kennzahlensystemen besteht in der systematischen Beobachtung von relevanten Erscheinungen innerhalb und außerhalb der Unternehmung und nicht am "Festhalten" an Kennzahlensystemen, wobei diese als ein Spezialfall der indikatororientierten Früherkennungssysteme angesehen werden können.

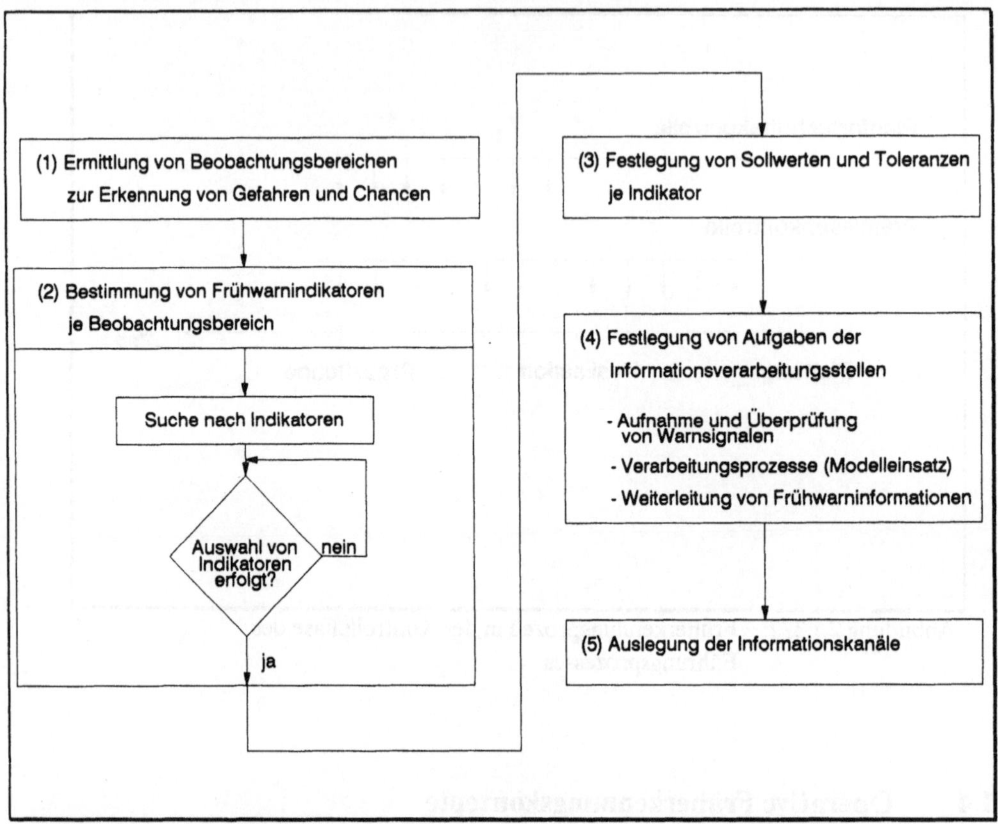

Abbildung 2.1.4.1/1: Ablauf des Früherkennungsprozesse im Indikatoren-Konzept
[Hahn/Krystek 79, S.76]

Phase 1: Ermittlung von Beobachtungsbereichen

Beim Aufbau eines Früherkennungssystems müssen Bereiche

- innerhalb und
- außerhalb

der Unternehmung ermittelt werden, die zum Ausgangspunkt für signifikante Entwicklungen werden könnten. "Beobachtungsbereiche sind als Ausschnitte aus der Umwelt des Unternehmens zu verstehen, deren Entwicklung und Eigendynamik für die langfristige und nachhaltige Erhaltung der Überlebensfähigkeit des Unternehmens von hoher Bedeutung sind" [DREXEL 84, S.93].

Die Basis für die Suche und Auswahl geeigneter Beobachtungsbereiche ist das Zielsystem der Unternehmung [KRYSTEK 85, S.14]. Daraus kann abgeleitet werden, daß jede Unternehmung verschiedene Beobachtungsbereiche auswählen wird, da die Ziele verschiedener Unternehmen sich nicht vollständig überschneiden. Jedoch sind diese Zielmengen nicht unbedingt disjunkt, da bestimmte Ziele, die die Sicherung der

Überlebensfähigkeit der Unternehmung zum Inhalt haben (z.B. Liquidität), in jeder Unternehmung vorzufinden sind.

Für die internen Beobachtungsbereiche reicht das Datenmaterial der Kosten- und Leistungsrechnung allein nicht aus, um Gefährdungen und Chancen vorzeitig zu signalisieren, da die Ursachen bereits im Beschaffungs-, Organisations-, Produktions-, Forschungs-, Personal- und Absatzbereich liegen, in Bereichen also, die dem Rechnungs- und Finanzwesen vorgelagert sind und deren Ergebnis sich im Finanz- und Rechnungswesen erst später niederschlägt [BÜHLER 85, S.330].

Die Ermittlung von geeigneten Beobachtungsbereichen ist entscheidend für die Effizienz des Früherkennungssystems, weil Gefährdungen und Chancen in nicht beobachteten Bereichen vom System nicht erkannt werden und somit auch nicht in Früherkennungsinformation umgesetzt werden können. Daraus folgt, daß die Ermittlung von Beobachtungsbereichen kein einmaliger Vorgang beim Systemaufbau ist, sondern ein ständiger Prozeß, der von der Dynamik einer Unternehmung und der beobachteten Umwelt abhängig ist [KRYSTEK 85, S.14].

Von der betriebswirtschaftlichen Forschung und der betrieblichen Praxis wurde eine Reihe von Katalogen mit Beobachtungsbereichen erstellt, die nicht im einzelnen aufgeführt werden sollen [BERG 79,S.142; BÜHLER 84,S.330f; DREXEL 84, S.94; HAHN 79,S.35; HAHN/KLAUSMANN 83,S.255; HAHN/KRYSTEK 79,S.81; HANSEN 79,S.120; KRYSTEK 85,S.16; OEHLER 80,S.7; RIESER 78,S.57; WELTER 79,S.118].

Phase 2: Bestimmung von Indikatoren für jeden Beobachtungsbereich

Für jeden Beobachtungsbereich müssen Indikatoren bestimmt werden, die in der Lage sind, Gefährdungen und Chancen zu signalisieren. Der Aufbau von Indikatoren-Katalogen sollte zu einer möglichst flächendeckenden Erfassung unternehmens-interner und -externer Entwicklungen führen, um Gefährdungen oder Chancen rechtzeitig signalisieren zu können [GOMEZ 83,S.16]. "Die Bestimmung zuverlässiger Indikatoren ist wichtigster und schwierigster Teil des Aufbaus indikatororientierter Früherkennungssysteme" [KRYSTEK 85,S.17].

Indikatoren liefern Analyse- und/oder Prognoseangaben - qualitativer oder quantitativer Ausprägung - über Erscheinungen, die für die Erreichung der Unternehmensziele von Bedeutung sind [HAHN/KYRSTEK 79,S.82].

An die einzelnen Indikatoren werden folgende Anforderungen gestellt, die ein Ausdruck für die Leistungsfähigkeit sind und die im Sinne von Maximalforderungen erfüllt sein sollten, um einer rechtzeitigen und vollständigen Erkennung gerecht zu werden [HAHN/KRYSTEK 79,S.83]:

- Frühzeitigkeit
- Eindeutigkeit
- Vollständigkeit
- Variabilität
- Ökonomizität.

Die Qualität der bislang bekannten Indikatoren [BÜHLER 85; BÜRGEL 80; DREXEL 84; JANSEN 82; KÜHN/WALLISER 78; OEHLER 80; REICHMANN/LACHNIT 79; HANSMANN/ RAUBACH 86; RIESER 78; WELTER 79] ist von unterschiedlicher Güte. "Während für generelle externe Bereiche theoretisch fundierte und empirisch untermauerte Aussagen vorliegen, kann für unternehmensindividuelle Bereiche noch nicht auf fundierte Erkenntnisse zurückgegriffen werden, da hier die Ermittlung weitgehend auf der Erfahrung der einzelnen Unternehmung beruht" [KRYSTEK 85,S.17].

Phase 3: Festlegung von Sollgrößen und Toleranzgrenzen

Die Festlegung von Bandbreiten um die Sollwerte von Indikatoren ist wesentlicher Bestandteil der Beschreibung funktionsfähiger Früherkennungsindikatoren, unabhängig davon, ob die Informationen qualitativer oder quantitativer Ausprägung sind. Bei der Festlegung der Sollwerte und Toleranzgrenzen für die einzelnen Indikatoren muß von den relevanten Zielen der Unternehmung und dem Einfluß der Indikatoren auf diese Ziele ausgegangen werden. Zusätzlich können dabei sogenannte Warnbereiche und überlebenskritische Bereiche gebildet [HAHN/KRYSTEK 79,S.80] und die Auswirkung auf Erfolgsfaktoren, Ziele und Strategien klassifiziert werden.

Die Festlegung von Sollwerten unterliegt zusätzlich der Akzeptanz-Problematik. Beim Festlegen eines Soll-Wertes empfehlen sich folgende Vorgehensweisen [JANSEN 82,S.64]:

- Einholen von Angaben der am betreffenden Betriebsablauf Beteiligten
- Zeitstudien
- Daten der Vergangenheit
- amtliche Statistiken, publizierte Werte.

In den Fällen 2-4 ist eine entsprechend ausgebaute Betriebsstatistik Voraussetzung [BÜHLER 84,S.334].

Phase 4: Festlegung der Aufgaben der Informationsverarbeitungsstellen

Wie für jedes Informationssystem ist es auch für die Früherkennungssysteme von Bedeutung, die Informationsverarbeitung, d.h. die Informationsbeziehungen zwischen den Elementen des Systems möglichst optimal zu gestalten [LÖHNEYSEN 82,S.228]. "Früherkennungssysteme werden in ihrer Effizienz maßgeblich durch die Möglichkeit bestimmt, die von einzelnen Elementen abgegebenen Signale an einer Stelle sammeln und aufbereiten zu können. Ohne diese Aufbereitung besteht die Gefahr der Fehleinschätzung, da sich Signale widersprechen können" [KRYSTEK 85,S.19].

Die Aufgaben der zentralen Informationsverarbeitungsstelle bestehen in der [HAHN/KRYSTEK 79,S.84]

- Aufnahme von Signalen
- Überprüfung auf Übermittlungsfehler und Plausibilität
- Verarbeitung der Informationen zu Früherkennungsinformationen
- Weiterleitung an die zuständigen Stellen

Die Aufbauorganisation eines Früherkennungssystems orientiert sich an den organisatorischen Gegebenheiten der Unternehmung. Während zur Erfassung von Indikatorveränderungen grundsätzlich Mitarbeiter aus allen Bereichen des Unternehmens eingesetzt werden können, werden zur Verarbeitung der aufgenommenen Information die Bereiche Marketing, Unternehmensplanung und Controlling eingesetzt werden, wobei es von untergeordneter Bedeutung ist, ob ein Unternehmen funktional oder divisional organisiert ist [HAHN/KRYSTEK 79,S.85]. Lediglich für Spezialaufgaben sind externe Berater heranzuziehen [WILDEMANN/HOFFMANN 83,S.8].

Phase 5: Ausgestaltung der Informationskanäle

Aufgrund der Komplexität der Beziehungen zwischen einzelnen Variablen und Indikatoren, die eine Vielzahl interner und externer Informationskanäle umfassen, muß sichergestellt sein, daß die Informationsübertragung

- schnell
- störungsfrei
- vollständig

durchgeführt wird [HAHN/KRYSTEK 79,S.85]. Der dazu notwendige Einsatz von EDV-Konzeptionen kann in zwei verschiedenen Stufen geschehen [WILDEMANN/HOFFMANN 83,S.8]:

(1) **EDV als Hilfsmittel zur Datenerhebung**
Die Daten der Unternehmung liegen i.d.R. in Unternehmensdatenbanken vor, so daß diese als Basis für weitere Rechnungen, wie z.B. Regressionsrechnungen, Faktorenanalysen usw. verwendet werden können.

(2) **EDV als Hilfsmittel zur Simulation von Entwicklungen**
Der Problembereich wird hierbei als Unternehmensmodell formalisiert, damit man die Entwicklung bei alternativen Gegebenheiten in Form von "what-if"-Anfragen abschätzen

kann. Solche Modelle enthalten die wichtigsten quantitativen Beziehungen zwischen den verschiedenen Unternehmensbereichen [MÜLLER-MERBACH 77,S.429].

2.1.4.2 Kennzahlen- und prognoseorientierte Früherkennungssysteme

Kennzahlen- und prognoseorientierte Früherkennungssysteme werden der ersten Generation von Früherkennungssystemen zugerechnet. Diese Art von Früherkennungssystemen stellt eine Erweiterung des operativen Informationssystems dar, indem ein laufender Vergleich zwischen hochgerechneten Ist-Werten und den Plan/Soll-Werten vorgenommen wird. Der auf diesem Vergleich basierende Kontrollmechanismus wird durch ein "feed forward" ergänzt, um mögliche Abweichungen im Entstehungsstadium zu erkennen.

Das Beispiel der Früherkennung von Kostenüberschreitung eines bestimmten Projektes verdeutlicht das Prinzip der Planhochrechnung in Abbildung 2.1.4.2/1 [THUMB 68,S.233].

Kennzahlen- und prognoseorientierte Früherkennungssysteme umfassen zwei Bestandteile, die im folgenden näher betrachtet werden sollen. Zum einen gilt es, ein Kennzahlensystem zu konzipieren, das die relevanten Daten der Unternehmung repräsentiert, und zum anderen müssen mathematisch-statistische Verfahren ausgewählt werden, die in der Lage sind, verläßliche Prognosen und andere Zusammenhänge zu liefern.

Kennzahlen [STAEHLE 69; ZVEI 76; REICHMANN 85; LACHNIT 76; BUCHNER 85] sind Zahlen, die quantitativ erfaßbare Sachverhalte in konzentrierter Form erfassen [REICHMANN/LACHNIT 76,S.706]. Hierbei ist es möglich, eine Kennzahl als

- Absolutzahl, d.h. als Grundzahl des betrieblichen Rechnungswesens
- Relativzahl, d.h. Bildung durch Division von Grundzahlen

zu verwenden [STAEHLE 69,S.52].

Kennzahlen weisen eine informative Funktion auf, d.h. sie stellen zweckorientiertes Wissen für konkrete Entscheidungssituationen bereit [REICHMANN 85,S.16]. Einzelne Kennzahlen sind in ihrer Aussagekraft beschränkt, insbesondere durch die Möglichkeit vieldeutiger Interpretationen. "Deshalb ergibt sich die Notwendigkeit, auf der Basis einer umfassenden Systemkonzeption Mehrdeutigkeiten auszuschalten und Beziehungen zwischen den verschiedenen Kennzahlen herzustellen" [LACHNIT 86,S.27].

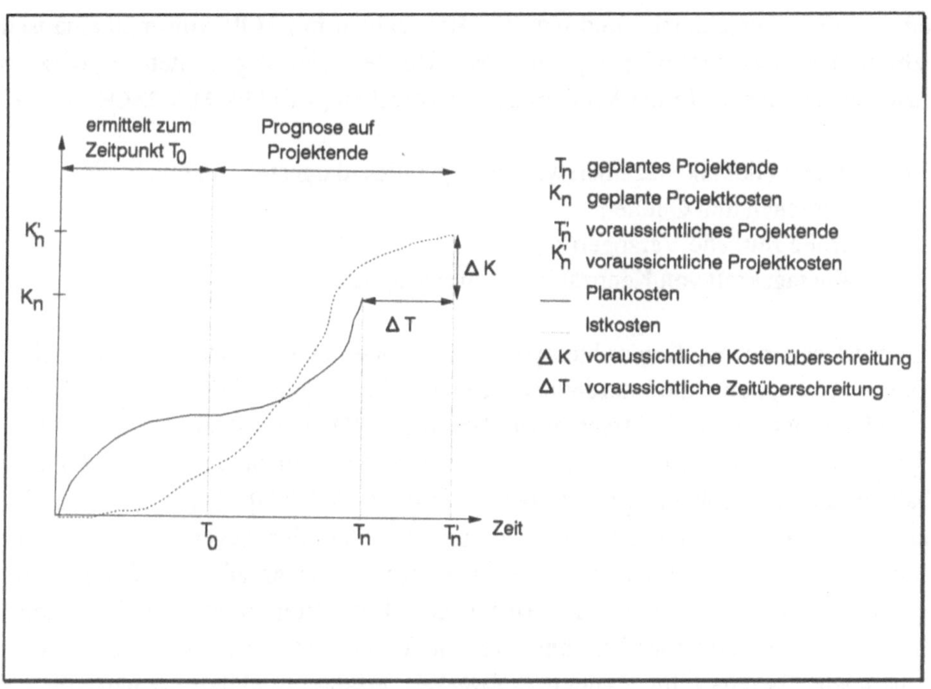

Abbildung 2.1.4.2/1: Früherkennung von Kostenüberschreitungen [Thumb 68, S.233]

Unter einem solchen System von Kennzahlen wird eine Zusammenstellung von quantitativen Variablen verstanden. Kennzahlensysteme haben in der Praxis zwei Erscheinungsformen [ZVEI 76,S.112]:

- **Ordnungssysteme** teilen die Kennzahl bestimmten Sachverhalten zu(z.B. Absatzbereich) und erfassen dadurch bestimmte Aspekte der Unternehmung
- **Rechensysteme** beruhen auf der rechnerischen Zerlegung von Kennzahlen und haben die Struktur einer Pyramide.

Die bekanntesten Kennzahlensysteme sind

- das DUPONT - System
- das ZVEI - System
- das R-L - System.

Betriebswirtschaftlichen Kennzahlensystemen werden vereinzelt Früherkennungseigenschaften zugeordnet. Dazu müssen diejenigen Indikatoren als Kennzahl abgebildet werden, die auf das Vorhandensein von Gefährdungen und Chancen hinweisen.

Jedoch ist die Eignung von Kennzahlensystemen, wie den oben beschriebenen beschränkt. "Kennzahlen und Kennzahlensysteme eignen sich besonders zur Verdichtung von ökonomischen Zusammenhängen" [REICHMANN/LACHNIT 78,S.204]. Obwohl solche

Systeme in sich abgeschlossen und einzelne Kennzahlen mit Hilfe von mathematischen Verfahren prognostizierbar sind, gibt es Gründe, die gegen den Einsatz von Kennzahlensystemen als Früherkennungssystem sprechen [MÜLLER-MERBACH 77,S.427]:

- in den Globalkennzahlen werden Ergebnisse dargestellt und nicht die Ursachen und Quellen
- große zeitliche Verzögerung
- Aussagekraft von Kennzahlen kann sich ändern

Dennoch ist es sinnvoll, Kennzahlensysteme in Früherkennungssysteme einzubeziehen, weil Kennzahlensysteme die Interdependenzen zwischen Kennzahlen berücksichtigen und mehrere Ursachen simultan betrachtet werden können [HANSMANN/RAUBACH 86,S.102]. "In Krisenzeiten kann eine vertiefende Analyse dann nicht mehr mit Hilfe von Globalkennzahlen erfolgen" [REICHMANN/LACHNIT 78,S.209]. Dann müssen Daten bereitgehalten werden, die die Ursachen und Quellen der gegenwärtigen Situation abbilden. Im Idealfall müßten dazu alle im Unternehmen anfallenden Daten laufend gespeichert werden. Da eine im Prinzip der Prozeßsteuerung ständige Messung wirtschaftlich nicht vertretbar ist, kann dadurch Abhilfe geschaffen werden, daß die im Unternehmen bereits für andere Zwecke erfaßten Daten auch für das Früherkennungssystem verwendet werden [MÜLLER-MERBACH 77,S.428].

Für viele der erfaßten Daten können statistische Gesetzmäßigkeiten unterstellt werden. Diese können einer Zeitreihenanalyse unterzogen werden, wobei statistisch signifikante Abweichungen von einer Norm aufgezeigt werden sollen.

Dabei reicht die einperiodische Betrachtungsweise für eine erfolgreiche Früherkennung nicht aus. Zusätzlich zu den aktuellen Werten müssen Werte der vergangenen Perioden und geplante Werte für zukünftige Perioden bereitgehalten werden, damit "Krisen retrospektiv in Anfängen erkannt und prospektiv in Konsequenzen abgestellt werden können" [REICHMANN/LACHNIT 78,S.209].

Charakterisiert werden können die mathematisch-statistischen Verfahren danach, ob in die Analyse eine oder mehrere Zeitreihen eingehen.

Univariate Verfahren beruhen auf der Verwendung einer einzelnen Zeitreihe. Sie basieren ausschließlich auf Vergangenheitsdaten und der Extrapolation dieser. Die bekanntesten Verfahren [HÜTTNER 86; MERTENS 81] sind die

- Methode der gleitenden Durchschnitte
- Exponentielle Glättung
- Methode der kleinsten Quadrate.

Die Anwendung von univariaten Verfahren zur Früherkennung ist trotz deren eingeschränkter Betrachtungsweise zu befürworten, denn nur durch prognostische Information besteht die Möglichkeit verbesserter Früherkennung [LACHNIT 86,S.7]. Dabei kann z.B. das Anzeigen einer Veränderung in der Zeitreihenkomponente "Trend" das Signal für notwendigen Handlungsbedarf sein. Voraussetzung ist, das die beeinflussenden Faktoren in ihrer Wirkung konstant sind bzw. sich in der Wirkung kompensieren.

Multivariate (kausale) Verfahren unterscheiden sich von einfachen Zeitreihenverfahren dadurch, daß hier mehr als eine Zeitreihe für das Verfahren benötigt wird. Voraussetzung für die Anwendung ist, daß [LACHNIT 86,S.14]

- die zentralen Einflüsse auf den Prognosegegenstand ermittelt und in Funktionsform erfaßt werden können und
- die für die Vergangenheit erkannte Funktion des Zusammenhanges auch für den Prognosezeitraum gilt.

Das Ziel der Verfahren besteht im Erkennen eines Zusammenhanges zwischen den Ausprägungen der einzelnen Merkmale. Die Art des Zusammenhanges wird mit Hilfe der Regressionsanalyse und der Grad des Zusammenhanges mit Hilfe der Korrelationsanalyse untersucht. Ein Beispiel für dieses Verfahren findet sich bei Reichmann/Lachnit, wo die umsatzbestimmenden Einflußfaktoren bestimmt und die zeitlichen Zusammenhänge zwischen Umsatz und Einflußfaktoren aufgezeigt werden [REICHMANN/LACHNIT 79,S.107].

Die große Gefahr bei der Anwendung von kausalen Verfahren besteht darin, daß sachlich nicht unbedingt zusammenhängende Merkmale miteinander in Verbindung gebracht werden (Scheinkorrelation). Der Zusammenhang zwischen den Merkmalen kann aufgrund des gegebenen Datenmaterials ein statistischer sein. Ob jedoch damit auch ein kausaler Zusammenhang besteht und somit die Ergebnisse in der Zukunft auch gelten, ist keineswegs sichergestellt. Deshalb sind kausale Verfahren mit gebotener Vorsicht anzuwenden [SCHWARZE 85,S.156].

Abschließend sei auf die Versuche hingewiesen, mit Hilfe der Diskriminanzanalyse Insolvenzen von Unternehmen vorherzusagen [BEAVER 66, ALTMANN 68]. Dazu wird ein sogenannter Z-Wert aus verschiedenen ausgewählten Kennzahlen gebildet. Grundlage sind Daten aus Unternehmen, die etwa dieselbe Struktur aufweisen. Dabei werden diese Unternehmen in zwei Gruppen unterteilt: solvente und insolvente. Aus der Entwicklung des Z-Wertes einer betrachteten Unternehmung werden Aussagen darüber getroffen, ob dieses Unternehmen in Zukunft solvent bleibt oder insolvenzgefährdet ist [RAUBACH 83]. Trotz der Bedenken gegen dieses Verfahren [UHLIR 79,S.101] erscheint auch der Einsatz der Diskriminanzanalyse zur Früherkennung geeignet, wobei die Interpretation der Ergebnisse auch hier mit gebotener Sorgfalt vorzunehmen ist. Ein großes Problem der Anwendung dieses Verfahrens für eine einzelne Unternehmung ist die Beschaffung der benötigten Vergleichsdaten anderer Unternehmungen, so daß sich der Einsatz auf übergeordnete Instanzen beschränken dürfte (z.B. Handelskammern, Unternehmensverbände, Banken, Versicherungen).

2.1.4.3 Kausal-analytische Modelle

Aus den Schwächen der bestehenden Ansätze zur Früherkennung von Unternehmensentwicklungen entstand ein Modell, welches in der Lage ist, der bisher vernachlässigten Unternehmensdynamik Rechnung zu tragen. Indikatorenkataloge und kennzahlorientierte Früherkennungssysteme sind nur in der Lage, die Ausprägungen der einzelnen Variablen zu erfassen, und können nicht die Wechselwirkungen zwischen den einzelnen Variablen berücksichtigen. Einzig die Korrelationsanalyse [vgl. Kapitel 2.1.4.2] war eine Möglichkeit, Abhängigkeiten zwischen Variablen ex post zu erfassen. Jedoch besteht eine Vielzahl von Beziehungen zwischen den Variablen der Unternehmenswelt und -umwelt, von denen viele qualitativer Natur sind.

Die hier vorgeschlagene Methodik von GOMEZ stützt sich auf die sogenannten Feedback-Diagramme. Diese Sichtweise ist der Wirtschaftskybernetik entsprungen [GOMEZ 86,S.213].

Wirtschaftskybernetik analysiert die dynamischen Systeme Unternehmung und Volkswirtschaft. Sie versucht dabei - im Gegensatz zu der Ingenieur-Kybernetik - neben quantitativ auch qualitativ erfaßbare Eigenschaften zu berücksichtigen. Die wichtigsten Prinzipien sind dabei die Steuerung und die Regelung (Rückkopplung) [BAETGE 83,S.14].

Abbildung 2.1.4.3/1 zeigt ein Phasenschema für den Aufbau eines kausalen Modells, wie es von GOMEZ beschrieben wurde [GOMEZ 83,S.22ff].

Schritt 1: Entwicklung eines Modells des Früherkennungsbereiches mit Feedbackdiagrammen

Ähnlich der Vorgehensweise von HAHN/KRYSTEK [vgl. Abbildung 2.1.4.1/1] wird zunächst ein Beobachtungsbereich gewählt, und es wird versucht, die Variablen des Bereichs miteinander in Beziehung zu setzen. Dazu wird eine grafische Darstellungsform gewählt. Die hier verwendeten Feedback-Diagramme stellen einen eigenständigen Ansatz zur Modellierung von Problemsituationen dar, der sich durch einfache Anwendbarkeit auszeichnet, wodurch bei der Entwicklung auch ungeschulte Personen einbezogen werden können.

In Feedback-Diagrammen werden Beziehungen zwischen Objekten dargestellt. Dabei stellt sich die Frage nach der Art des Einflusses. In der Grundform unterscheiden Feedback-Diagramme zwei grundlegende Arten von Einflüssen:

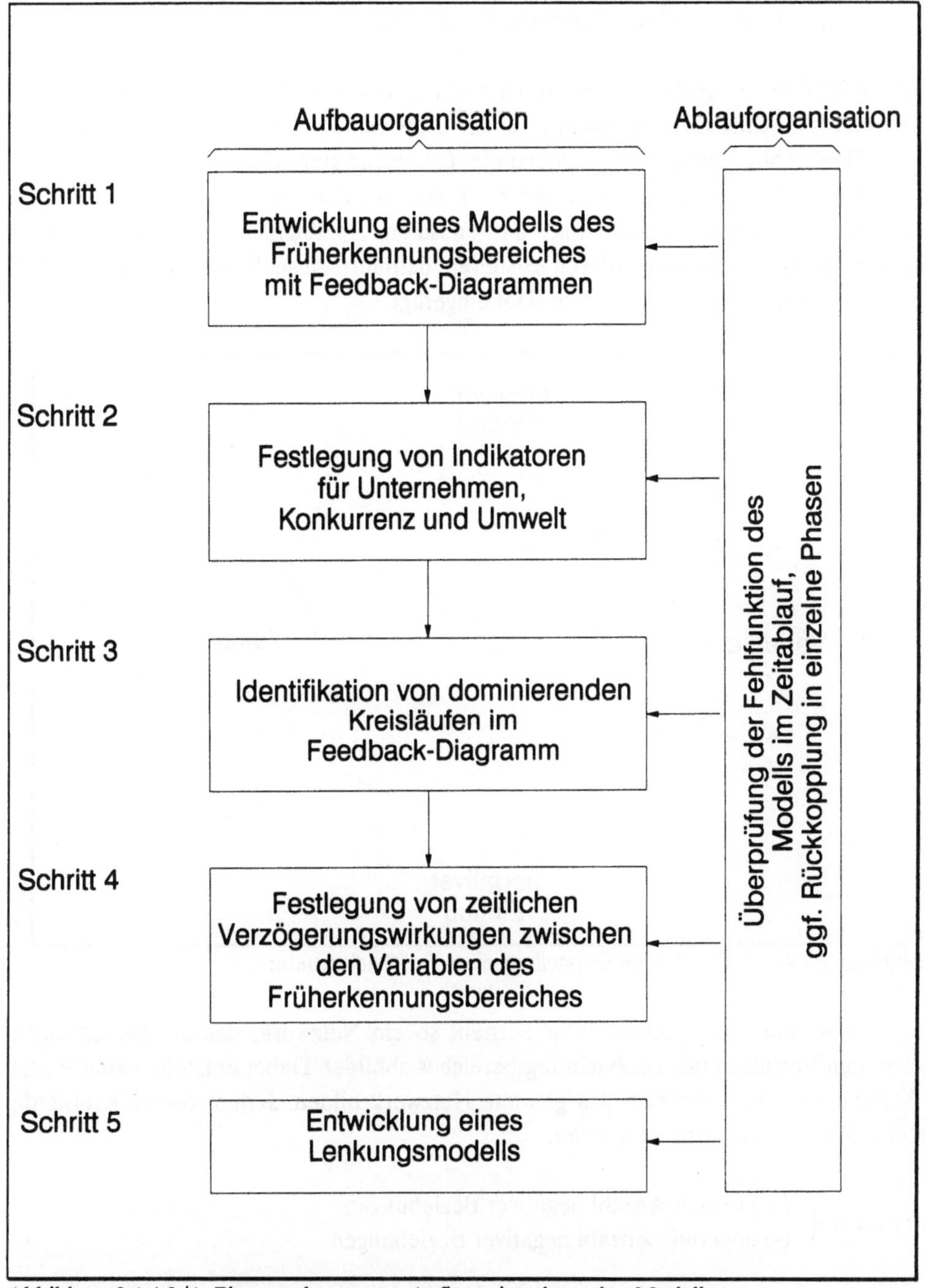

Abbildung 2.1.4.3/1: Phasenschema zum Aufbau eines kausalen Modells
[Gomez 83, S.22]

- positiver Einfluß bewirkt bei gleichbleibenden Bedingungen eine gleichgerichtete Entwicklung der beeinflußten Größe im Sinne einer Verstärkung
- negativer Einfluß bewirkt bei der beeinflußten Größe eine gegenteilige Entwicklung und führt langfristig zu einer Stabilisierung der Situation

Abbildung 2.1.4.3/2 zeigt die graphische Darstellung von einer Feedback-Struktur in der Grundform als geschlossenen Kreislauf. Bei der Entwicklung von Feedback-Diagrammen für einen Beobachtungsbereich wird zuerst ein Teil dieses Bereiches herausgegriffen und als grundlegender Kreislauf beschrieben. Dazu werden die in diesem Bereich auftretenden Variablen benannt und die kausalen Abhängigkeiten (positiver oder negativer Einfluß), die zwischen diesen existieren, definiert. Anschließend werden weitere Segmente modelliert und in diesen Kreislauf eingefügt.

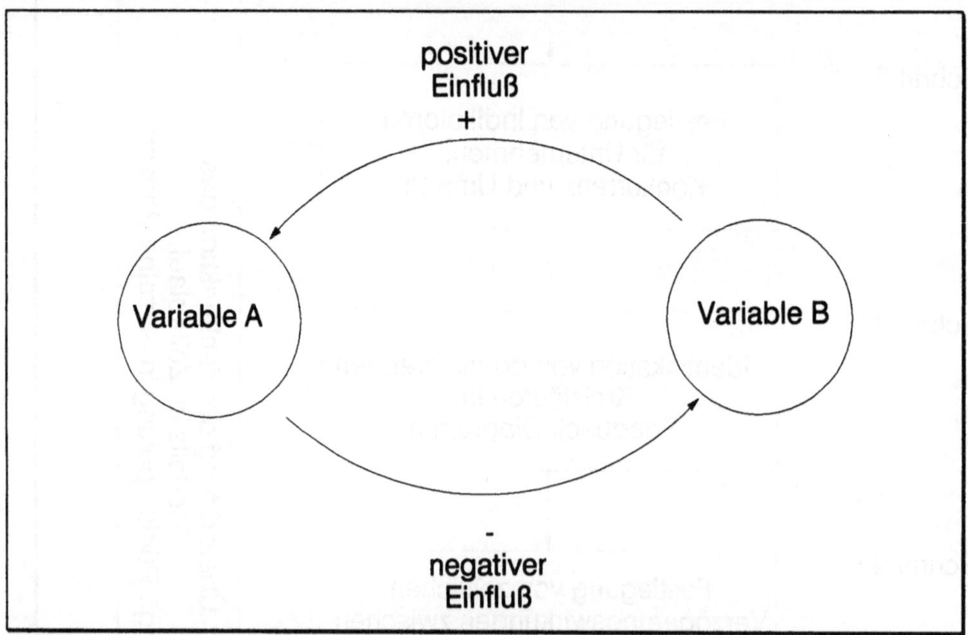

Abbildung 2.1.4.3/2: Graphische Darstellung einer Feedbackstruktur

Beim Aufbau einer Feedback-Struktur entsteht so ein Netzwerk, das die Beziehungen zwischen den Variablen des Beobachtungsbereiches abbildet. Dabei entstehen eine Reihe von Kreisläufen, die zusammen das gesamte Netzwerk bilden. Jedem dieser Kreisläufe kann eine Polarität zugeordnet werden:

$$\text{Polarität} = \begin{cases} (+) \text{ gerade Anzahl negativer Beziehungen} \\ (-) \text{ ungerade Anzahl negativer Beziehungen} \end{cases}$$

Die Polarität läßt Aussagen über das Verhalten eines Kreislaufs zu. Bei positiver Polarität führt es zu einer sich ständig verstärkenden, bei negativer Polarität zu einer gebremsten oder stabilisierenden Bewegung.

Schritt 2: Festlegung von Indikatoren

Die im ersten Schritt auftretenden Variablen bilden die Basis für die Auswahl von geeigneten Indikatoren. Indikatoren werden in diesem Verständnis weiter gefaßt, als in der allgemeinen Sichtweise (vgl. Kapitel 2.1.4.1). Ein Indikator ist hier eine Variable, deren Einfluß auf eine andere Variable nicht unbedingt empirisch nachgewiesen wurde, sondern aus der Sichtweise des jeweiligen Entscheidungsträgers besteht. Ziel ist die möglichst vollständige Abdeckung des Umfeldes, in dem sich die Unternehmung bewegt. Dazu werden

- Unternehmensindikatoren
- Konkurrenzindikatoren
- Umweltindikatoren

bestimmt und mögliche Ausprägungen dieser Indikatoren als Früherkennungsinformation interpretiert. Das Vorgehen deckt sich mit den Phasen 1 und 2 des Früherkennungsmodells von HAHN/KRYSTEK [vgl. Kapitel 2.1.4.1].

Schritt 3: Identifikation von dominierenden Kreisläufen im Feedback-Diagramm

Mit der Identifikation von dominierenden Kreisläufen innerhalb des vernetzten Modells können die Variablen bestimmt werden, die auf das Systemverhalten wesentlichen Einfluß ausüben. Dazu bestimmt man folgende Elemente:

(1) Aktives Element: Element, das alle anderen am stärksten beeinflußt, aber von allen anderen am wenigsten beeinflußt wird

(2) Passives Element: Element, das alle übrigen am schwächsten beeinflußt, aber am stärksten beeinflußt wird

(3) Kritisches Element: Element, das alle übrigen am stärksten beeinflußt und von allen anderen am stärksten beeinflußt wird

(4) Träges Element: Element, welches am schwächsten beeinflußt wird und am schwächsten beeinflußt

Zur Bestimmung dieser Elemente muß zusätzlich die Stärke der Beziehung zweier Elemente durch eine Zahl ausgedrückt werden:

$$b_{ij} = \text{Stärke des Einflußes des Elements } i \text{ auf das Element } j$$

Unabhängig davon, ob eine Beziehung positiv oder negativ ist, werden folgende vier Wirkungsgrade unterschieden:

b	Wirkung
0	keine
1	geringe
2	mittlere
3	starke

Die Werte b_{ij} werden in eine matrixähnliche Tabelle [GOMEZ 83, S.47] eingetragen (siehe Abbildung 2.1.4.3/3). Nach dem vollständigen Füllen der Tabelle werden sogenannte Aktivsummen und Passivsummen für jedes Element gebildet. Die Aktivsumme eines bestimmten Elements ist ein Maß für die Einflußnahme auf alle anderen Elemente, die Passivsumme ist ein Maß für den Einfluß der anderen Elemente auf dieses Element.

$$\text{Aktivsumme: AS(Element k)} \quad = \quad \Sigma\, b_{ij} \quad \text{mit } j=1..n; i=k$$
$$\text{Passivsumme:PS(Element k)} \quad = \quad \Sigma\, b_{ij} \quad \text{mit } i=1..n; j=k$$

Für jedes Element werden abschließend die Größen

$$P_k = PS_k * AS_k \qquad ; k=1..n$$
$$Q_k = 100 * AS_k / PS_k \qquad ; k=1..n$$

gebildet. Daraus können die vier gesuchten Elemente abgeleitet werden:

(1) aktives Element : höchster Q-Wert
(2) passives Element : niedrigster Q-Wert
(3) kritisches Element : höchster P-Wert
(4) träges Element : niedrigster P-Wert

Um die jeweiligen Elemente können zusätzlich Bereiche gelegt werden, die all diejenigen Elemente einschließen, deren P bzw. Q-Wert ähnlich hoch bzw. tief ist. Auf diese Weise werden Bereiche geschaffen, in denen Elemente mit ähnlichen Merkmalen auftreten.

Wirkung auf ----> von ⇓	Variable 1	2	3	....	n	AS	Q
Variable 1	b_{11}	b_{12}	b_{13}	....	b_{1n}	AS_1	Q_1
Variable 2	b_{21}	b_{22}	b_{23}	....		AS_2	Q_2
Variable 3	b_{31}			.....		AS_3	Q_3
Variable 4	b_{41}			....		AS_4	Q_4
.	....						
.	....						
.	....						
Variable n	b_{n1}	....	....	....	b_{nn}	AS_n	Q_n
PS	PS_1	PS_2			PS_n		
P	P_1	P_2			P_n		

Abbildung 2.1.4.3/3:   Tabelle zur Auswertung von Feedback-Diagrammen
[Gomez 83, S.47]

Schritt 4: Feststellung der zeitlichen Verzögerungswirkung zwischen den Variablen des Früherkennungsbereiches

Eine Besonderheit des kausalen Modells gegenüber dem Indikatoren-Ansatz und den Kennzahlensystemen ist, daß nicht nur zeitpunktbezogene Betrachtungen angestellt werden, sondern auch zeitliche Abhängigkeiten modelliert werden können. Die in den Feedback-Diagrammen dargestellten Abhängigkeiten zwischen den einzelnen Variablen können zeitlichen Einflüssen unterliegen. Die Veränderung einer Variablen kann mit zeitlicher Verzögerung auf eine andere Variable Auswirkung haben. Es gilt deshalb, diese zeitlichen Abhängigkeiten soweit wie möglich zu bestimmen. Als Verfahren stehen dabei

- Erfahrungswerte eines Experten
- statistische Verfahren
- allgemein anerkannte Beziehungen (z.B. Preis-Absatz Funktion)

zur Verfügung. Da die Ergebnisse beider Erfassungsmöglichkeiten auf den Daten der Vergangenheit basieren, stellen sie keine sicheren Informationen dar, sondern sie geben einen leichten Hinweis auf mögliche zeitliche Verzögerungswirkungen und bedürfen im Zeitablauf der ständigen Kontrolle.

Schritt 5: Entwicklung eines Lenkungsmodells

Der letzte Schritt beim Aufbau eines Früherkennungssystems betrifft die Umsetzung der Früherkennungsinformation in Entscheidungen. Da Maßnahmen im Unternehmen meistens nicht sofort eingeleitet werden können, weil darüber nicht ad hoc entschieden werden kann, besteht die Gefahr, daß zu spät auf die Information reagiert wird [WELTER 79,S.120]. Deshalb muß über Maßnahmen zur Beeinflussung von möglichen, zukünftigen Situationen rechtzeitig - vor deren Eintreten - entschieden werden.

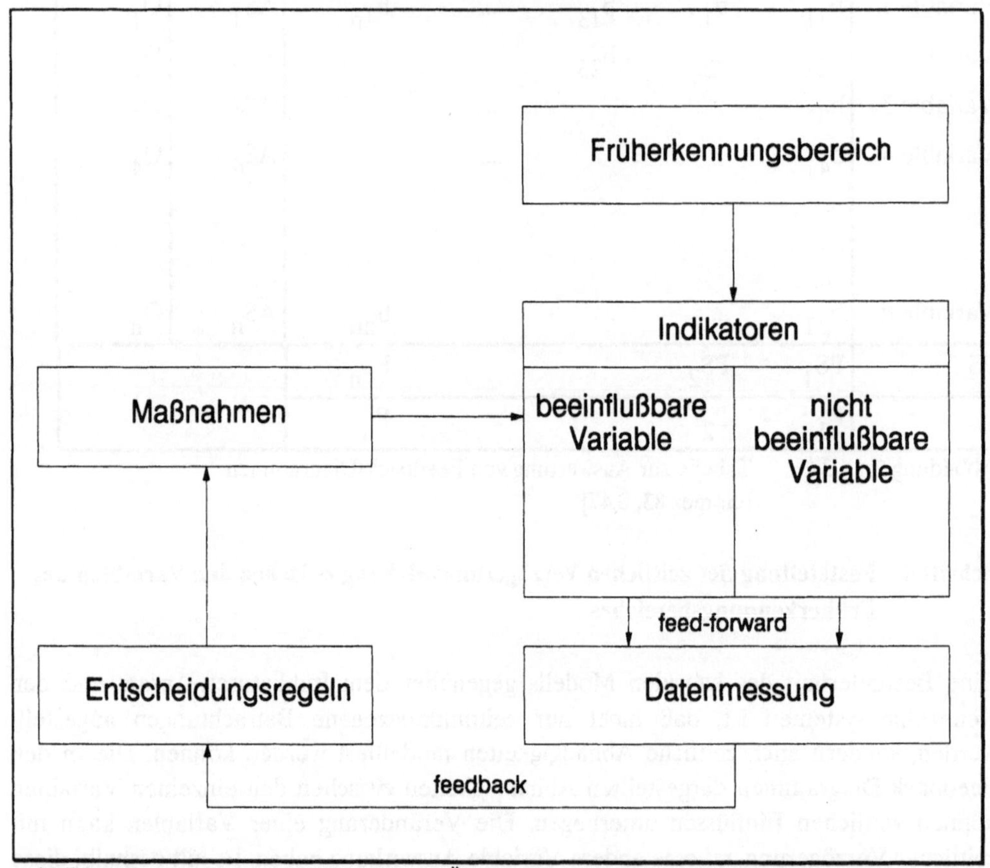

Abbildung 2.1.4.3/4: Lenkungsmodell zur Überwachung von Früherkennungsbereichen

Abbildung 2.1.4.3/4 zeigt ein Lenkungsmodell zur Überwachung von Früherkennungsbereichen [GOMEZ 86,S.183]. Mit dem Modell sollen die Möglichkeiten eines Problemlösers abgebildet werden, eine Situation lenkend zu beeinflussen.

Durch die Indikatoren werden diejenigen Variablen des Früherkennungsbereiches überwacht, die eine Beurteilung der Entwicklung zulassen. Daneben gibt es eine Vielzahl weiterer variabler Größen, die beeinflußbar oder nicht beeinflußbar sind. Ziel des Lenkungsmodells ist es, über ein "feedback" die beeinflußbaren Variablen zu verändern, so daß sich die Situation positiv entwickelt. Dazu werden Entscheidungsregeln formuliert, die festlegen, wann und wie auf Abweichungen der Indikatoren zu reagieren ist. Durch entsprechende Maßnahmen werden dann die beeinflußbaren Variablen verändert, so daß die Situation sich entspannt.

2.1.5 Zusammenfassung der Ansätze zur operativen Früherkennung

Die Zielsetzung von Früherkennungssystemen liegt in der Erkennung von zukünftigen Zielabweichungen. Unabhängig von der Ausrichtung auf operative oder strategische Belange gehen Früherkennungssysteme von einer Ist-Situation aus, und versuchen mit verfügbaren Daten zukünftige Situationen abzuleiten, um in einem weiteren Schritt den Grad der möglichen Zielabweichung abschätzen zu können (vgl. Abbildung 2.1.5/1).

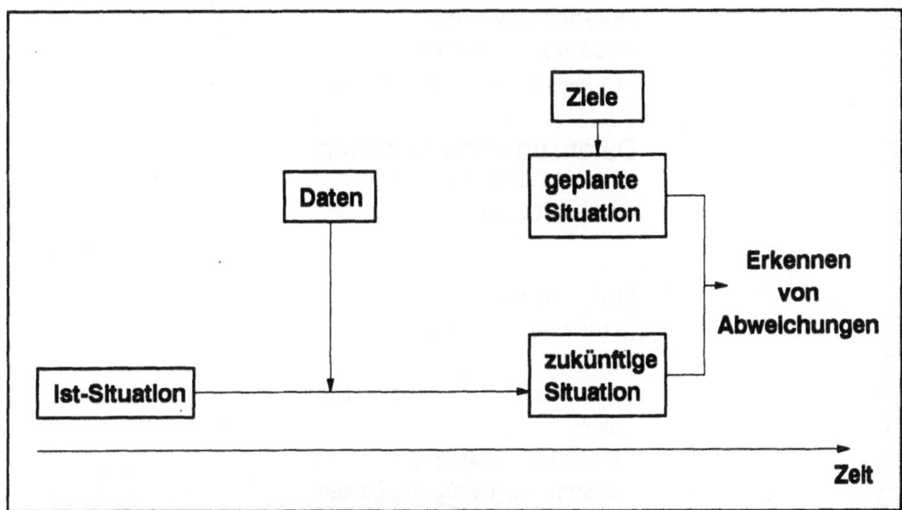

Abbildung 2.1.5/1:   Grundprinzip der Früherkennung

Früherkennung von Unternehmensentwicklungen darf im operativen Bereich nicht als das Aufspüren von ANSOFF'S schwachen Signalen [ANSOFF 76] verstanden werden, sondern als das Erkennen von möglichen Zielabweichungen, wobei besonderer Wert auf die Abschätzung der Auswirkungen gelegt werden soll, die durch eine Größe bedingt sind, sich im Zeitablauf aber auch auf andere Größen niederschlagen werden. Früherkennung im operativen Bereich ist das 'Transparentmachen' der zukünftigen Situation.

Die dazu notwendigen aufbau- und ablauforganisatorischen Maßnahmen können als Phasenschema (Abbildung 2.1.5/2) beschrieben werden. Die Anlehnung an die Ansätze von HAHN/KRYSTEK und GOMEZ werden dabei deutlich. Die hier vorgeschlagene Vorgehensweise beinhaltet vier Phasen, zwei Hauptphasen und zwei nebengeordnete Phasen:

1. Aufbauphase des Systems (Hauptphase I)
2. Steuerung im Zeitablauf (Hauptphase II)
3. Suche nach Indikatoren (nebengeordnete Phase A)
4. Revision (nebengeordnete Phase B).

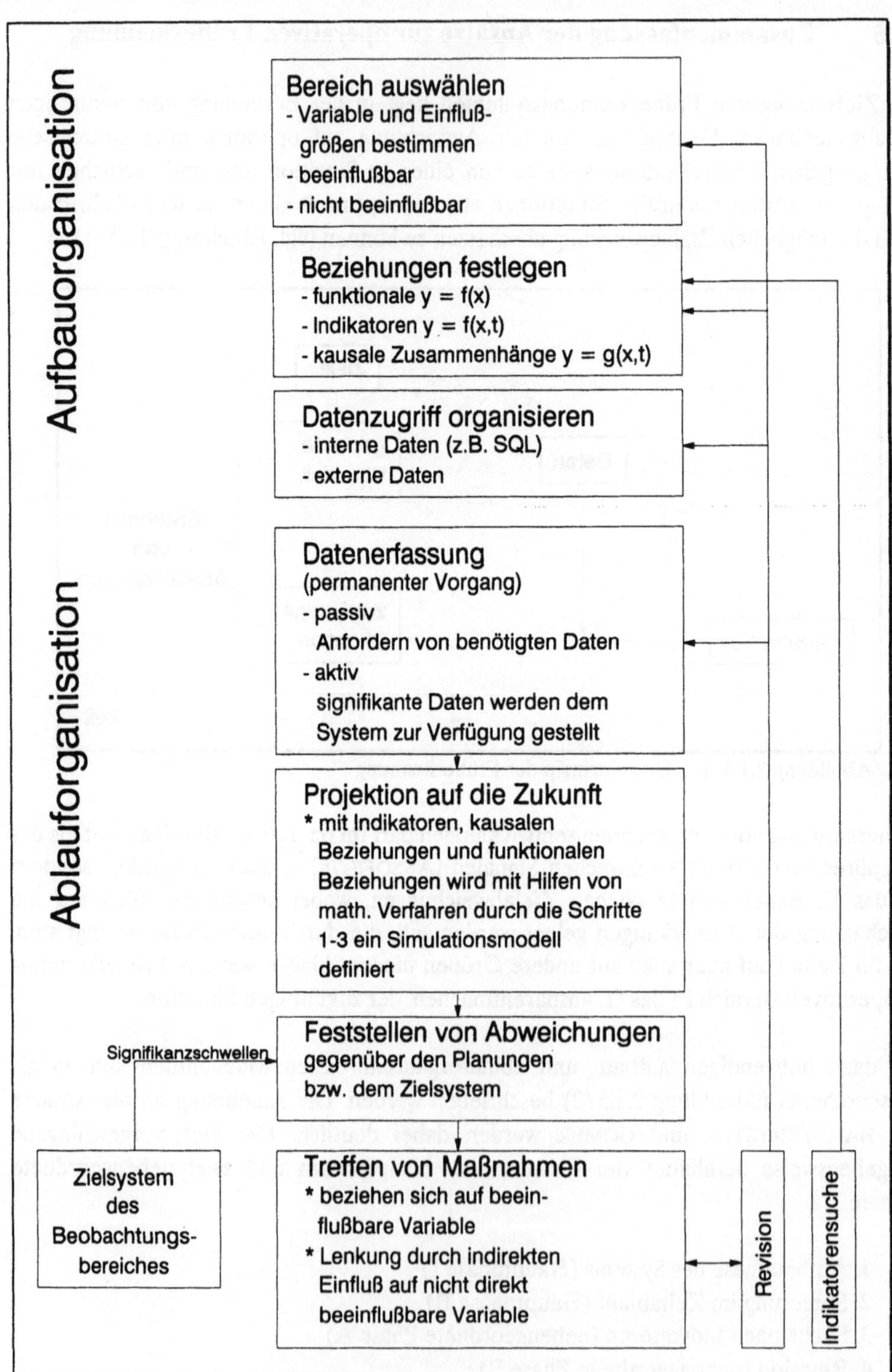

Abbildung 2.1.5/2: Aufbau- und Ablauforganisation für operative
Früherkennungssysteme

Hauptphase I: Aufbauorganisation

Am Anfang des Aufbaus eines Früherkennungssystems muß ein Bereich ausgewählt werden, für den Früherkennungsinformationen beschafft werden sollen. Anschließend müssen alle Variablen und Einflußfaktoren des Früherkennungsbereiches bestimmt und miteinander in Beziehung gesetzt werden. Dabei zerfallen die Variablen in zwei Gruppen: beeinflußbare (z.B. Werbung) und nicht beeinflußbare (z.B. Werbung der Konkurrenz) Variablen.

Die Beziehungen, die die Variablen des Früherkennungsbereichs verbinden können statischer oder dynamischer Art sein. Statische Beziehungen sind Definitionsgleichungen der Form: Umsatz=Menge*Preis. Diese Art von Beziehungen bilden das Gerüst des Modells. Beispiele für solche Modelle sind Kennzahlensysteme oder Unternehmensmodelle, bei denen zwischen den einzelnen Kennzahlen oder Variablen feste mathematische Beziehungen bestehen (Definitionsgleichungen), jedoch meist nur ein Teil der Variablen einbezogen wird.

Zusätzlich treten dynamische Beziehungen dazu, die das Modell um Zeitkomponenten erweitern. Dabei können zwei Arten unterschieden werden:

- Indikatoren
- Kausale Modelle (Typ Regelkreis).

Beide Arten der Beziehung entsprechen einer Interaktionsbeziehung der Form $y=f(x,t)$ [SCHOLZ 82,S.265], wobei die Funktion f für Indikatoren in gewissem Umfang bekannt ist, weil sie empirisch nachgewiesen wurde. Für kausale Zusammenhänge dagegen ist diese Funktion nur schätzungsweise bekannt und nicht immer eindeutig quantifizierbar. Das Wissen um die zeitverbrauchende Abhängigkeit einer Zustandsvariablen von einer anderen Zustandsvariablen beruht im wesentlichen auf der Erfahrung des Experten des Beobachtungsbereiches.

Die im ersten Schritt bestimmten Variablen müssen zur Verarbeitung dem Früherkennungssystem zur Verfügung gestellt werden. Dazu muß der Zugriff auf die Daten organisiert werden. Die von einem Früherkennungssystem zur Verarbeitung benötigten Daten sind abhängig vom jeweiligen Beobachtungsbereich für den Früherkennungsinformationen beschafft werden sollen. Grundsätzlich sind interne und externe Daten zu unterscheiden.

Interne Daten sollten in Unternehmensdatenbanken gespeichert sein und problemlos über Anfragesprachen (z.B. SQL) abgerufen werden können. Schwieriger gestaltet sich der Zugriff auf externe Daten. Diese können aus verschiedenen Quellen stammen, wie z.B.:

- Fakten-Datenbank

- Dokumenten-Datenbank
- Zeitschriften
- Nachrichten,etc.

Zusätzlich müssen nicht nur diejenigen externen, variablen Einflußgrößen erfaßt werden, die dem System bekannt sind, sondern auch Daten über Ereignisse, die den Früherkennungsbereich tangieren und beeinflussen können. Hier liegt die größte Schwierigkeit bei Früherkennungssystemen: Erstens das Auffinden einer solchen signifikanten Meldung, die aus einer beliebigen Quelle stammen kann, und zweitens das Herstellen von Verbindungen zwischen dieser Meldung und deren Auswirkung auf die Variablen des Früherkennungsbereiches. Diese Art der Früherkennungsinformation ist nicht vorhersehbar, und deshalb nur über die permanente Beobachtung des gesamten Umfeldes des Früherkennungsbereiches zu beschaffen.

Damit ist die Aufbauorganisation des Systems abgeschlossen, jedoch kann durch Rückkopplungen aus den nebengeordneten Phasen Revision und Indikatorensuche ein erneutes Anlaufen einzelner Schritte notwendig werden.

Hauptphase II: Ablauforganisation

Durch die aufbauorganisatorischen Maßnahmen wird ein Modell definiert, das durch die Ablauforganisation benutzt wird und die Grundlage für das Früherkennungssystem bildet. Dieses Modell wird im Laufe der Zeit mit denjenigen Daten gespeist, deren Zugriff in der aufbauorganisatorischen Phase definiert wurde. Die Datenerfassung kann idealisiert als ein permanenter Vorgang angesehen werden. Dabei können zwei Betriebsformen unterschieden werden:

- Anfordern der benötigten Daten zu gewissen Zeitpunkten (passiv)
- automatische Zuweisung bei der Verletzung von vorher festgelegten Bedingungen (aktiv)

Aktive Informationsbeschaffung ist für interne Daten über sogenannte Trigger und Integritätsbedingungen möglich, die genau dann aktiviert werden, wenn ein Wert einen vorher festgelegten Schwellenwert überschreitet, wobei die verfügbaren Datenbankkonzepte gewisse Einschränkungen beinhalten. Für externe Daten können solche Schwellenwerte auch festgelegt werden, jedoch müssen die Daten hierbei von externen Datenträgern erst erfaßt und gespeichert werden. Die aktive Komponente in einem solchen System ist der Informationsbeschaffer. Ein im Sinne von Gernert [GERNERT 79] gefordertes aktives Informationssystem ist zur Zeit nur mit einigen Formen von Triggern möglich. Die von Gernert geforderten nicht-prozeduralen Programmiersprachen sind zwar theoretisch, aber praktisch noch nicht in der Lage, kompatible Systeme zu bilden. In der Praxis werden Früherkennungssysteme bis heute eher als passive Systeme eingesetzt.

Mit den erfaßten Daten wird im Zeitablauf ein Modell gespeist, das durch die Beziehungen zwischen den Variablen definiert ist. Die Auswirkungen der bestehenden Situation können durch Indikatoren, kausale Beziehungen und ggf. Prognoseverfahren abgeschätzt werden. Durch ein Abgleichen mit dem bestehenden Zielsystem können so mögliche Abweichungen im Vorfeld erkannt werden.

Wenn mögliche Abweichungen und deren Ursachen bekannt sind, können Maßnahmen ergriffen werden, die sich auf die beeinflußbaren Variablen beziehen. Solche Ersatzstrategien können schon vorbereitend in der Planungsphase entwickelt werden, um vorher bereits für möglich gehaltene und dann eingetretene Einflüsse abzuwehren.

Nebengeordnete Phase A: Suche nach Indikatoren

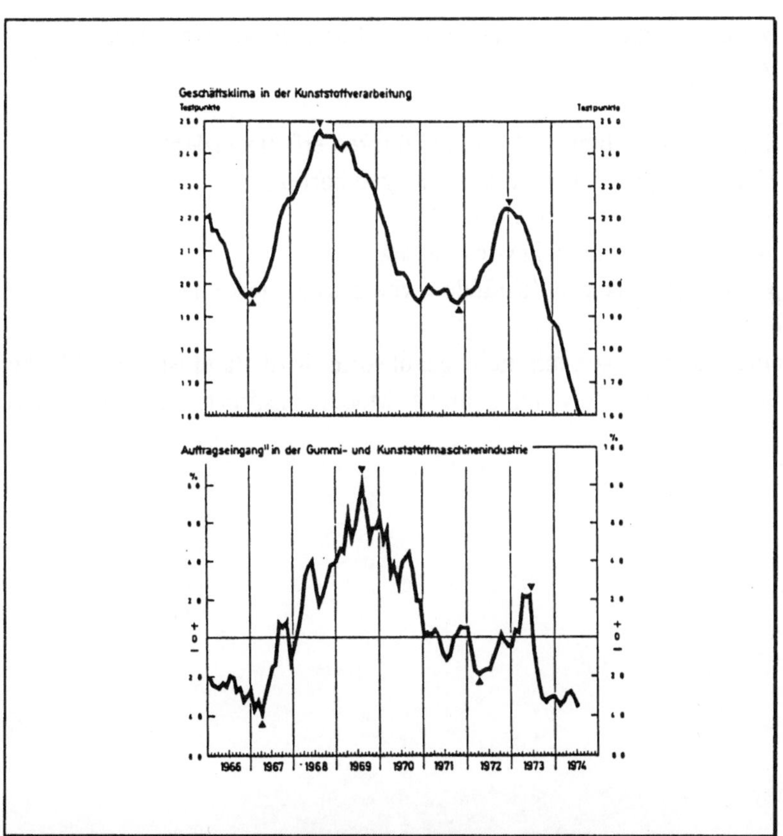

Abbildung 2.1.5/3:   Geschäftsklima als Branchenindikator in der
Kunststoffindustrie [DORMAYER 86,S.258]

Die nebengeordnete Phase A hat die Aufgabe, unabhängig vom Früherkennungssystem, mit Hilfe mathematischer Verfahren Zusammenhänge zwischen Variablen zu ermitteln. Die so ermittelten Indikatoren erweitern die Betrachtung um eine Art "naive Prognose", indem Aussagen über den zukünftigen Verlauf einer Variablen gemacht werden. Diese

Aussagen sind aufgrund von empirischen Erhebungen nachgewiesen. Als Beispiel sei der Indikator Geschäftsklima und seine Auswirkung auf die Auftragseingänge in der Kunststoffindustrie angeführt (vgl. Abbildung 2.1.5/3).

Falls nun durch einen Indikator eine Trendwende ersichtlich wird, so kann über den aus der Vergangenheit abgeleiteten Verzögerungsfaktor die Auswirkung auf die entsprechenden Variablen bestimmt werden. Diese Phase ist nebengeordnet, weil die Suche nach Indikatoren ständig durchgeführt wird, jedoch der Ablauf des Früherkennungssystems nur in so weit beeinflußt wird, als daß zusätzlich entdeckte Indikatoren die Genauigkeit der Abschätzung der zukünftigen Situation verbessern.

Nebengeordnete Phase B: Revision

Begleitend zu allen Phasen muß das System überprüft werden. Dabei stehen folgende Fragen im Vordergrund:

- Sind alle Variablen und Einflußfaktoren erfaßt worden?
- Sind die angenommenen Beziehungen korrekt?
- Sind die Beziehungen vollständig?
- Werden Krisen korrekt vorhergesagt?
- Werden signifikante Zustände vorhergesagt, die keine sind (Fehlalarm)?

Wenn auf eine dieser Fragen mit 'nein' geantwortet wird, dann ist eine Rückkopplung in eine entsprechende Phase notwendig, um das Modell entsprechend zu verbessern.

2.2 Expertensysteme

2.2.1 Begriffsbildung

2.2.1.1 Künstliche Intelligenz, Expertensysteme, Wissen, Wissensbasierte Systeme

Die Definition des Begriffs *Künstliche Intelligenz* (KI) oder *"Artificial Intelligence"* ist nicht einheitlich von den verschiedenen Zweigen der Wissenschaft vorgenommen worden [KURBEL 89, S.1]. Die Ursprünge der Forschung gehen zurück in den Bereich der Humanwissenschaften, insbesondere der kognitiven Psychologie. Doch auch hier hat der Intelligenzbegriff noch keine ausgereifte, präzise und allgemein anerkannte Konkretisierung erfahren. Die kognitive Psychologie versucht, menschliche kognitive Fähigkeiten auf einer mentalen Ebene zu erklären. Der Mensch wird dabei unter dem Aspekt der Informationsverarbeitung betrachtet; menschliches Verhalten wird zu erklären versucht als Ergebnis systeminterner Vorgänge, die von außerhalb des Systems stammende Information verarbeiten.

Die Ansätze der Künstliche-Intelligenz-Forschung in der Informatik zielen darauf ab, "intelligente" Computersysteme zu schaffen. Dazu ist man bestrebt, menschliches intelligentes Problemlösen zu erklären und Verbindungen herzustellen zwischen abstrakten Softwarestrukturen und postulierten Mentalstrukturen des Menschen [KOBSDA 84, S.99].

In der Informatikforschung ist *Künstliche Intelligenz* die Formulierung einer Zielvorstellung; die Vorstellung von einem System, welches sich intelligent verhält. In einem engeren Verständnis können als *Künstliche Intelligenz* die Aktivitäten verstanden werden, die sich zur Realisierung diese Zieles organisiert haben. *Künstliche Intelligenz* ist dann eine ingenieurwissenschaftliche Disziplin, welche die methodische Konstruktion intelligenter Systeme und deren Realisierung zum Gegenstand hat [LISCHKA 87,S.15]. Der Anspruch, intelligente Systeme schaffen zu wollen, ist sehr hoch, zudem, wenn der Intelligenzbegriff nicht eindeutig definiert ist. In dem von SCHEFE beschriebenen Sinn soll hier Intelligenz nicht nur auf Wissen beruhen, sondern auch auf Gefühl und Kreativität. Dann muß als Ziel der Forschung gelten, geistige Tätigkeiten und Vorgehensweisen zu implementieren, die exakt zu formulieren sind. Die Implementierung von Gefühl und Kreativität erscheint daher als sehr schwierig, wenn nicht gar unmöglich [SCHEFE 86,S.19].

Wegen der Schwierigkeiten, Intelligenz zu definieren, ist es sinnvoller, die *künstliche Intelligenz*, von der MINSKY sagte:

"AI is the science of making maschines do things that would require intelligence if done by men" [MINSKY 66]

anhand der verwendeten Methoden und Anwendungsgebiete abzugrenzen. Unter Berücksichtigung des Anwendungsaspekts lassen sich folgende Teildisziplinen in der KI erkennen:

- Verarbeitung natürlicher Sprache
- automatisches Beweisen
- Robotik
- Bildanalyse und -interpretation
- Expertensysteme
- Spiele (Schach, Go..)

All diese Teildisziplinen bedienen sich bestimmter Techniken in Form von

- Methoden   (Repräsentation von Wissen, Suchstrategien, Kontrollstrategien),
- Hardware   (LISP-Architekturen),
- Software   (LISP, PROLOG),

die auch intensiv erforscht werden [HENNINGS/MUNTER 85,S.17].

Expertensysteme sind anerkanntermaßen ein Zweig der KI-Forschung, jedoch konnte auch hier wie bei der Definition von *Künstlicher Intelligenz* keine eindeutige, explizite Definition hervorgebracht werden. Dementsprechend leidet die Diskussion daran, was ein Expertensystem ist und was es leisten soll unter dieser Diskrepanz. Dadurch erscheinen immer wieder Beiträge, die einerseits auf Unwissenheit und andererseits auf fehlerhaften Informationen eben solcher Beiträge beruhen.

Um Expertensysteme zu charakterisieren, ist es zweckmäßig, sich darauf zu konzentrieren, welche Ziele man mit der Konstruktion eines Expertensystems verfolgt, nämlich die Problemlösungsfähigkeiten eines menschlichen Experten zu mechanisieren (automatisieren). Um dieses Ziel zu erreichen, ist es notwendig, sich über das Gedanken zu machen, was einen menschlichen Experten auszeichnet, um somit die Basis zu schaffen für ein Verständnis der Anforderungen an Expertensysteme und der Probleme und Grenzen ihrer derzeitigen Ansätze.

Ein menschlicher Experte ist ein Fachmann in einem bestimmten Gebiet und kann beratend tätig sein, wobei er Fakten und Techniken seines Gebietes anwendet. Ein Experte ist charakterisiert durch beratende Kompetenz, bestehend aus Eigenschaften zum [RAULEFS 81,S.99]:

- Verstehen eines Problems
- Erkennen, wo eigene Expertise zur Problemlösung beitragen kann
- Übertragen des Modells in ein Modell der eigenen Expertise
- Lösen des Problems
- Erklären der Ergebnisse
- Hilfestellung für die Erarbeitung und Weiterverwendung der Ergebnisse

In dieser Auflistung von den Eigenschaften, die einen Experten ausmachen, erkennt man die verschiedenen Komponenten, die ein Expertensystem im allgemeinen ausmachen. Dabei sind mehrere Aspekte zu beachten [KURBEL 89,S.22ff]:

- Das Fachgebiet muß festliegen. Es gibt keine Systeme, die Probleme allgemeiner Art lösen (General Problem Solver).
- Die Aufgabe kann unter Einsatz von Fachwissen und mit logischen Schlußfolgerungen gelöst werden.
- Ein Expertensystem muß nicht unbedingt "intelligent" sein, es kommt lediglich auf die Lösung der Aufgabe an.
- Auch ein menschlicher Experte kann die Aufgabe unter Anwendung seines Wissens lösen.

Aus den Eigenschaften, die einen Experten auszeichnen, kann die Systemstruktur eines Expertensystems abgeleitet werden. Diese Einteilung ist eine Aufteilung in einzelne Funktionen, die bei der Entwicklung eines Expertensystems berücksichtigt werden bzw. vorhanden sein müssen. Sie sagen über den Ablauf bei der Entwicklung oder beim Einsatz des fertigen Expertensystems nichts aus.

Abbildung 2.2.1.1/1 zeigt die Architektur von Expertensystemen, die in der vorliegenden Arbeit zugrunde gelegt werden soll [PUPPE 86, S.2]. Grundsätzlich muß unterschieden werden zwischen der Entwicklungsumgebung für ein Expertensystem, der sogenannten Expertensystem-Shell, und dem fertigen Expertensystem. Die Shell stellt dem Wissensingenieur als Expertensystementwickler gewisse Formalismen (Wissensrepräsentationsmechanismen) an die Hand, mit denen dieser versucht, das Wissen eines Fachexperten zu modellieren. Über eine Schnittstelle, i.d.R. ein Editor, gelangt dieses formalisierte Wissen in die Wissensbasis. Unterschieden werden soll dabei, ob es sich um statisches Wissen (Fakten) oder dynamisches Wissen (veränderndes Wissen) handelt.

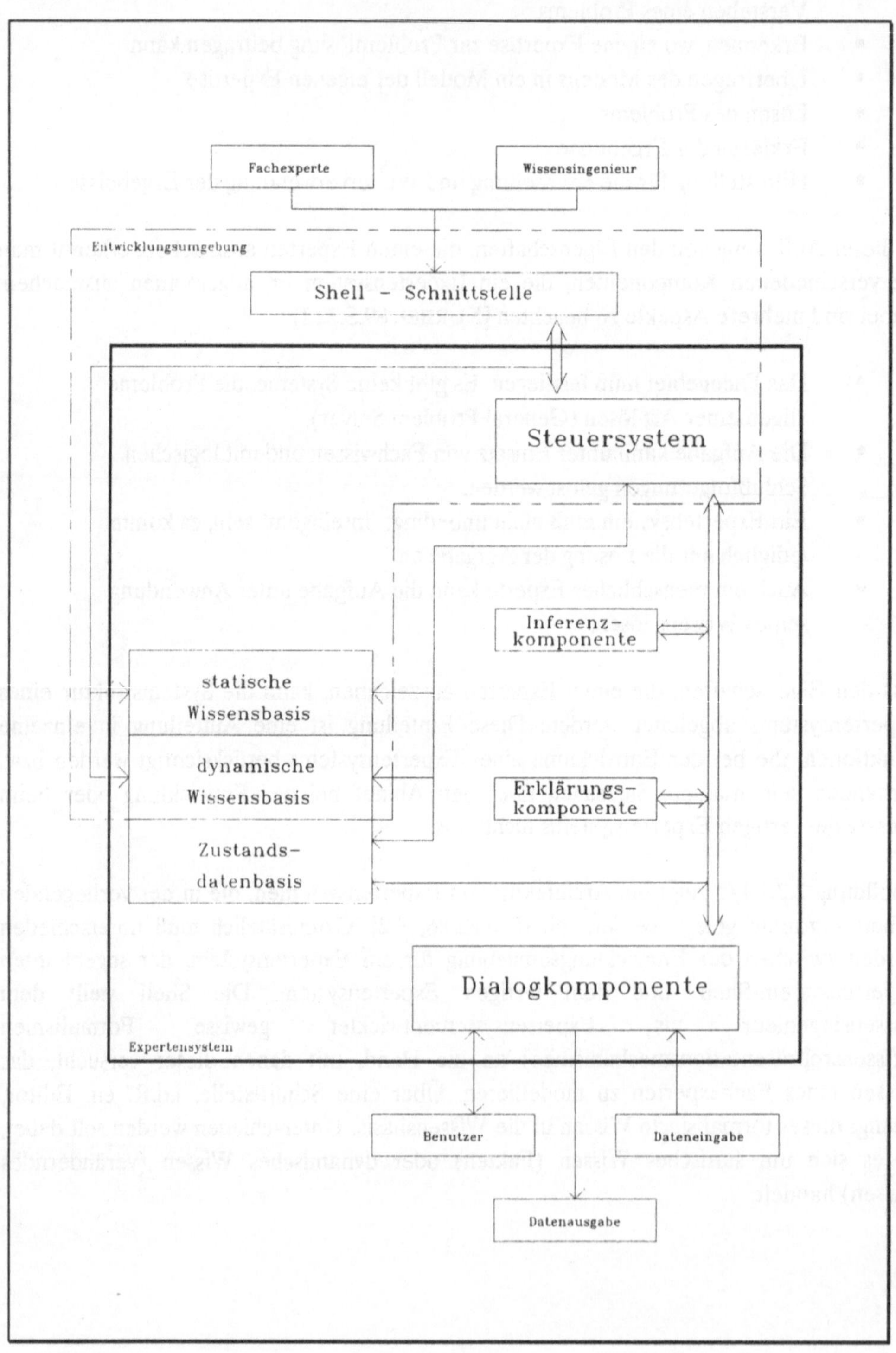

Abbildung 2.2.1.1/1: Architektur eines Expertensystems

Das fertige Expertensystem wird nun dieses Wissen zur Lösung einer Aufgabe aus dem Gebiet des Fachexperten anwenden, d.h. daß die Inferenzkomponente aus gegebenen Daten, die über die sogenannte Dialogkomponente in das System gelangen, neue Fakten in der Zustandsdatenbasis ablegt. Diese Aufgaben werden von einem "Steuersystem" [PUPPE 86, S.2] übernommen (Agendasteuerung). Hier werden die durchzuführenden Aufgaben nach bestimmten Gesichtspunkten ausgewählt.

Die Aufgabe der Erklärungskomponente ist es, sich zu "merken", welches Wissen von der Inferenzkomponente angewendet wurde und welche Schlüsse daraus abgeleitet wurden. So können einem Benutzer auf Anfrage die abgeleiteten Ergebnisse dargestellt werden.

Die wichtigsten Komponenten, die ein Expertensystem ausmachen, sind die Wissensbasis und der darauf operierende Inferenzmechanismus. Das Wissen, das von einem Bereichsexperten extrahiert wurde, kann nach verschiedenen Kriterien klassifiziert werden [BARR/FEIGENBAUM 81,S.144]:

- Wissen als Fakten über Objekte und deren Eigenschaften und Beziehungen
- Wissen als Kenntnis über Handlungen und Ereignisse
- Wissen über bestimmte Fertigkeiten, Vorgehensweisen und Methoden
- Metawissen, d.h. Wissen über die Anwendung von Wissen

Da dieses "Wissen" einer der zentralen Punkte bei Expertensystemen ist, und es kaum gelingen wird, das gesamte Wissen eines Experten zu extrahieren, wird in der Literatur der Begriff *wissensbasiertes System* gewissermaßen als Abschwächung des Terminus *Expertensystem* benutzt, um deutlich zu machen, daß es sich um ein "expertenähnliches" System handelt.

Abschließend soll die hier zugrunde gelegte Definition von wissensbasierten Systemen stehen, wobei nachfolgend beide Begriffe synonym verwendet werden:

Ein wissensbasiertes System ist
- ein Computerprogramm,
- das Wissen aus einem bestimmten Bereich,
- bestehend aus Fakten, Regeln, Heuristiken und vagem Wissen
- modelliert,
- und dieses Wissen zur Abwicklung von Aufgaben aus diesem Bereich nutzen kann.
- Dabei wird das Wissen *eines* Experten modelliert.

2.2.1.2 Abgrenzung der wissensbasierten Programmierung gegenüber der konventionellen Programmierung

Bei allen Funktionen, die ein wissensbasiertes System ausmachen, ist man an keine bestimmte Programmiersprache gebunden. Leider werden immer wieder LISP und PROLOG als die Sprachen der *Künstlichen Intelligenz* bezeichnet, mit denen zweckmäßigerweise wissensbasierte Systeme entwickelt werden [KARRAS/KREDEL/PAPE 87,S.17]. Tatsächlich enthält PROLOG einen internen Abfragemechanismus, der eine Inferenzkomponente darstellt, jedoch kann dieser Inferenzmechanismus in anderen Programmiersprachen wie z.B. PASCAL, C oder MODULA2 mit unterschiedlichem Aufwand nachgebildet werden. Deshalb kann PROLOG nur *ein* Ausgangspunkt für die Programmierung von wissensbasierten Systemen sein. Ein anderer Ausgangspunkt besteht in der Programmierung mit "konventionellen" Sprachen. Ein Beispiel für ein funktionstüchtiges Expertensystemshell ist das an der Universität Erlangen-Nürnberg entwickelte System HEXE (Hilfsmittel zur Expertensystemerstellung) [ALLGEYER 87]. HEXE wurde in COBOL programmiert, und bietet gewisse Vorteile gegenüber Systemen, die in LISP oder PROLOG programmiert sind, bzw. spezielle Architekturen benötigen:

- lauffähig auf vielen verbreiteten Rechenanlagen
- Anbindung an Datenbanken relativ einfach (Bsp.: COBOL-Schnittstelle von SQL-Datenbanken)
- keine langwierige Ausbildung in Sprachen wie LISP und PROLOG
- flexibel bei der Implementierung von Repräsentationsmechanismen.

Die Abgrenzung der Arten der Programmierung kann deshalb nicht auf der Ebene der verwendeten Programmiersprache vorgenommen werden. Die Unterschiede bestehen im wesentlichen in dem "was" programmiert (=formalisiert) ist, mehr als in dem "wie" etwas programmiert ist. "Deshalb ist die Technologie der wissensbasierten Systeme auch keineswegs bahnbrechend, sondern lediglich eine Erweiterung grundlegender wissenschaftlicher Prinzipien auf verfeinertem Niveau. Bahnbrechend an der neuen Technologie sind Konzepte und Erkenntnisse, wie man Computer zum Lösen von Problemen einsetzen kann" [HARMON/KING 86,S.9]. Für wissensbasierte Systeme gilt deshalb, was auch für konventionelle Programme gilt:

- Wissensbasierte Systeme bilden mechanisierbare geistige Verfahren in Algorithmen und Datenstrukturen ab.

Die Frage der Programmierbarkeit bezog sich ursprünglich auf klar stukturierte Bereiche, in denen allgemein anerkannte Vorgehensweisen in Algorithmen abgelegt wurden. Diese Art von Programmen wird "konventionell" genannt. Wissensbasierte Programme beinhalten auch Algorithmen, die den Ablauf gewährleisten, können jedoch zusätzlich "schlecht strukturiertes und unvollständiges Wissen" repräsentieren und verarbeiten.

Deshalb werden solche Systeme auch "wissensbasiert" genannt. Einer Klassifikation von SCHNUPP folgend, kann Wissen

- informell (wird durch Nachmachen oder Zuschauen
  erworben)
- technisch (in Theorien abgeleitete Probleme werden
  algorithmisiert (Bsp.:$a^2+b^2=c^2$))
- formal (nicht-numerische Formeln lassen sich in
  wenn-dann Klauseln darstellen)

sein [SCHNUPP/NGUYEN HUU 87,S.11]. Die konventionelle Datenverarbeitung arbeitet im wesentlichen im technischen Wissensbereich, während wissensbasierte Systeme zusätzlich auch formales Wissen beinhalten. Dabei liegen wissensbasierte Systeme in einem Entwicklungstrend, der die Informationstechnologie seit einigen Jahren durchdringt: die funktionale Trennung der Systemelemente einer Anwendung.

In der konventionellen Datenverarbeitung besteht eine Anwendung aus Algorithmen und Daten. Das entspricht der Definition von WIRTH [WIRTH 76]:

- Programs = Algorithms + Data Structures.

Für wissensbasierte Systeme kann die Erweiterung von KOWALSKI herangezogen werden, der für Algorithmus die folgende Definition beschrieb [KOWALSKI 79]:

- Algorithm = Logic + Control.

Diesen Definitionen folgend kann der oben erwähnte Entwicklungstrend durch Abbildung 2.2.1.2/1 dargestellt werden [MATHY 87, S.61].

Konventionelle Programmiertechniken wurden zur Entwicklung von großen DV-Systemen eingesetzt, die man im allgemeinen mit "Computer" assoziiert. Diese Systeme sind in der Lage, Datenmengen zu sammeln und zu verarbeiten. Dabei entstand der Nachteil, daß diese Daten nicht ohne weiteres von anderen Programmen genutzt werden konnten. Aus diesem Nachteil erwuchs die Trennung von Anwendungsprogramm, Daten und Datenverwaltung. Die Daten werden dazu in Datenbanken gespeichert, auf die auch andere Programme Zugriff haben, und zwar über eine spezielle Schnittstelle, dem Datenbank-Management-System. Hierbei kann zum ersten Mal die von KOWALSKI beschriebene Logik in Form der Daten-Beschreibungs-Sprache (DDL= Data Description Language) und der Daten-Manipulations-Sprache (DML = Data Manipulation Language) erkannt werden. Bekanntestes Beispiel für eine DDL/DML ist die Datenbanksprache SQL (Structured Query Language). Hierbei wird eine nicht-prozedurale Benutzersicht erzeugt, die vom Benutzer nur eine Beschreibung der Lösung verlangt, und den Weg der Problemlösung dem System überläßt. Die Abtrennung der Daten vom Programm entspricht einer Normierung der Schnittstelle. Hinter diesen normierten Sprachelementen verbergen sich aber wiederum Algorithmen, die den Datenzugriff regeln.

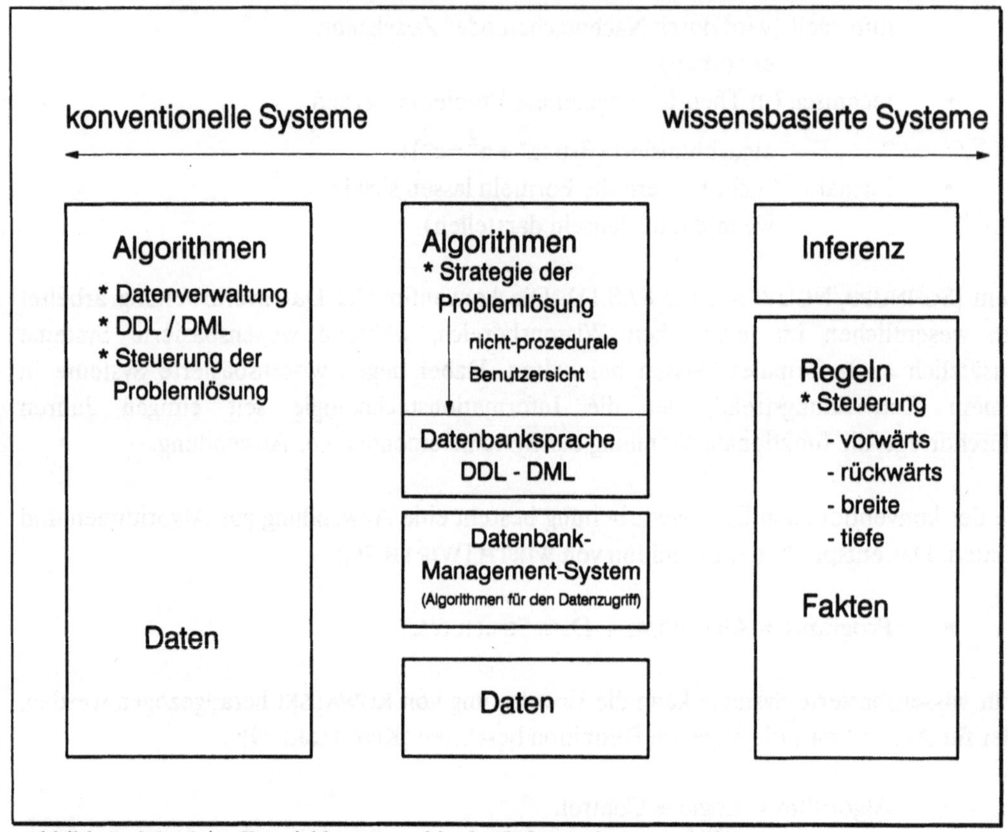

Abbildung 2.2.1.2/1: Entwicklungstrend in der Informationsverarbeitung

Wissensbasierte Systeme unterteilen das Anwendungsprogramm nicht weiter, sondern verschieben Teile, die in konventionellen Programmen in den Algorithmen enthalten waren, in den Datenteil. Dadurch existiert in wissensbasierten Systemen keine klare Trennung zwischen Daten und Wissen. Die Strategie der Problemlösung ist in Regeln enthalten, die in der Wissensbasis wie Daten behandelt werden. Zusätzlich umfassen wissensbasierte Systeme zwei Bereiche, die in konventionellen Systemen noch nicht in dieser Weise vorhanden sind:

- Regel-Wissen
- Heuristisches Wissen.

Diese Art von Wissen ist in konventionellen Systemen, falls vorhanden, nicht explizit, sondern nur implizit vorhanden. Regel-Wissen wird in wissensbasierten Systemen zusammen mit Daten und Fakten abgelegt und genauso behandelt, was den großen Vorteil gegenüber der konventionellen Darstellung besitzt, daß sie sehr leicht zu verändern und somit sehr transparent sind. Bedeutsam ist, das sich durch Ändern oder

Austauschen der Daten oder Regeln die Funktionalität der Inferenzkomponente, dem einzigen Verarbeitungsmechanismus, nicht verändert. Auch hier wird eine Normierung vorgenommen. Die Strategie der Problemlösung wird durch einen normierten Ablaufmechanismus (Inferenz) geregelt. Einfluß auf den Lösungsweg haben die im Datenbereich abgelegten Regeln.

2.2.1.3   Einsatzgebiete und Nutzeffekte

Aus der Abgrenzung der wissensbasierten Ansätze der Programmierung gegenüber der konventionellen Programmierung ergab sich, daß wissensbasierte Systeme zusätzliche Arten von Wissen aufnehmen und verarbeiten können. Durch die Fähigkeit, formales Wissen darstellen zu können, werden wissensbasierte Systeme in Bereiche vordringen, die heute noch eine Domäne des Menschen sind. Die Entwicklung von wissensbasierten Systemen wird sich deshalb an den Möglichkeiten des Einsatzes solcher Systeme im Unternehmen orientieren. Anhand einer Klassifikation können mögliche Einsatzgebiete und Nutzeffekte abgeschätzt werden. In einer von MERTENS u.a. veröffentlichten Untersuchung wurde eine Materialsammlung über betriebliche Expertensystem-Anwendungen vorgenommen [MERTENS 88]. Ähnliche Berichte erscheinen im amerikanischen Sprachraum und geben einen Überblick über gegenwärtig laufende Systeme bzw. Forschungsprojekte und deren Einordnung in betriebliche Funktionsbereiche [WALKER/MILLER 87].

MERTENS sieht als Einsatzgebiete für wissensbasierte Systeme folgende Bereiche:

- Diagnosesysteme
- Expertisesysteme
- Beratungssysteme
- "intelligente" Checklisten
- Selektionssysteme
- Konfigurationssysteme

- Planungssysteme
- Zugangssysteme
- Aktive Hilfesysteme
- Unterrichtssysteme
- Entscheidungssysteme

Wegen der Detailliertheit der Untergliederung ist eine eindeutige Zuordnung eines realen Systems in eine Klasse meist nicht möglich, so daß ein reales System durchaus in mehrere Klassen fallen kann (Bsp.: Diagnosesysteme enthalten Ansätze zur Fehlerbeseitigung).

		Akzeptanzverbesserung	Beruecksichtigung von mehr Alternativen moeglich	Arbeitsvereinigung	Verkuerzung von Durchlauf-/Reaktionszeiten	Individualisierung	Beruecksichtigung von mehr Komplexitaet	Normierung	Rationalisierung	Sicherheit/Vollstaendigkeit/Fehlerfreiheit	Wettbewerbsvorteil	Wissenssicherung	Wissensmultiplikation	Weniger qualifizierte Arbeitskraefte notwendig	Weniger Schulung des Personals noetig
Beschaffung					X		X		X	X	X		X	X	
Produktion	Betriebsmittel-/Fabrik-/Layout-Planung		X			X	X			X			X		
	Arbeitsplanerstellung			X	X	X			X	X					
	PPS-Materialwirtschaft/Grobplanung	X	X		X		X		X	X					
	PPS-Zeitwirtschaft	X	X		X		X		X	X				X	
	PPS-Schwachstellendiagnose				X		X		X	X			X	X	X
	Werkstattsteuerung/Fertigungsleittechnik	X	X		X		X		X	X					
	Diagnose in der Produktion			X	X		X	X	X	X	X		X	X	X
Absatz	Marketing	X	X			X	X		X	X	X				
	Konfiguration			X	X	X	X	X	X	X	X	X	X	X	X
	Diagnose und Wartung im Aussendienst			X	X		X		X	X		X	X	X	X
	Vertriebslogistik		X		X	X	X		X	X				X	X
Verwaltung	Organisation von Verwaltungsablaufen			X	X		X							X	
	Dokumenterstellung und -verwaltung						X		X	X		X			
	Rechenzentrum und DV-Betrieb	X		X	X				X				X	X	X
	Sonstige			X		X	X						X		
Forschung & Entwicklung	Computer Aided Design		X		X	X			X	X	X		X	X	X
	Naturwissenschaftlicher Laborbetrieb	X			X	X			X	X	X		X	X	X
	Softwareerstellung		X			X	X			X					
	Werkstoffauswahl		X				X	X	X	X		X	X		
Personalwesen	Computer Assisted Instruction					X	X		X	X			X	X	X
Rechnungswesen			X		X	X	X	X	X	X			X		
Finanzierung				X	X		X	X	X				X		
Planung/Führung		X	X			X	X		X	X					

Abbildung 2.2.1.3/1: Erwartete Nutzeffekte der Expertensystem-Technologie

Durch den Einsatz von wissensbasierten Systemen werden geistige Tätigkeiten des Menschen durch die Maschine übernommen. Es kann dabei zu Nutzeffekten, aber auch zu Akzeptanzproblemen kommen. In der Untersuchung von MERTENS wurden die in Abbildung 2.2.1.3/1 für die betrieblichen Funktionsbereiche erwarteten Nutzeffekte aus Literatur und von erfahrenen Gesprächspartnern eruiert.

2.2.2   Wissenserwerb - Knowledge Engineering

2.2.2.1   Grundlagen des Knowledge Engineering

Ausgehend von Abbildung 2.2.2.1/1 soll *Knowledge Engineering* näher erläutert werden. Im allgemeinen erstellt ein menschlicher Experte unter der Verwendung von Wissen für eine bestimmte Aufgabe eine Problemlösung.

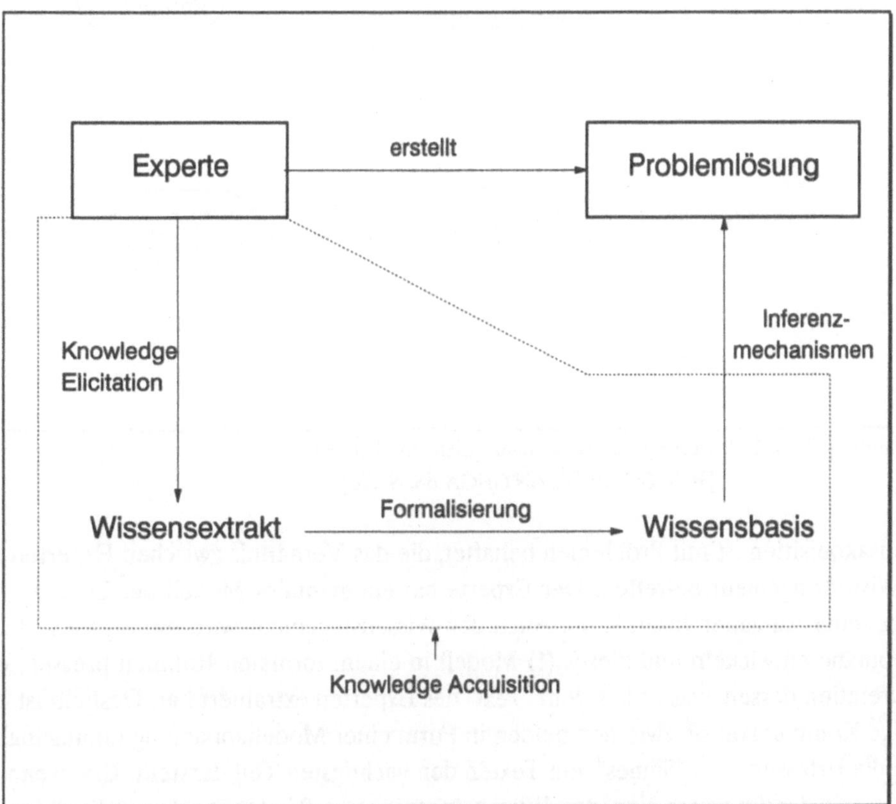

Abbildung 2.2.2.1/1: Grundprinzip des Knowledge Engineering

Ziel beim Aufbau eines wissensbasierten Systems ist es, dieses Wissen in einer Wissensbasis zusammenzufassen, um mit Inferenzmechanismen dieselbe Aufgabenlösung erzeugen zu können. Der Prozeß, diese Wissensbasis zu erstellen, wird als *Knowledge Engineering* bezeichnet. Dazu muß das Wissen eines Experten extrahiert und formalisiert werden. Der erste Schritt wird als *Knowledge Elicitation* bezeichnet, für den zweiten Schritt der Formalisierung existiert kein spezieller Ausdruck. Beide Schritte gemeinsam werden als *Knowledge Acquisition* (Wissensakquisition) bezeichnet [DIEDERICH 87,S.9].

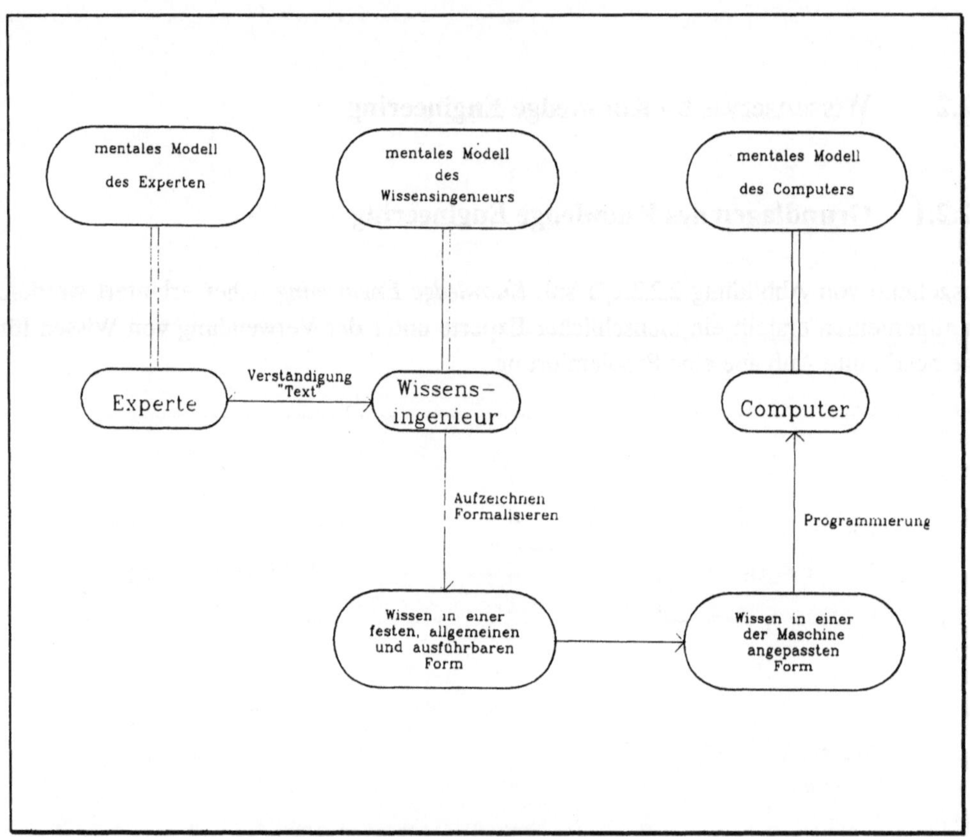

Abbildung 2.2.2.1/2: Modell des Wissensakquisitions-Prozesses
[REGOCZEI/PLANTINGA 88, S.298]

Wissensakquisition ist mit Problemen behaftet, die das Verhältnis zwischen Experten und dem Wissensingenieur betreffen. Der Experte hat ein mentales Modell der Domäne, mit dem er seine Aufgaben lösen kann. Auch der Wissensingenieur wird ein eigenes Modell der Domäne entwickeln und dieses (!) Modell in einem formalen Rahmen pressen, eine Interpretation dessen, was er aus dem "Text" des Experten extrahiert hat. Deshalb ist eine ständige Kommunikation zwischen beiden in Form einer Modellanpassung unumgänglich, wobei die Erfassung des "Sinnes" von Texten den wichtigsten Teil darstellt. Erst wenn der Experte mit der Interpretation des Wissensingenieurs zufrieden ist, kann diese in eine vom Computer zu verarbeitende Form gebracht werden. Auf diese Weise entsteht ein Modell, daß als mentales Modell des Computers bezeichnet werden kann [REGOCZEI/PLANTINGA 88,S.298]. Aus diesem Sachverhalt, der in Abbildung 2.2.2.1/2 dargestellt ist, kann die Problematik von wissensbasierten Systemen allgemein abgeleitet werden. Nur wenn es gelingt, das mentale Modell des Experten mit dem mentalen Modell des Computers deckungsgleich zu machen, kann ein Computersystem den Problemlösungsgrad eines Menschen erreichen. Hierzu müssen die Methoden der Wissensakquisition soweit verfeinert werden, daß eine vollständige Modellierung möglich wird.

Beim Aufbau von Wissensbasen dominiert heute die Interviewtechnik, die einen Dialog zwischen Wissensingenieur und Experten beinhaltet. Obwohl diese Methode relativ einfach ist und auch sehr oft angewendet wird, hat sie Nachteile als Wissensakquisitionsmethode. Für einen Experten ist es schwierig, relevante und korrekte Informationen zu liefern, da er selbst oft nicht weiß, wie er zu einer Entscheidung kommt. Deshalb ist das akquirierte Wissen unpräzise, unvollständig und widersprüchlich. Besonders gefürchtet ist das "Theoretisieren" von Experten über ihre Problemlösungsstrategien, weil subjektive, naive Annahmen über kognitive Prozesse, die dem Experten nicht unbedingt zugänglich sind, das Antwortverhaltenbeim Interview beeinflussen [DIEDERICH 87,S.25]. Weitere Probleme bereitet die Unvollständigkeit von den verbalen Äußerungen des Experten. Die Gründe dafür sind [WIELINGA 84,S.4]:

- Experten vergessen wichtige Fakten zu nennen, weil sie diese für selbstverständlich halten.
- Komplexe Wissensbereiche, vor allem aber bildhaftes Wissen, können verbal kaum adäquat beschrieben werden.
- Teile des Wissens können unbewußt sein.
- In der Sprache wird Wissen durch Referenz auf als bekannt vorausgesetztes Wissen kommuniziert.
- Experten können unmotiviert sein, ihr Wissen preiszugeben.
- Viele Experten haben Schwierigkeiten, ihre Vorgehensweise zu erklären

Neuere Ansätze versuchen das persönliche Interview durch eine rechnergestützte Wissensakquisition zu ersetzen. Dabei wird bei der Akquisition der Implementierungsaspekt vollständig in den Hintergrund gedrängt. Diese Ansätze gehen von den tatsächlichen Problemlösungsstrategien aus und versuchen dafür Wissensbasen zu erstellen, die benötigte konzeptionelle Struktur beinhalten. Erst später wird das Augenmerk auf die mögliche Umsetzung in ein Repräsentationsschema gerichtet. Dabei wird das Wissen auf vier Ebenen beschrieben [WIELINGA 86]:

- Bereichsebene (domain level)
  Fachbegriffe des Anwendungsbereiches, Relationen zwischen Begriffen und darauf aufbauende Strukturen, bereichsspezifische Lexika
- Inferenzebene (inference level)
  Festlegung der Schlußfolgerungen, die auf der Basis des domain level möglich sind

- Problemlösungsebene (task level)
  Möglichkeiten zum Erreichen bestimmter Ziele
- Strategieebene (strategic level)
  Repräsentation von Plänen zur Ausführung bestimmter Aufgaben

Dieses Vorgehen ist die Umkehrung der Vorgehensweise, bei der versucht wird, mit Repräsentationsschemata (Regeln, Netze, Frames...) Wissensbasen aufzubauen, also das Problem den verfügbaren Schemata anzupassen. Aus dieser Vorgehensweise können die klassischen Unzulänglichkeiten von wissensbasierten Systemen resultieren, nämlich daß ein System falsche Ergebnisse ableitet oder bestimmte Ergebnisse nicht ableiten kann, da nicht das gesamte Wissen des Experten geeignet repräsentiert werden konnte.

Als Formen der Vorgehensweise bei der Wissensakquisition sind drei Formen denkbar [KIM/COURTNEY 88,S.272]:

- Knowledge Engineer-driven Knowledge Acquisition
- Expert-driven Knowledge Acquisition
- Machine-driven Knowledge Acquisition

Der am weitesten verbreitete Ansatz der Wissensakquisition ist die Beschäftigung eines Wissensingenieurs, um das der Expertentätigkeit zugrunde liegende Wissen mit bestimmten Techniken zu extrahieren. Als Techniken werden vom Wissensingenieur die Textanalyse, die Protokollanalyse, Konstruktgitter-Verfahren (repertory grid) angewendet.

Aus den Nachteilen der Kommunikation zwischen Experten und Wissensingenieur entsprang der Wunsch nach der eigenständigen Wissensakquisition durch den Experten. Der Vorteil gegenüber der vorigen Art ist, daß der Wissensingenieur sich nicht mehr domänenspezifisches Wissen aneignen muß, und daß das resultierende System die Sicht des Experten benutzt und nicht die Interpretation des Wissensingenieurs. Jedoch sind auch hier der Akquisition Grenzen gesetzt, da der Experte nach wie vor schwer in der Lage sein wird, das der Problemlösung zugrunde liegende Wissen explizit zu spezifizieren, weil er sich dessen Verwendung oft nicht bewußt ist. Experten-gestützte Wissensakquisition wird deshalb zur Konstruktion einer Domänenstruktur genutzt. Als Technik dafür eignen sich Systeme, die auf graphischer Basis arbeiten, z.B. GISMO (Graphical Interactive Structural Modelling Option) [PRACHT 86] oder sogenannte *Strukturlegetechniken* [BONATO 87].

Der Maschinen-gestützten Wissensakquisition liegt die Idee zugrunde, daß der Experte nicht den Lösungsprozeß beschreiben soll, sondern eine Reihe von Beispielen löst und ein Programm daraus Regeln ableitet. Die Forschung auf diesem Gebiet ist jedoch noch in einem sehr frühen Stadium.

Im Folgenden wird auf den Prozeß des *Knowledge Engineering* als Phasenschema näher eingegangen, sowie die möglichen Techniken des *Knowledge Elicitation* beschrieben. Abschließend werden die bekanntesten Repräsentationsformen für Wissen erläutert.

2.2.2.2   Phasenschema des Knowledge Engineering

Bei ingenieurmäßiger Betrachtung ist der Aufbau einer Wissensbasis ein dynamischer Prozeß, der aus einzelnen Phasen besteht und bei dem Rückkopplungen von jeder Phase in vorherige Phasen möglich sind, wobei Rückkopplungen auf Fehler zurückzuführen sind, die meistens erst in der Testphase erkannt werden. Deshalb gehen die Rückkopplungen von der Testphase aus. In jeder Phase sind bestimmte Aufgaben zu erfüllen, so daß *knowledge engineering* der klassischen Systemanalyse ähnelt [CRASEMANN 88, S.44].

Die einzelnen Phasen können nach HAYES-ROTH u.a. beschrieben werden [HAYES-ROTH 83,S.24]. Diese Einteilung ist jedoch keineswegs zwingend, so daß viele Variationen gerade aus dem Praxisbereich existieren [BUCHANAN/SHORTLIFFE 84,S.577; LEBSANFT 88,S.87; NOELKE 85,S.113], die im Kern gleich sind und nur in der Zuteilung von einzelnen Aufgaben zu entsprechenden Phasen differieren. Abbildung 2.2.2.2/1 verdeutlicht diesen Prozeß.

Praxisorientierte Autoren betonen in der Regel den Projekt-Aspekt mit seinen notwendigen organisatorischen Regelungen, während Autoren aus dem universitären Laborbetrieb gerade dort Idealbedingungen voraussetzen. Daraus ergibt sich, daß häufig mehr als die fünf genannten Phasen notwendig werden. Darüberhinaus wird bei der Praxisentwicklung anfangs ein einfacher Prototyp entwickelt, der Akzeptanzhemmnisse bei späteren Benutzer abbauen soll. Das würde bei dem vorgeschlagenen Phasenmodell bedeuten, daß alle Phasen anfangs schnell und nicht detailliert durchlaufen werden und erst nach vielen Rückkopplungsschleifen eine einsatzfähige Version des wissensbasierten Systems erstellt wird. In einer praxisorientierten Darstellung von FREUND, die aus zwölf(!) Phasen besteht, wird in Phase 8 der gesamte oben beschriebene Prozeß vollzogen, bestehend aus Wissensextraktion, Wissensanalyse und -darstellung, Systementwurf, -implementation und -test [FREUND 87]. Hierbei wird deutlich, daß die Entwicklung von wissensbasierten Systemen zur Zeit keiner einheitlichen Methodik folgt. Für die Zukunft ist eine Formalisierung ähnlich der Systemanalyse zu erwarten, was auch aus der Abgrenzung von wissensbasierten und konventionellen Systemen zu vermuten ist.

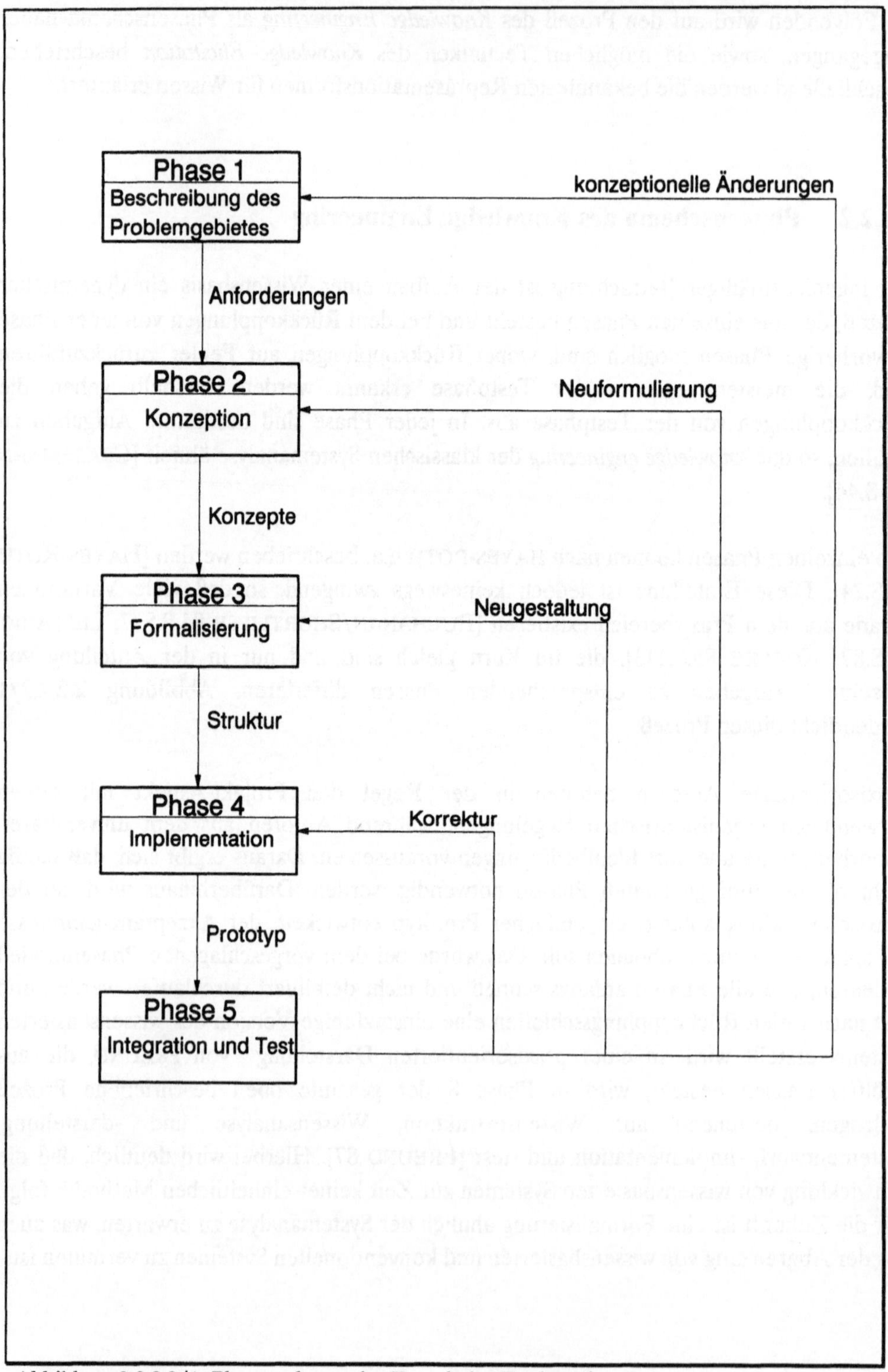

Abbildung 2.2.2.2/1: Phasenschema des Knowledge Engineering

Ohne den Anspruch auf Vollständigkeit zu erheben, können den einzelnen Phasen folgende Aufgaben zugeordnet werden:

<table>
<tr><td colspan="1">Phase 1: Beschreibung des Wissensgebietes</td></tr>
<tr><td>Ziele:
Charakterisierung der Merkmale der Wissensdomäne
Definition der Ziele des wissensbasierten Systems</td></tr>
<tr><td>

- Problembereich festlegen
- Art des Problems definieren
- Ermittlung von Teilaufgaben
- Definition und Abgrenzung der Teilaufgaben
- Beschreibung von möglichen Problemlösungen
- Erkennen von Begriffen, Konzepten, Beziehungen
- Analyse der organisatorischen Umgebung
- Analyse des Informationsflusses
- Bestimmung des benötigten Datenmaterials und dessen Herkunft

</td></tr>
</table>

<table>
<tr><td colspan="1">Phase 2: Konzeption</td></tr>
<tr><td>Ziele:
Beschreibung der Basiskonzepte und ihrer Beziehungen
Erkennen des Problemlösungsverhaltens</td></tr>
<tr><td>

- Ermitteln von Lösungsstrategien
- Erkennung globaler Strategien
- Trennung von Lösungsvorschriften und
- Steuerungsvorschriften
- Erkennen von Situationen, die eine Problemlösung verhindern
- Zuordnung von Lösungsstrategien zu Teilprozessen
- Koordination von Teilprozessen
- Formulierung von Anforderungen an das wissensbasierte System

</td></tr>
</table>

<table>
<tr><td colspan="1">Phase 3: Formalisierung</td></tr>
<tr><td>Ziele:
Wahl einer Problemadäquaten Repräsentation
Erstellen eines formalen Modells</td></tr>
<tr><td>

- Auswahl von Wissensrepräsentationsformen
- Auswahl von Implementierungswerkzeugen
- Eingrenzen der Art und des Umfanges von Schlußfolgerungsmöglichkeiten

</td></tr>
</table>

<table>
<tr><td>Phase 4: Implementation</td></tr>
<tr><td>Ziel: Entwicklung eines Prototypen</td></tr>
<tr><td>

- Umsetzen des formalen Modells in ein reales wissensbasiertes System unter Verwendung vorhandener Repräsentationsformen
- Hinzufügen fehlender Repräsentationsformen

</td></tr>
</table>

<table>
<tr><td>Phase 5: Integration und Test</td></tr>
<tr><td>Ziele:
Einbindung in bestehende organisatorische Abläufe
Erkennen von Fehlfunktionen</td></tr>
<tr><td>

- Bewertung durch unabhängige Experten
- Benutzererfahrung erfragen
- Kriterien der Bewertung
  - Qualität der Systementscheidung
  - Korrektheit der Schlußfolgerungen
  - Benutzerschnittstelle
  - Laufzeitverhalten
  - Kosten/Nutzen

</td></tr>
</table>

2.2.2.3   Techniken des Knowledge Engineering-Knowledge Elicitation

2.2.2.3.1 Textanalyse

Textanalyse ist eine gebräuchliche Methode, Wissen zu akquirieren. Sie wird in der Anfangsphase des Knowledge Engineering eingesetzt, um den Wissensingenieur mit den wesentlichen Begriffen und Konzepten der Domäne vertraut zu machen, was dem Aufbau des mentalen Modells entspricht. Diese Art der Wissensakquisition unterscheidet sich von den im Folgenden vorgestellten Methoden dadurch, daß kein direkter Zugriff auf einen Experten notwendig ist. Textanalyse soll dem Wissensingenieur einen Überblick über die Domäne geben und kann zur Extraktion von Basiswissen der Domäne angewendet werden, etwa Paragraphen von Gesetzestexten in einem Rechtshilfesystem. Die Wissensextraktion zur Anwendung der Paragraphen müßte dann mit einer anderen Technik vorgenommen werden. Textanalyse kann daher nicht allein für den Aufbau einer Wissensbasis dienen, da Problemlösungen erst durch Erfahrung eingebracht werden, die vom Wissensingenieur nicht erwartet werden kann.

Jedoch ist Textanalyse auch mit Problemen behaftet. Das 'Buch-lernen' ist für einen Menschen nicht die einfachste Art sich Wissen anzueignen. Zudem soll der

Wissensingenieur durch das 'Buch-lernen' selbst zu einem Experten der Domäne werden, bevor er mit der eigentlichen Arbeit beginnt.

Eine weitaus schwerwiegendere Auswirkung kann die Textanalyse bei den anschließenden Phasen des Wissensakquisitionsprozesses haben. Der Wissensingenieur extrahiert Wissen aus Büchern u.ä., ohne das notwendige Verständnis für die Domäne. Obwohl er dieselben Termini benutzt wie der Experte, tut er dieses in einem anderen Verständnis. Dieses "semantische Problem" kann gemildert werden, wenn es dem Wissensingenieur gelingt, den Experten ständig zu Kommentaren zu vollzogenen Regeln zu ermutigen. Textanalyse sollte deshalb nur in Verbindung mit Diskussionen mit einem Experten angewendet werden.

Die zeitintensive Arbeit der Textanalyse kann durch ein automatisiertes System erleichtert und verkürzt werden. DIEDERICH beschreibt dazu die inkrementelle Textanalyse in KRITON. Die Verarbeitung der natürlichsprachlichen Dokumente vollzieht sich in zwei Phasen.

Erstens wird nach wichtigen Textfragmenten gesucht und die Häufigkeit von verwendeten Schlüsselwörtern bestimmt. In einem zweiten Schritt werden die so gefundenen Daten einer sogenannten Zwischenrepräsentationsebene zur Weiterverarbeitung übergeben. Diese Zwischenebene ist ein Menü- und Fenstersystem, das die gefundenen Schlüsselwörter dem Benutzer zur weiteren Bearbeitung zur Verfügung stellt. Das Ergebnis dieses Prozesses ist ein semantisches Netz aus strukturierten Objekten und den zwischen diesen Objekten bestehenden Relationen, das deklarativ den relevanten Wissensbereich definiert [DIEDERICH 87,S.32].

2.2.2.3.2 Protokollanalyse

Protokollanalyse ist der Ausdruck für die Analyse von Protokollen "lauten Denkens". Diese Protokolle werden in der Regel in Form von Tonbandaufzeichnungen der Äußerungen eines Experten während des Problemlösungsprozesses festgehalten. Die Protokolle bestehen aus einer Folge von unvollständigen Sätzen, die völlig unorganisiert erscheinen. Protokollanalyse ist der Prozeß, diese ungeordnete Zusammenstellung von Äußerungen in eine verständlichere Repräsentation zu transformieren. Das Ergebnis der Protokollanalyse ist ein Pfad durch Wissensstadien im Problemraum, der den Problemlösungsprozeß des menschlichen Experten repräsentiert. Wenn ein fertiges wissensbasiertes System die vom Experten benutzte Folge von Wissenssequenzen benutzt, so spricht man von Oberflächenmodellierung des menschlichen Problemlösungsprozesses (surface modelling) [BOUWMAN 83,S.653].

Da Protokollanalyse sehr zeitaufwendig ist, gibt es seit einiger Zeit Bestrebungen, diese Form der Wissensakquisition zu automatisieren [WATERMAN/NEWELL 71;

DIEDERICH/MAY/RUHMANN 87]. DIEDERICH u.a. beschreiben die halbautomatische Protokollanalyse in KRITON anhand eines fünf-Phasen Schemas, betonen jedoch, daß eine vollautomatische Protokollanalyse zur Zeit noch nicht durch ausgereifte Systeme bestätigt werden kann [DIEDERICH/MAY/RUHMANN 87,S.214]. Ausgehend von den aufgezeichneten Äußerungen eines Experten werden folgende Schritte durchlaufen:

1. Segmentierung des Protokolls
2. Semantische Analyse des segmentierten Protokolls
3. Vervollständigung von Operator-Argument-Strukturen
4. Vervollständigung durch Inferenz
5. Regel-Generierung

Das Ergebnis des Verfahrens ist eine Regelbasis, die im letzten Schritt allerdings interaktiv erzeugt werden muß. Auf diese Weise wird in KRITON das prozedurale Wissen eines Experten extrahiert.

Der Erfolg der Protokollanalyse wird bestimmt von der Qualität der Protokollaufnahme. Nur wenn es sich bei den Protokollen um die "Übersetzung" (transcription) eines relativ reinen "lauten Denkens" handelt, und zusätzlich die Aufzeichnungen korrekt übersetzt wurden, verspricht die Protokollanalyse erfolgreich zu werden. Deshalb bedarf es geschulten Personals, um die Protokollanalyse durchzuführen.

Weitere Probleme bereitet die Granularität des Expertenwissens. Da ein Experte während seiner Lernphase das Wissen kompiliert, wird er bei der Anwendung seines Wissens einzelne Inferenzschritte zusammenfassen, so daß Stadien der Problemlösung übersprungen werden, was nicht die Problemlösefähigkeit beeinträchtigt, wohl aber die Erklärbarkeit des Problemlösungsprozesses. Weiter wird es sich nicht vermeiden lassen, daß der Experte auch problemirrelevante Wissenselemente äußert, die in eine automatische Analyse mit eingehen würden. Deshalb muß an diesen Stellen der Wissensingenieur beim Aufbau der Wissensbasis sehr stark selektiv vorgehen und Material aussondern.

Protokollanalyse eignet sich für gut strukturierte Problembereiche, wie etwa an der Diagnose orientierte Probleme, für deren Lösung Oberflächenwissen ausreicht. Solange Protokollanalyse Wissen in Regeln oder Prozeduren repräsentieren kann, ist sie für die Extraktion von Heuristiken oder einfacher Konzepte geeignet. Protokollanalyse unterstützt nicht die Erkennung von kompiliertem Wissen (deep knowledge) oder Schlußfolgerungsprozessen [KIM/COURTNEY 88,S.273].

2.2.2.3.3 Strukturlegetechniken

Strukturlegetechniken bezeichnen eine Klasse von Verfahren, bei denen graphische Strukturen verwendet werden, um ein Modell der Domäne zu erstellen. Beispiele für diese Art der Wissensakquisition finden sich bei BONATO [BONATO 87], der das *Networking* [HOLLEY/DANSEREAU 84] und die *Heidelberger Struktur-Lege-Technik* [SCHEELE/GROEBEN 84] erläutert. Ein ähnlicher Ansatz ist die *Graphical Interactive Structural Modeling Option* (GISMO) von PRACHT [PRACHT 86].

Beim Networking modelliert der Benutzer die Struktur der Domäne mit Hilfe von Diagrammen oder Kärtchen. Ein Kärtchen entspricht einem Objekt oder Konzept, das im Netzwerk ein Kreis oder ein Rechteck sein kann. Zwischen den Objekten werden danach klassifizierte Kanten gezeichnet, die Relationen zwischen diesen Objekten bezeichnen. Auf diese Weise entsteht eine semantische Struktur, wobei auf eine Anzahl von vordefinierten klassifizierten Kanten zurückgegriffen werden kann.

Ähnlich wie das Networking ist die *Heidelberger Struktur-Lege-Technik* aufgebaut. Verschiedenfarbige Kärtchen werden benutzt, um die Grundstruktur der Domäne mit den wichtigsten Konzepten aufzubauen. Anschließend werden sogenannte Relationen-Kärtchen benutzt, um die Verbindung zwischen den Konzepten herstellen zu können.

Der graphische Ansatz von PRACHT ist ein Menü-gestütztes Softwaresystem, das dem Benutzer alle benötigten graphischen Elemente zur Verfügung stellt. Die Vorgehensweise bei der Wissensakquisition mit dieser Technik vollzieht sich in fünf Phasen:

- Beschreibung der Elemente und Beziehungen
- Konstruktion einer NxN-Matrix mit den Elementen
- Jedes Feld der Matrix stellt die Beziehung der entsprechenden Elemente dar. In das Feld werden die Art der Wirkung, die Stärke der Wirkung und die Zeitverzögerung der Wirkung eingetragen.
- Konstruktion eines Digraphen (endlicher, gerichteter und schlichter Graph)[NEUMANN 75, S.25], der die Information aus der Matrix beinhaltet.
- Überarbeitung des Digraphen (Einfügen, Löschen. Verändern der Elemente und Beziehungen)

Der beschriebene Ansatz von PRACHT ähnelt dem Ansatz von GOMEZ zur Früherkennung von Fehlentwicklungen [vgl. Kap. 2.1.4.3]. Beide Verfahren beschreiben den statischen Aspekt des Modellentwurfs der Domäne und bleiben den dynamischen Aspekt schuldig, da sie keine Aussagen über die möglichen Arten von Beziehungen zwischen den Elementen machen. Auf diese Weise kann das Verhalten des Systems im Zeitablauf nicht simuliert werden.

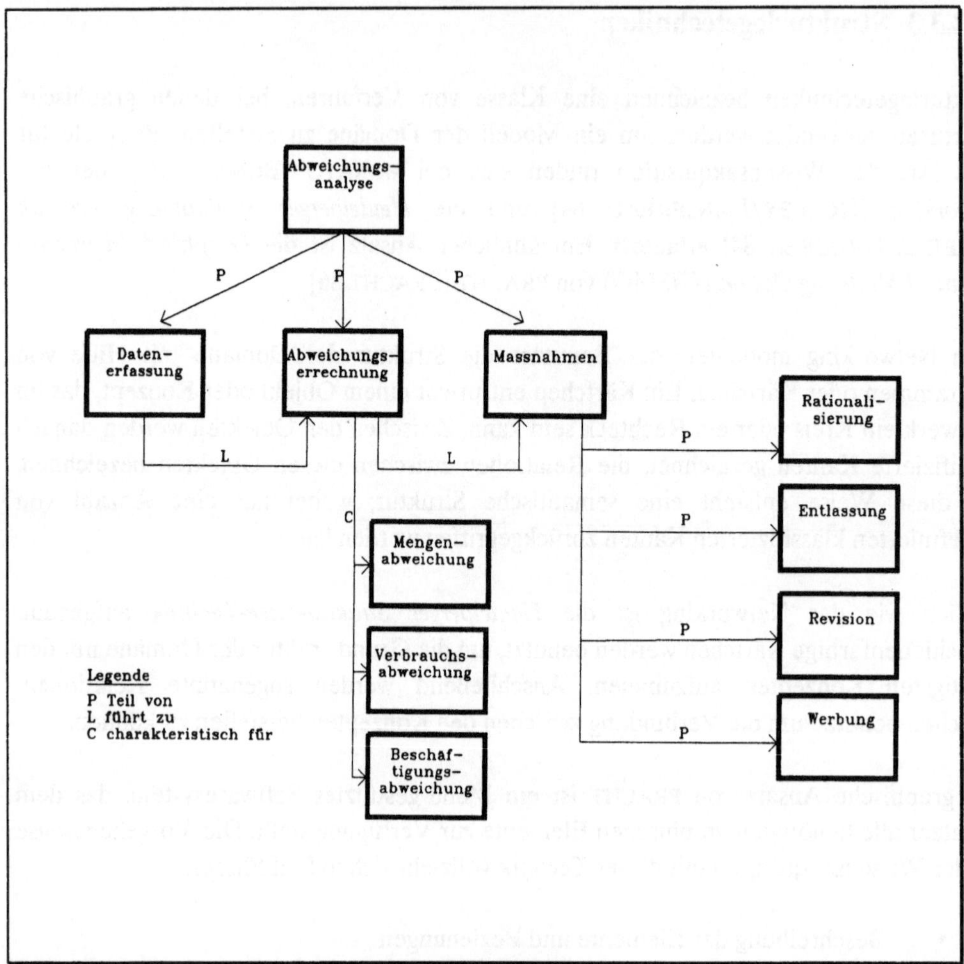

Bild 2.2.2.3.3/1:   Beispiel für eine *Networking*-Struktur

Der besondere Vorteil des visuellen Modellierens besteht in der Übersichtlichkeit. Zugleich kann eine so erstellte Struktur gewissermaßen als Pflichtenheft bei der Überarbeitung des Systems herangezogen werden, weil hier Fehler beim Entwurf dokumentiert sind. Der Nachteil der Techniken ist, daß sie kein automatisch interpretierbares Ergebnis liefern, und der Problemlöseprozeß nicht dargestellt werden kann.

2.2.2.3.4 Konstruktgitter-Verfahren

Konstruktgitter-Verfahren (repertory grid) haben das Ziel, Begriffe (Konstrukte) und Begriffsdimensionen (Konstruktdimensionen) der Domäne von einem Experten zu erfragen. Diese Verfahren gehen auf die *Theorie der personalen Konstrukte* des

Psychologen KELLY zurück, der diese 1955 entwickelte [KELLY 55]. Für die Wissensakquisition sind Konstruktgitter-Verfahren von Bedeutung, da sie neutrale Erwerbsmethoden darstellen, in dem Sinn, daß Begriffe, deren Dimensionen und Hypothesen nicht vorgegeben, sondern von dem Experten erfragt werden.

Das Verfahren beginnt damit, daß ein menschlicher Experte Begriffe aus einem Wissensbereich benennt. Diese Begriffe sollen semantisch ähnlich oder unter einer bestimmten Klasse zusammenzufassen sein. Ein Beispiel für die Begriffe wären die Programmiersprachen LISP, COBOL, ADA, PROLOG und FORTRAN, die Klasse, unter der alle subsumierbar sind, wären die Programmiersprachen. Aus dieser Menge von Begriffen werden Tripel gebildet, und der Experte benennt ein Attribut oder eine Eigenschaft, die zwei der Begriffe teilen, der dritte jedoch nicht.

Wenn als Tripel COBOL, LISP und FORTRAN gewählt würden und als Attribut Anwendungsgebiet, dann könnte ein Experte die Aussage treffen, daß COBOL im betriebswirtschaftlichen Bereich und LISP und FORTRAN im technisch-wissenschaftlichen Bereich eingesetzt werden. Jedes Attribut ist ein bipolares Konstrukt, zu dem jedes Element eine Beziehung besitzen kann. Die Art der Beziehung kann durch einen Wert angegeben werden. Im Beispiel kann Anwendungsgebiet die Pole betriebswirtschaftlich (≈ 1) und technisch-wissenschaftlich ($\cong 5$) besitzen. Die Meßskala für ein solches *rating grid* ist einheitlich, das heißt, daß für weitere Attribute auch die Pole bei 1 und 5 liegen [HART 86, S.134]. Dieses Verfahren wird für weitere Kombinationen von Tripeln wiederholt. Auf diese Weise werden die Dimensionen der Begriffe erfragt, aber nicht vorgegeben. Abbildung 2.2.2.3.4/1 gibt das Ergebnis des angesprochenen Beispiels wieder.

Die Auswertung des so gewonnenen Konstruktgitters kann qualitativ oder quantitativ sein. Qualitative Auswertungen haben das Interesse, die vom Experten benutzten Begriffe zu erkennen, während quantitative Verfahren, etwa die Faktorenanalyse, das Konstruktgitter als Datenmatrix benutzen.

DIEDERICH beschreibt folgende Probleme, die bei der Anwendung der KELLY-Methode aufgetreten sind [DIEDERICH 87,S.20]:

- Das Verfahren wird leicht monoton.
- Eine Skala zur Erklärung eines komplexen Zusammenhanges reicht nicht aus.
- Es wird viel Ausschuß produziert.
- Inkonsistenzen sind möglich, wenn Begriffsmengen in verschiedenen Konstruktgittern nicht disjunkt sind.
- Nur flache Relationen werden erfaßt.
- Das Konstruktgitter wird bei komplexen Problemen unübersichtlich.
- Es ist nur die Einschätzung eines Experten möglich.

- Bipolare Kategorien können unnatürlich sein.

Konstruktgitter-Verfahren haben Stärken und Schwächen. Sie sind gut geeignet, die Struktur der Domäne zu erfragen. Jedoch ist es schwierig, diese Verfahren zur Akquisition von kausalem Wissen oder Heuristiken einzusetzen, weil sie nicht ausdrücken können, wann und wie das Wissen im Problemlöseprozeß eingesetzt wird [BOOSE 85].

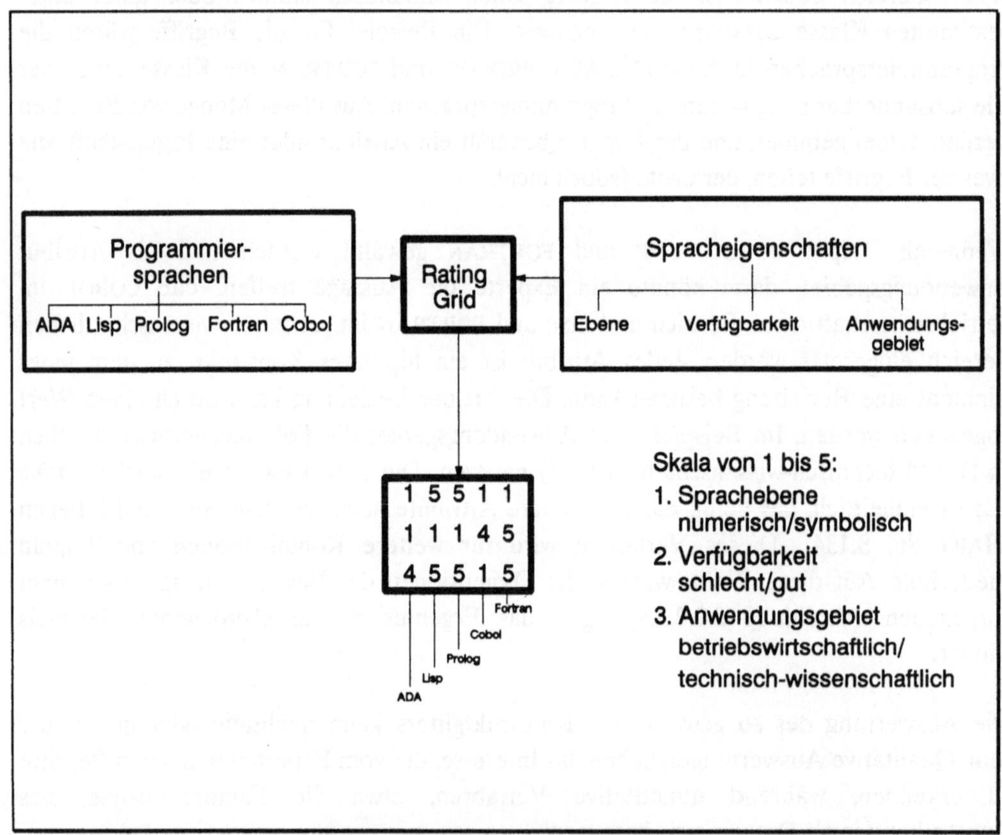

Abbildung 2.2.2.3.4/1:   Beispiel-Konstruktgitter [KIM/COURTNEY 88,S.274]

2.2.2.4   Arten der Wissensrepräsentation

2.2.2.4.1 Überblick

In diesem Abschnitt werden die für die gegenwärtige Entwicklung von Expertensystemen bedeutenden Datenstrukturen vorgestellt, mit denen Wissen repräsentiert werden kann [BARR/FEIGENBAUM 81]. Eine Grundlage für Wissensrepräsentationen ist die Prädikatenlogik 1.Stufe. Auf eine Darstellung soll hier verzichtet werden [SCHEFE 86, S.112]. Methoden der Wissensrepräsentation werden häufig in prozedurale und deklarative unterschieden, je nachdem ob man mehr statische Objekte (Daten) oder aktive Objekte (Abläufe) beschreibt. Mit dem Begriff Kontrollwissen oder Metawissen wird solches Wissen bezeichnet, das den Einsatz des deklarativen und prozeduralen Wissens steuert. APPELRATH betont, daß es nicht prozedurales oder deklaratives Wissen an sich gibt, sondern daß Wissen je nach Eignung und Effizienz mehr deklarativ oder prozedural repräsentiert werden kann. Kontrollwissen und Metawissen sind deshalb auch in verschiedenen Formen repräsentierbar. Unabhängig von der Repräsentationsform muß das Wissen im Rechner effizient gespeichert werden [APPELRATH 85,S.22].

2.2.2.4.2 Semantische Netze

Semantische Netze stellen ein deklaratives Schema zur Wissensrepräsentation dar und wurden 1968 von QUILLIAN entwickelt [QUILLIAN 68]. Die Struktur der Domäne wird durch Objekte beschrieben, zwischen denen Beziehungen definiert sind. Die Objekte werden Knoten genannt, die Beziehungen Kanten. Gewöhnlich werden beide mit Namen versehen, was bei Knoten der Objektname und bei Kanten der Beziehungsname ist, wobei bei der Wahl der Beziehungen keine Einschränkungen bestehen. Die Objekte können jedes der in einem zu modellierenden System denkbaren Elemente sein. Über sogenannte Deskriptoren können den Objekten zusätzlich Eigenschaften zugeordnet werden. Beide, Objekte und Deskriptoren, werden im Netz als Knoten dargestellt. Objekte und Deskriptoren werden über die Kanten miteinander verbunden. Objekte und Attribute liegen meist in der Form von sogenannten OAW-Tripeln (Objekt-Attribut-Wert-Tripel) vor. Dadurch kann einem Objekt eine Eigenschaftsliste zugeordnet werden, in der die Merkmale mit den entsprechenden Werten abgelegt sind. Durch diese Beschreibung von Objekten durch Attribute und Werte sind noch keine Beziehungen zu anderen Objekten beschrieben. Diese können nach den Prinzipien der Klassifikation, Aggregation, Generalisierung und Partition vorgenommen werden [APPELRATH 85,S.26]. Abbildung 2.2.2.4.2/1 macht die angesprochenen Beziehungen deutlich.

Bei der *Klassifikation* von Objekten werden diese in Gruppen eingeteilt. Objekte eines Objekttyps werden zu einem Objekt eines höheren Objekttyps zusammengefaßt. Durch *Aggregation* wird der eine Beziehung zwischen elementaren Objekttypen zu einem höheren Objekttyp zusammengefaßt. *Generalisierung* (Verallgemeinerung) ist eine nicht auf Merkmale bezogene Organisation von Objekten, die eine Teilmengenbeziehung darstellt. Vorteil dieser Einteilung ist, daß Eigenschaften des generalisierten Typs auch für die spezielleren Typen gelten. (Prinzip der Vererbung) [SINZIG 90, S.94]. Durch *Partition* werden Objekte in hierarchisch angeordnete Bereiche aufgeteilt. Objekte innerhalb eines derartigen Bereichs haben Kenntnis von Objekten im gleichen oder in unter ihnen liegenden Bereichen. Dadurch können verschiedene Objekte mit demselben Namen innerhalb verschiedener Bereiche existieren.

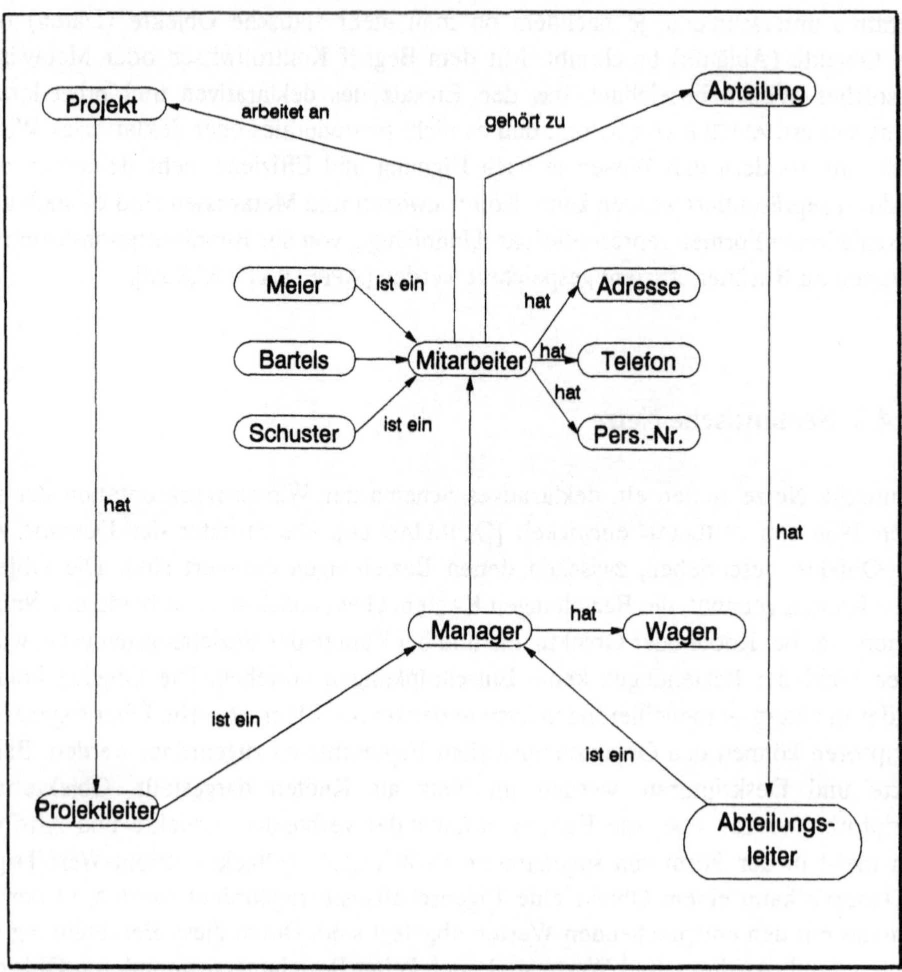

Abbildung 2.2.2.4.2/1:   Beispiel für ein semantisches Netz

2.2.2.4.3 Frames

Frames stellen eine Erweiterung der deklarativen, semantischen Netze dar, indem auch prozedurale, verändernde Elemente repräsentiert werden. Der Frame-Idee von MINSKY liegt die Annahme zugrunde, daß ein Mensch in einer bestimmten Situation gewisse Erwartungen bezüglich beteiligter Objekte hat [MINSKY 75]. Betritt beispielsweise ein Mensch ein Zimmer, dann wird er gewisse "Rahmen"-Bedingungen erwarten. Ein Zimmer hat Wände, Möbel, Türen, Fenster u.ä.. Frames standardisieren die mit OAW-Tripeln darstellbare Vielfalt. Jedem Objekt wird ein Frame zugeordnet, der in verschiedene *Slots* unterteilt ist. Ein Slot entspricht einem Attribut. Diese Slots enthalten nicht nur Ausprägungen von einzelnen Attributen, sondern auch Voreinstellungen (defaults) oder Prozeduren (trigger), die Werte für diesen oder andere Slots aufgrund zugewiesener

Werte berechnen. Frames werden in Hierarchien angeordnet, wobei übergeordnete Frames Werte an untergeordnete Frames vererben können.

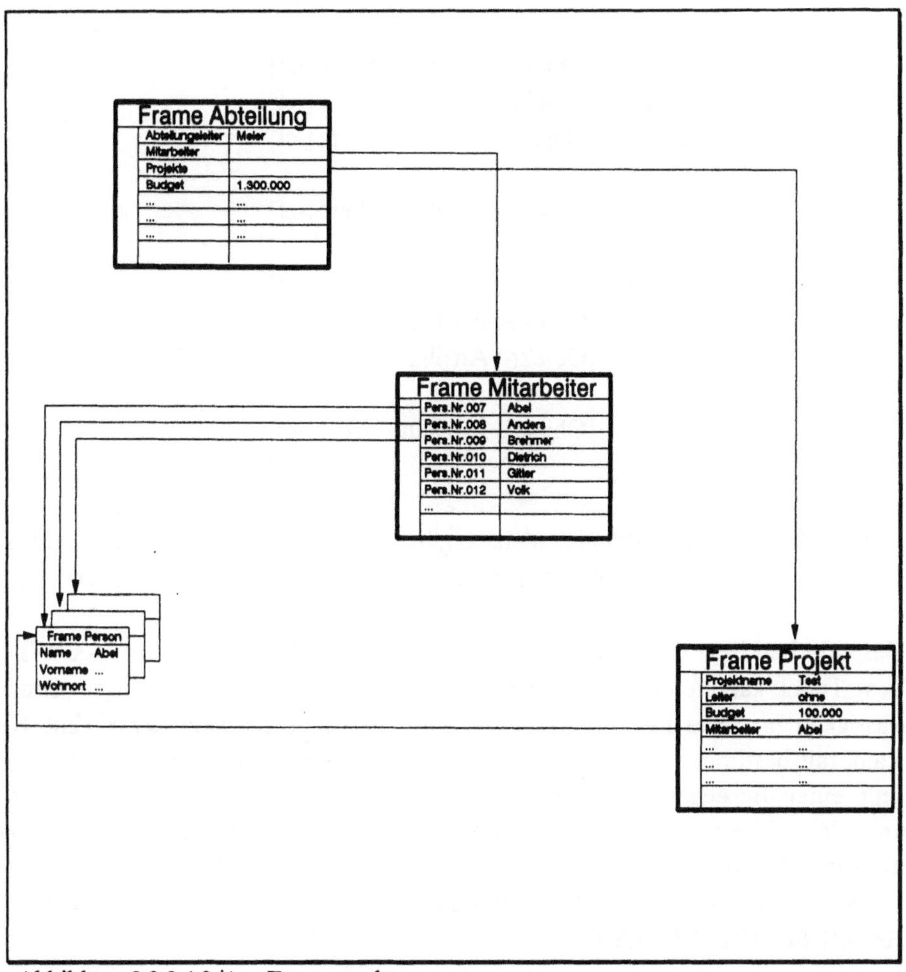

Abbildung 2.2.2.4.3/1:   Framestruktur

2.2.2.4.4 Regeln

Produktionsregeln erweitern die deklarativen Repräsentationsformen um eine prozedurale, dynamische Komponente. Regeln werden auf Objekt-Attribut-Wert Tripel oder Attribut-Wert Tupel angewendet und wirken verändernd auf die aktuellen Werte anderer Tupel oder Tripel. Zusätzlich kann auch Metawissen in Regeln abgelegt sein, daß den Inferenzmechanismus beeinflussen kann. Ein Beispiel ist die Möglichkeit der Angabe von Vorrangregeln bei der Expertensystemshell *XiPlus* [NEUKOM/MARIONI 87,S.41]. Regeln setzen sich zusammen aus einem *Prämissenteil* (Bedingungsteil, IF-Teil) und einem

Konklusionsteil (Aktionsteil, THEN-Teil). Die allgemeine Struktur einer Regel ist folgendermaßen:

PRÄMISSE   WENN   [Objekt-] Attribut - Wert [-cf]
            UND   [Objekt-] Attribut - Wert [-cf]
            UND   [Objekt-] Attribut - Wert [-cf]
            ...
            UND   [Objekt-] Attribut - Wert [-cf]

KONKLUSION DANN   [Objekt-] Attribut - Wert [-cf]
            UND   [Objekt-] Attribut - Wert [-cf]
            UND   [Objekt-] Attribut - Wert [-cf]
            ...
            UND   [Objekt-] Attribut - Wert [-cf]

Wenn die Auswertung des Prämissenteils ergibt, daß alle Voraussetzungen wahr sind, dann kann die Regel "feuern", d.h. daß der Aktionsteil der Regel ausgeführt wird.

Eine Besonderheit liegt in der Behandlung von unsicherem Wissen. Einem O-A-W-Tripel oder A-W-Tupel kann eine Wahrscheinlichkeit zugeordnet werden, die den Grad an Zuverlässigkeit in dieses Faktum ausdrückt, der sogenannte *certainty factor*. Eine Regel kann dann mit bestimmten Wahrscheinlichkeiten für alle O-A-W-Tripel abgelegt werden, oder mit einer Berechnungsformel, die die Wahrscheinlichkeiten der Konklusionen aufgrund der eingetretenen Werte der Prämissen berechnet [HENNINGS/MUNTER 85,S.80]. Ein mögliches ordinales Raster, das in Wahrscheinlichkeiten umgerechnet wird, stellt das im medizinischen Expertensystem MYCIN angewendete Modell dar [BUCHANAN/SHORTLIFFE 84,S.204].

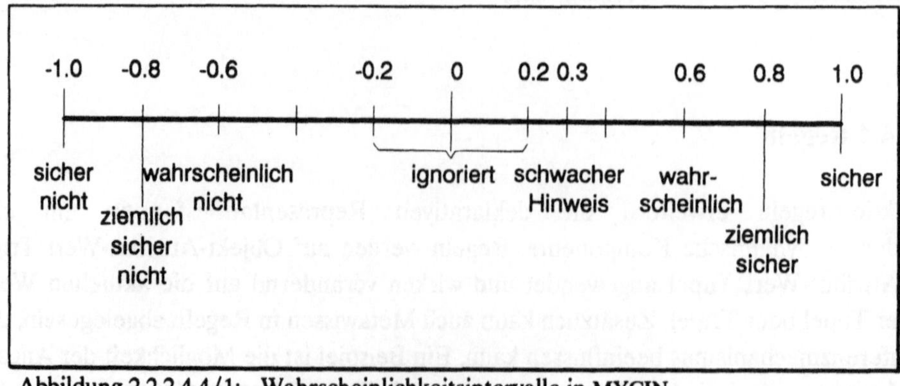

Abbildung 2.2.2.4.4/1:   Wahrscheinlichkeitsintervalle in MYCIN
[HARMON/KING 86,S.42]

Die Wahrscheinlichkeiten müssen von den Experten, deren Wissen in dem System repräsentiert ist, aufgrund von Erfahrung geschätzt werden. In seltenen Fällen sind empirische Daten vorhanden. Damit stellen die Sicherheitsfaktoren ein mögliches Risiko dar, weil Fehleinschätzungen nicht völlig zu vermeiden sind.

2.2.3 Inferenzmechanismen in regelbasierten Systemen

Der Inferenzmechanismus eines regelbasierten Systems hat zwei Aufgaben zu übernehmen. Erstens müssen Zugriffe auf die Wissensbasis durchgeführt werden, die dem Zugriff auf eine Datenbank gleichen. Zweitens steuert die Inferenzkomponente den Ablauf in einem wissensbasierten System und wendet dabei zwei grundlegende Strategien an: Vorwärtsverkettung (*forward chaining*) und Rückwärtsverkettung (*backward chaining*). Der Inferenzmechanismus operiert dabei auf einem bestimmten Arbeitsbereich, der sogenannten Agenda. Hier werden Fakten, Ziele und Zwischenergebnisse, die während der Konsultation anfallen, abgelegt.

Die Struktur eines Regelwerkes kann als Netz aufgezeichnet werden. Dabei ist die Konklusion einer Regel gleich der Prämisse einer folgenden Regel. Ausgangspunkt für die Konsultation sind die sogenannten Fakten (O-A-W-Tripel, A-W-Tupel, Attribut-Relation-Wert-Tripel) und Zielen (goals), die erreicht werden müssen. In Abbildung 2.2.3/1 sind diese durch F und G exemplarisch hervorgehoben.

Bei vorwärtsgerichteter Abarbeitung versucht der Inferenzmechanismus, von gegebenen Fakten aus, in Pfeilrichtung durch Anwendung von Regeln, neue Fakten abzuleiten, solange, bis bestimmte Ziele erreicht werden. Ausgangspunkt sind die zu Beginn der Konsultation bekannten Daten. Der Inferenzmechanismus wählt dann aus der Regelbasis eine Regel aus, deren Prämisse durch ein bekanntes Faktum bestätigt wird und plaziert den Konklusionsteil dieser Regel als Faktum auf der Agenda. Die Arbeit der Inferenzkomponente endet, wenn keine Regel mehr anwendbar ist [WATERMAN 86,S.64]. Im besten Fall kann durch einen Vergleich der Fakten mit den zu erreichenden Zielen jedes dieser Ziele erreicht worden sein, d.h. daß allen Zielvariablen Werte zugewiesen werden können. Das Prinzip der vorwärtsgerichteten Arbeitsweise beschreibt Abbildung 2.2.3/2.

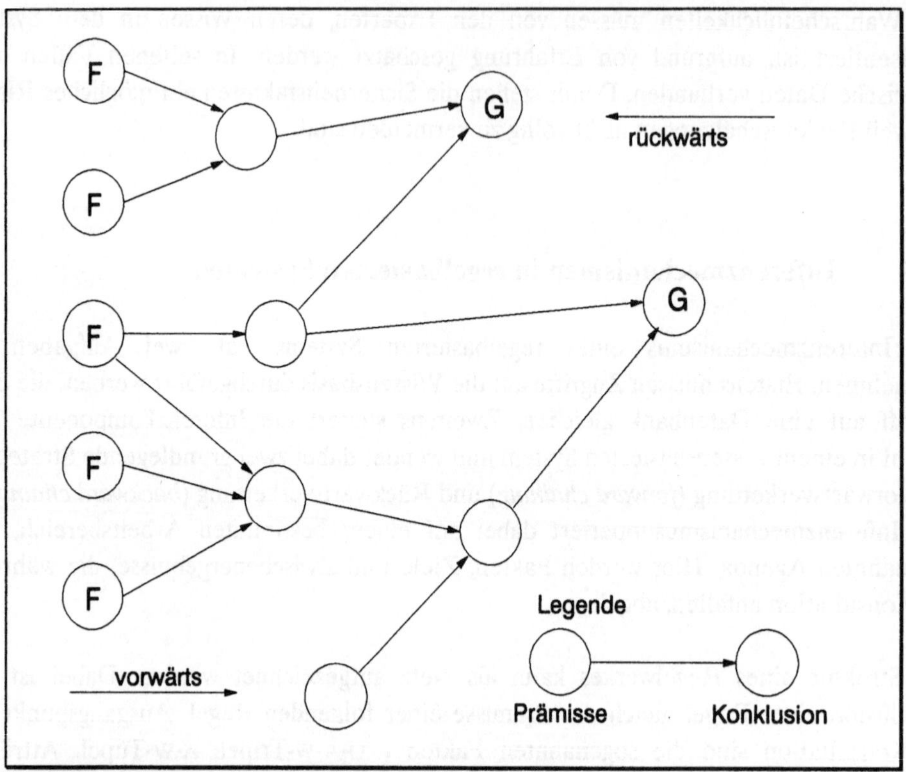

Abbildung 2.2.3/1:   Regeldarstellung als Netz

Rückwärtsverkettung geht von gewünschten Zielen aus, und untersucht, mit welchen Unterzielen das Hauptziel erreicht werden kann. Der Inferenzmechanismus sucht zu einem Ziel dabei in der Wissensbasis nach Regeln, die dieses Ziel im Konklusionsteil beinhalten. Falls das der Fall ist, versucht der Inferenzmechanismus den Prämissenteil der entsprechenden Regel zu verifizieren, indem er diesen als Unterziel auf der Agenda plaziert. Falls auf der Agenda bereits ein Faktum existiert, das gleich dem Prämissenteil der Regel ist, dann ist das eine Ziel dieses Astes des Regelnetzes erreicht [NILSSON 82,S.21]. Abbildung 2.2.3/3 beschreibt den allgemeinen Ablauf der Rückwärtsverkettung.

An verschiedenen Stellen in den beschriebenen Abläufen kann durch Auswahl "geeigneter" Regeln aus der Regelbasis oder Ziele bzw. Unterziele von der Agenda der Ablauf der Konsultation beeinflußt und damit gesteuert werden. Die wichtigsten Auswahlstrategien sind [PUPPE 88,S.23]:

- Auswahl nach Reihenfolge
    ◇   die erste anwendbare Regel (Trivialstrategie)
    ◇   die aktuellste Regel, d.h. die Regel, deren Vorbedingung sich auf möglichst neue Einträge auf der Agenda bezieht (Tiefe-zuerst)

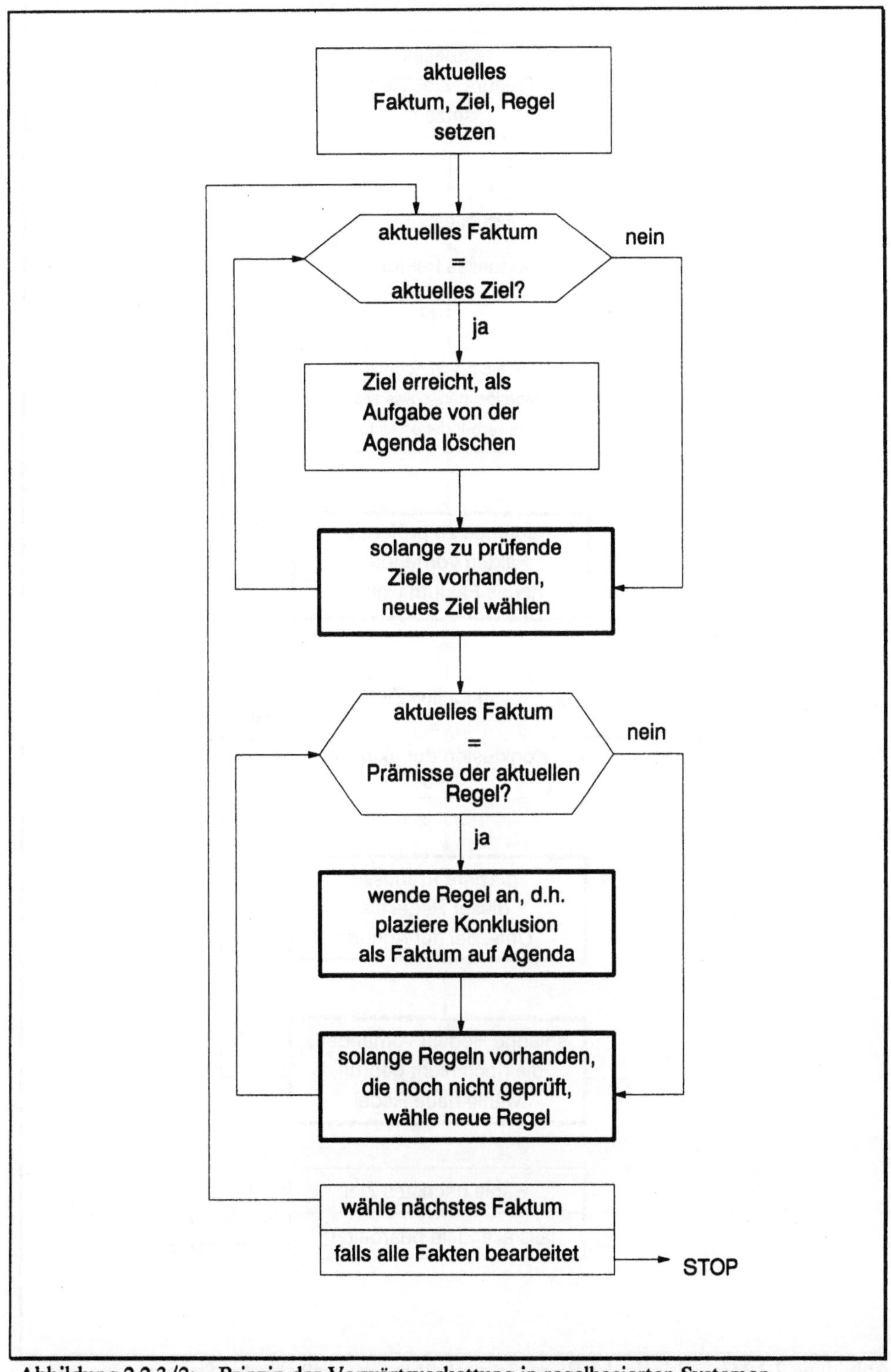

Abbildung 2.2.3/2:   Prinzip der Vorwärtsverkettung in regelbasierten Systemen

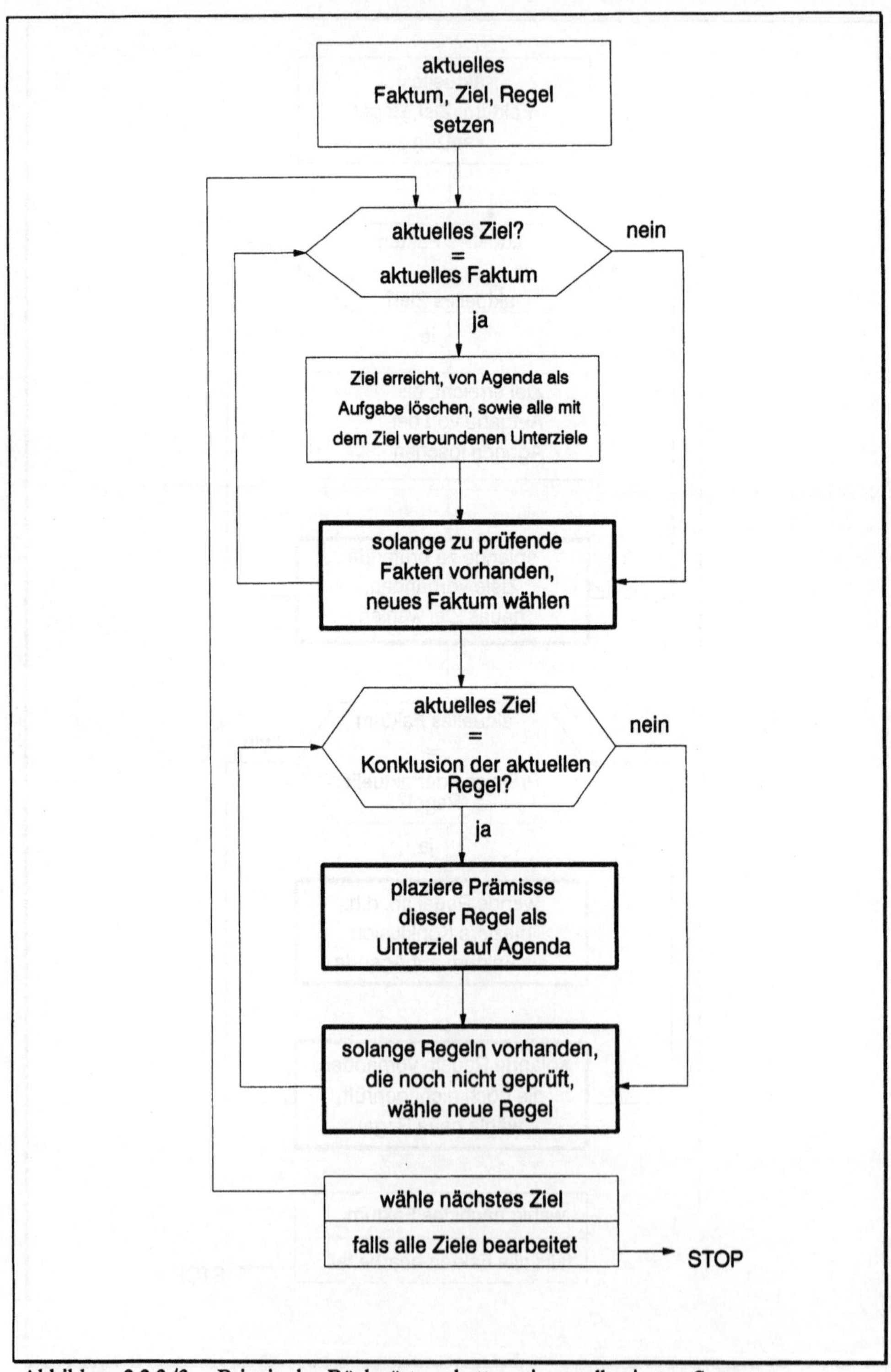

Abbildung 2.2.3/3:   Prinzip der Rückwärtsverkettung in regelbasierten Systemen

- Auswahl nach syntaktischer Struktur der Regel
  - ◊ die spezifischste Regel, d.h. die Regel, deren Vorbedingung in einer anderen Regel enthalten ist und zusätzlich noch weitere Aussagen enthält
  - ◊ die syntaktisch größte Regel, d.h. die Regel, die die meisten Aussagen enthält
- Auswahl mittels Zusatzwissen
  - ◊ Regel mit der höchsten Priorität (setzt Zuordnung von Zahlenwerten voraus)
  - ◊ zusätzliche Regeln, sogenannte Metaregeln steuern den Auswahlprozeß (Vorrangregeln)

Entsprechende Strategien können in den stärker umrandeten Kästen der Abbildungen 2.2.3/2 und 2.2.3/3 angewendet werden. Dadurch werden die *breadth first search* (Breitensuche) oder die *depth first search* (Tiefensuche) unterstützt [WINSTON 84,S.87]. Expertensysteme auf PROLOG- oder LISP-Basis wenden als Basisstrategie meist die Rückwärtsverkettung an. In den meisten Shells sind jedoch beide Strategien verfügbar, und das System kann durch Benutzereingriff, z.B. durch Angabe eines Befehls der Art "Forward Chaining is on" in *XiPlus*, auf Vorwärtsverkettung umschalten, indem eine entsprechende Anweisung im Konklusionsteil einer Regel erscheint.

3 Entwicklung eines DV-Konzepts zur operativen Früherkennung

3.1 Struktur operativer DV-gestützter Controlling-Systeme

Informationssysteme, die in der betriebswirtschaftlichen Praxis eingesetzt werden, können nach verschiedenen Kriterien unterschieden werden. Diese Kriterien orientieren sich an den Informationsarten, die im Unternehmensprozeß bereitgestellt werden bzw. bereitgestellt werden müssen. Die Systeme, die diese Informationen bereitstellen, können in einer Pyramide strukturiert werden [HUCH 89, S.10; MERTENS/GRIESE 88, S.1; SCHEER 88, S.3; ZENTES 87,S.178].

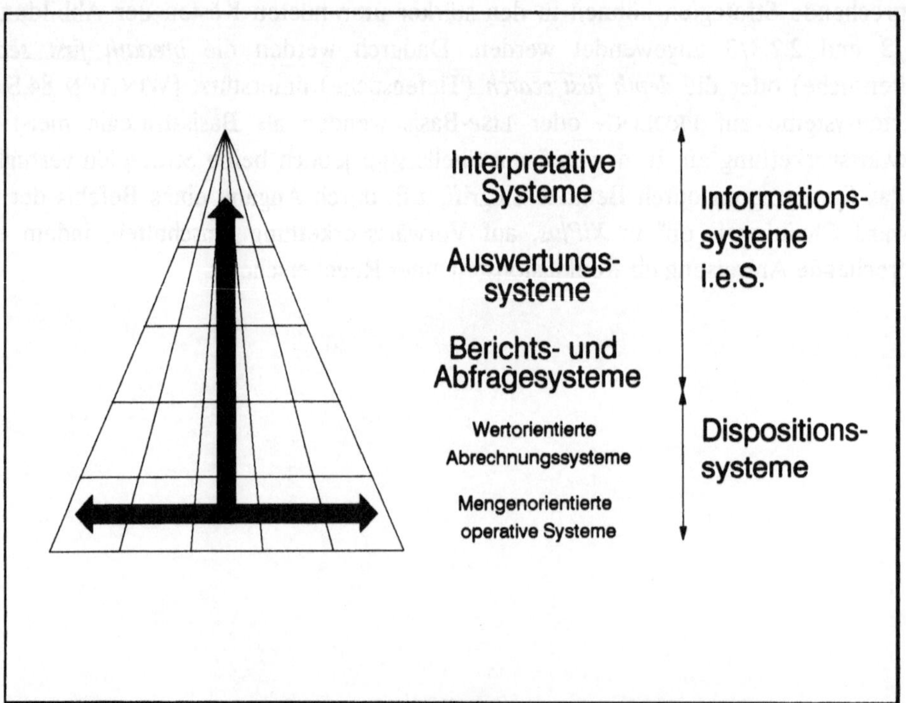

Abbildung 3.1/1:   Informationssystempyramide

Auf der untersten Stufe stehen die mengenorientierten operativen Systeme aus betrieblichen Funktionalbereichen wie Beschaffung, Produktion, Absatz, Personalverwaltung. Diese administrativen und dispositiven Systeme werden zur Massendatenerfassung und -verwaltung eingesetzt und unterstützen bei der Lösung einfacher Probleme im operativen Bereich. Sie werden begleitet von wertorientierten Abrechnungssystemen, welche die betriebswirtschaftlichen Konsequenzen sichtbar machen (z.B. Beschaffungssysteme --> Kreditorenbuchführung).

Mit der Abbildung werden zwei Blickrichtungen verknüpft, die bei der Analyse von Informationssystemen verfolgt werden können. Der waagerechte Pfeil auf der untersten Stufe der mengenorientierten Systeme bezeichnet die Sicht der Integration von bereichsspezifischen Teilsystemen zu einem integrierten Gesamtsystem. Bei diesen Systemen steht die Erfassung und Speicherung von Informationsströmen im Vordergrund, wobei die Vermeidung von Datenredundanzen von außerordentlicher Bedeutung ist. Hierzu muß im Unternehmen ein durchgängiges Datenmodell beschrieben werden, um heterogene Insellösungen einzelner Bereiche zu vermeiden. Als Hilfsmittel stehen den Beteiligten -DV-Abteilungen, Fachabteilungen und evtl. Controller- graphische Verfahren zur Verfügung, um die datenorientierte Sichtweise zu dokumentieren. Bekannte Beispiele sind das von SCHEER konzipierte ER-Modell eines Industriebetriebes und NIAM-Diagramme [KNAPPE/SUER 88, S.469;SCHEER 88].

Für das DV-unterstützte Controlling liefern diese vorgelagerten Systeme einen wesentlichen Teil der benötigten Daten. Aus der Sicht des Controlling stehen

- Berichts- und Abfragesysteme
- Auswertungssysteme
- Interpretative Systeme

im Vordergrund. Diese werden durch den senkrechten Pfeil gekennzeichnet, was einer stärkeren Detaillierung des verwendeten Datenmaterials entspricht. Zusätzlich beinhalten diese Systeme Steuerungskonzepte, die nicht nur aus reinen Erfassungsvorgängen bestehen.

Berichts- und Abfragesysteme

Berichtssysteme beinhalten eine fest definierte Logik. In dieser Logik sind die Formen der auszugebenen Berichte festgelegt. Reine Berichtssysteme werden über Generatoren entwickelt und entsprechen der konventionellen Datenverarbeitungstechnik. Hierbei hat der Benutzer keine Möglichkeit in den Prozeß einzugreifen. Die aktive Komponente, d.h. die Komponente, die den Prozeß auslöst, ist die Zeit. Berichtssysteme lassen sich nach Tabelle 3.1/1 unterscheiden.

Abfragesysteme sind eine Weiterentwicklung von Berichtssystemen. Die Entwicklungen im Bereich der Informationstechnologie, von der batch-Verarbeitung zu dialogorientierten Informationssystemen, ermöglichen eine flexible Anwendung von Systemen. Während starre Berichtssysteme batch-orientiert sind, und der Benutzer lediglich bei der Definition von Schwellenwerten für Signalsysteme bei der Systemkonzeption beteiligt ist, erlauben die dialogorientierten Abfragesysteme dem Benutzer zur Laufzeit seine persöhnliche Informationsaufforderung zu definieren und über Tastatur o.ä. dem Rechner mitzuteilen. Die aktive Komponente ist der Benutzer. Zusätzlich unterscheiden kann man noch zwischen den Möglichkeiten, die dem Benutzer während des Dialoges zur Verfügung stehen. Zum einen stellt das System verschiedene Möglichkeiten der Datenabfrage zur Verfügung, zum anderen kann der Benutzer frei entscheiden, welche Merkmale die gesuchte Information beinhalten soll.

starre Berichtssysteme	Trigger	Berichtsaufbau	Logik des Berichtsaufbaus
reine Berichtssysteme	Zeit	fest	fest
Berichtssysteme mit Ausnahmemeldung	Zeit	fest	Feststellung von Schwellenwerten zur Kennzeichnung
Expertisesysteme	Zeit/Benutzer	fest	Logik meist in Form von Regeln
Signalsysteme	Daten z.B. über Integritätsbedingungen	fest	fest
flexible Berichtssysteme (Abfragesysteme)	Trigger	Berichtsaufbau	Logik des Berichtsaufbaus
Abfragesysteme mit Standardabfragen	Benutzer	variabel	fest
Abfragesysteme mit freien Abfragen	Benutzer	variabel	variabel

Tabelle 3.1/1:   Klassifikation von Berichtssystemen

Auswertungssysteme

In Berichts- und Abfragesystemen werden einfache mathematische Basisoperationen mit den spezifizierten Daten durchgeführt. Hierbei handelt es sich im wesentlichen um Verdichtungen und Reduktion der Datenmasse. Auswertungssysteme benutzen dieselben Funktionen der Datenextraktion wie Berichts- und Abfragesysteme, zusätzlich jedoch noch ein Modell aus einem betriebswirtschatlichen Bereich (z.B. Statistik-Modelle wie Trendextrapolation) und erzeugen daraus entsprechende Berichte. Systeme, die solche Modelle oder Methoden benutzen, können wiederum in verschiedenen Betriebsformen implementiert sein. In batch-orientierten Systemen (automatische Auswertungssysteme) ist das System die aktive Komponente. Unterschiede zu den Berichtssystemen bestehen in der Anwendung des Modells. Ansonsten sind alle Formen der Berichtssysteme auch bei Auswertungssystemen möglich, indem die erzeugten Ausgaben des Modells entsprechend weiterverarbeitet werden. Bei Dialogorientierung der Auswertungssysteme agiert als aktive Komponente der Benutzer. Er führt eine Informationsanalyse, unter Zugriff auf in einer Methodensammlung abgelegte Methoden und der in der Datenbank vorhandenen Daten, durch. Komfortable Auswertungssysteme können den Benutzer dabei durch eine

Menüsteuerung bei der Auswahl entsprechender Methoden unterstützen [HAUN 87, S.163].

Interpretative Systeme

Interpretative Systeme, wie Entscheidungsunterstützungssysteme (*decision support systems*, DSS) übernehmen eine diagnostische Funktion. Interpretative Systeme benutzen die Daten bzw. Ergebnisse der Berichts-, Abfrage- oder Auswertungssysteme und leiten daraus entsprechende Analysen ab. Die diagnostische Funktion resultiert aus dem Wissen um die Struktur der Daten. Beispielsweise ist das DUPONT-Kennzahlensystem aus verschiedenen mathematischen Gleichungen zusammengesetzt. Ein interpretatives System kann diese Gleichungsstruktur nutzen, um entsprechende Analysen vorzunehmen.

Dabei sollen diese Systeme die Entscheidungsbildung auf allen Ebenen des Managements unterstützen. Um hierzu geeignete Systeme zu schaffen, muß dem Erkenntnisstand von Entscheidungssträgern im Unternehmen bzgl. der Informationstechnologie Rechnung getragen werden. Erweiterungen der in der Handhabung recht komplexen *decision support systems* zielen darauf ab, den Benutzer weitgehend im Dialog durch das Programm zu führen. Als geeignet stellt sich dabei die Benutzung von Graphik-Oberflächen und der Mauseinsatz heraus. Systeme, die diese Eigenschaften haben, werden in der neueren Literatur als EIS (*executive information systems*) oder ESS (*executive support systems*) bezeichnet [WAGNER 87, S.127].

Entscheidungsunterstützungssysteme und EIS/ESS setzen

- eine Datenbank,
- eine Methodenbank,
- eine Modellbank

voraus [MERTENS/GRIESE 88, S.9], wobei in der Modellbank die Strukturen realer Entscheidungsfelder in Form von Modellen erfaßt sind. Der Benutzer kann damit im Dialog ein Modell auswählen und mit entsprechenden Daten verknüpfen, wobei auch Kombinationen von Methoden und Modelleinsatz möglich sind. Neue Entwicklungen im Bereich der künstlichen Intelligenz, insbesondere auf dem Gebiet der Expertensysteme lassen für die Zukunft eine noch stärkere Integration von kausalem Wissen in derartige Systeme erwarten.

Aus den verschiedenen Informationssystemen kann eine allgemeine Struktur operativer Controlling-Systeme abgeleitet werden [HUCH 89, S.12].

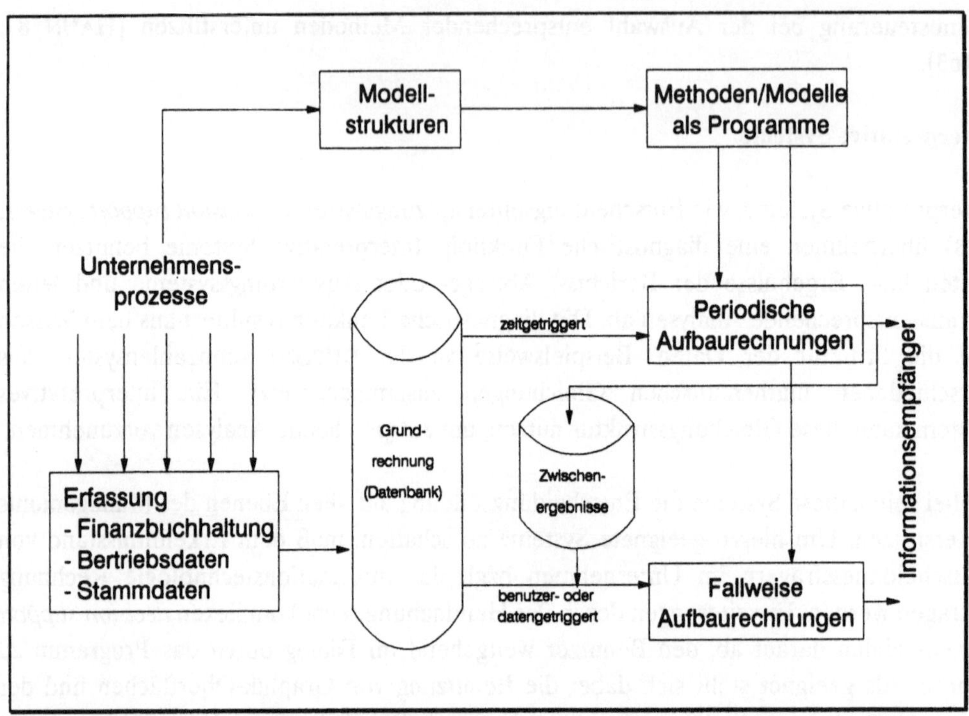

Abbildung 3.1/2:   allgemeine Struktur operativer Controllingsysteme [Huch 89, S.22]

Den Kern eines Controlling-Systems stellen die Datenbank und die darauf operierenden Methoden dar. Die Datenbank, oft als Grundrechnung gefordert [HAUN 87, S.82; HUCH 89, S.22], bildet die Schnittstelle zwischen den Programmen der administrativen Datenverarbeitung und den darauf zugreifenden Programmen der verschiedenen Informationssysteme. Dabei kommt die Forderung nach einer Grundrechnung einmal aus dem betriebswirtschaftlichen Bereich [KILGER 84] sowie aus der Informatikforschung, wo man bemüht ist, Datenmodelle zu entwickeln, die redundanzfrei sind. Für die betriebliche Praxis muß seitens des Controlling ein Modell geschaffen werden, das eine datenorientierte Sichtweise auf das Unternehmen möglich werden läßt. Nur so sind heterogene Insellösungen und damit verbundene Mehrfachhaltung von Daten zu vermeiden. Hilfreich erweist sich dabei ein Bestandteil von Datenbanksystemen, das *data dictionary*. Im *data dictionary* sind zentrale Informationen über die Datenbank gespeichert, die die Definition aller Daten des Systems, Zugriffsberechtigungen und weiteres regeln. Für die Entwicklung solcher Datenmodelle stehen heute graphische Werkzeuge zur Verfügung, wodurch eine Integration aller am Entwurfsprozess beteiligten Personen (DV-Abteilung, Fachabteilung, Controlling) möglich wird. [KNAPPE/SUER 88, S.469;SCHEER 88].

Sind die Grunddaten des Unternehmen, die aus den Unternehmensprozessen entstanden sind, über die erfassenden Stellen (Finanzbuchhaltung, Materialabrechnung, Betriebs-datenerfassung, Fakturierung) zu der Datenbank gelangt, so ist es prinzipiell kein Problem mehr, durch andere Programme auf diese Daten zuzugreifen.

In diesen Programmen sind Modelle beschrieben, die wiederum aus den Unternehmens-prozessen bzw. dem mentalen Modell des jeweiligen Entscheidungsträgers resultieren. In ihnen kommen Methoden zum Einsatz, mit denen der Mitarbeiter im Unternehmen eine bestimmte Aufgabe bewältigen möchte. Dabei lassen sich zwei Arten von sogenannten Aufbaurechnungen unterscheiden:

- Periodische: auslösender Faktor ist die Zeit
- Fallweise: auslösende Faktoren sind Benutzer oder Daten.

Jedoch ist eine Teilung der Begriffe Methode und Modell nicht einfach, weil diese nicht leicht isolierbar sind. "Beispielsweise ist es fraglich, ob die Verbindung einer Methode des exponentiellen Glättens mit einem Verfahren zur Überwachung des Glättungsparameters bereits ein Modell oder noch eine Methode darstellt." [MERTENS/GRIESE 88, S. 58].

Das Spektrum der in der Methodenbank vorhandenen Methoden kann unterschiedlich umfangreich sein, ausgehend von elementaren Basisoperationen, über einfache Berechnungen bis hin zu komplexen mehrstufigen Problemlösungsverfahren. Dabei ist die Methodenbank mehr als eine reine Methodensammlung. Zusätzlich zu den Methoden werden Verwaltungsroutinen, Methodenbeschreibungen, Parameterübergabe zwischen Methoden, Versorgung der Methoden mit Daten, Hilfsleistungen und methodenbezogener Datenschutz zur Verfügung gestellt. [MERTENS/GRIESE 88, S.50f.].

Die Ergebnisse der Methodenanwendung werden abschließend dem Informations-empfänger zur Verfügung gestellt und können zusätzlich in einer Datenbank abgelegt werden, um sie ggf. später weiterzuverarbeiten.

Die bisher vorgenommene Darstellung suggeriert, daß es im Unternehmen nur eine Datenbank und eine Methodenbank geben sollte. Diese Vorstellung ist weder haltbar noch notwendig. Die im Unternehmen anfallenden Daten können durchaus an verschiedene Stellen (örtlich) abgelegt sein. Lediglich die Beschreibung des konzeptionellen Schemas muß unternehmensintegrierend sein. Die neuere Datenbank-Forschung erlaubt verteilte Datenhaltung [ULLMAN 82, S.409], ohne daß der Benutzer davon berührt ist. Im Methodenbereich stellt sich der Sachverhalt gleichermaßen dar. Auch hier ist der Methodeneinsatz vom Funktionsbereich abhängig, so daß verteilte Methodenbanken notwendig werden.

3.2 Integration des Früherkennungssystems in die betrieblichen Informationssysteme

Die anfangs beschriebene aufbau- und ablauforganisatorische Sicht operativer Früherkennungssysteme bildet die Grundlage für die Betrachtung der Integration eines Früherkennungssystems in die betrieblichen Informationssysteme. Dabei muß die eingeführte Struktur operativer, DV-gestützter Controlling-Systeme für die Erfüllung der Früherkennungsfunktion (vgl. Kapitel 2.1.5) erweitert werden.

Die Erweiterung betrifft

- Umweltprozesse
- Rückkopplungsschleifen aus den Phasen Revision und Indikatorensuche
- Steuerkonzepte

Umweltprozesse

Da Früherkennungssysteme nicht ausschließlich interne Unternehmensdaten verarbeiten, sondern insbesondere Daten benötigen, die auf Prozesse außerhalb der Unternehmung zurückzuführen sind, muß zusätzlich dieser externen Datensicht Rechnung getragen werden. Im Gegensatz zu internen Daten können externe Daten oft nicht aus Standard-Datenbanken (relational, Netzwerk, hierarchisch) abgefragt werden, sondern in Text- oder Bildform. Bei der Weiterverarbeitung muß dazu der Informationsgehalt in eine verarbeitbare Form transformiert werden.

Rückkopplung aus den Phasen Revision und Indikatorensuche

Früherkennungssysteme müssen im Zeitablauf auf ihre Korrektheit überprüft werden. Die Phase Indikatorensuche benutzt Methoden der Statistik und wird periodisch versuchen, Korrelationen zwischen Variablen festzustellen. Falls das gelingt, muß das Modell um eine entsprechende Beziehung erweitert werden. Ebenfalls verändert werden muß das Modell, wenn sich herausstellt, daß ist-Zustand und vorausgesagter Zustand nicht übereinstimmen.

Steuerkonzepte

Die in den betrieblichen Informationssystemen vorgesehenen Steuerungskonzepte berücksichtigen als aktive, auslösende Komponente meistens den Benutzer. In standardisierten Fällen kann auch die Zeit, d.h. das Datum Auslöser für ein Bericht sein. Für die Indikatorensuche ist die Zeit als Trigger vollkommen ausreichend, jedoch für den normalen Ablauf des Systems sind die Daten als Trigger für Folgeaktionen notwendig, um immer rechtzeitig einen notwendigen neuen Prozeß zu starten. Falls hier der Mensch die auslösende Komponente ist, könnte das Früherkennungssystem der Forderung nach Rechtzeitigkeit nicht mehr nachkommen. Hier stellt die Informatik zur Zeit noch keine ausreichenden Möglichkeiten zur Verfügung, so daß im weiteren die Frage nach der Rechtzeitigkeit nicht weiter betrachtet wird.

Abbildung 3.2/1 verdeutlicht die Integration der Früherkennungsfunktion in die betrachteten Informationssysteme graphisch.

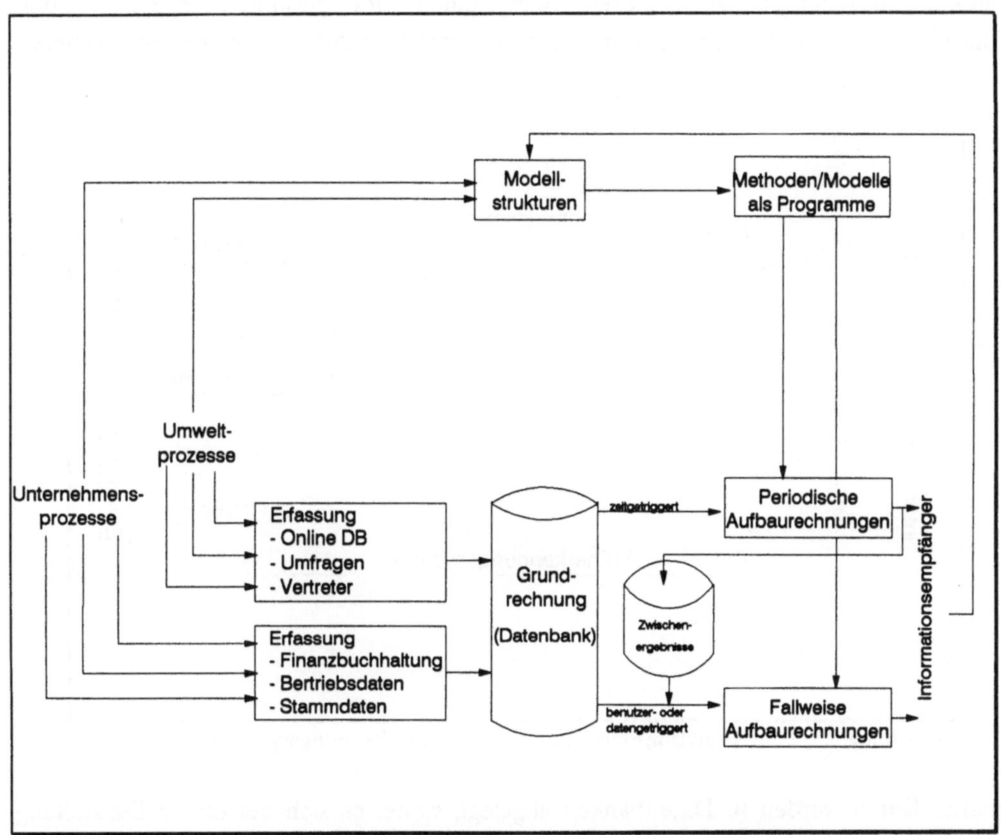

Abbildung 3.2/1:   Integration des operativen Früherkennungssystems in die betrieblichen Informationssysteme

3.3 Vorschlag für die Struktur eines DV-gestützen Früherkennungssystems

Zunächst kann man sich das Früherkennungssystem als abstraktes Gebilde vorstellen, das dem Grundprinzip Eingabe-Verarbeitung-Ausgabe gehorcht. In der angegebenen Darstellung wird das Früherkennungssystem isoliert betrachtet unter Vernachlässigung weiterer Beziehungen zu anderen Subsystemen des gesamten Planungs- und Kontrollsystems. Auf der Eingabeseite stehen Datenströme interner und externer Daten.

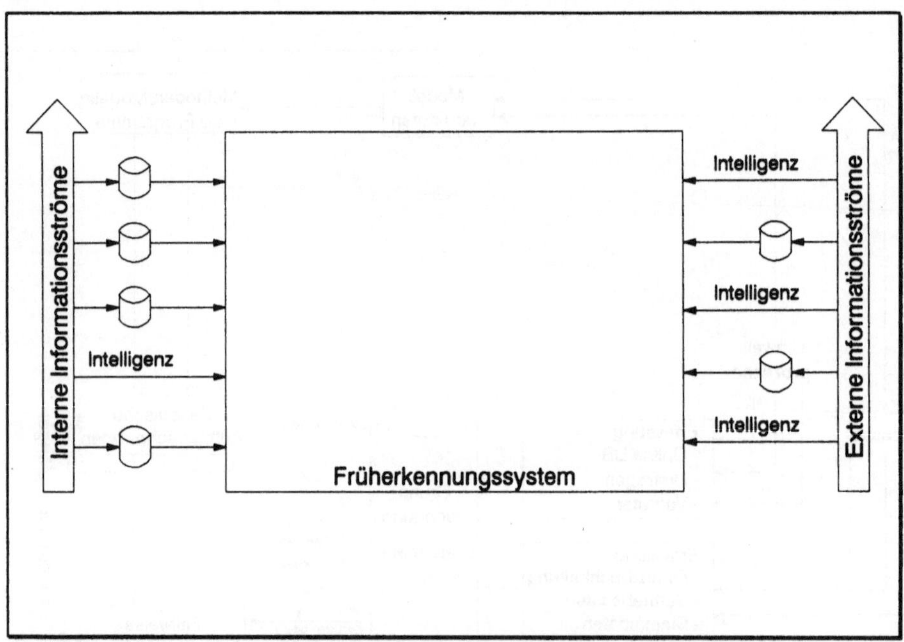

Abbildung 3.3/1   Funktionsdarstellung eines Früherkennungssystems

Interne Daten werden in Datenbanken abgelegt, wobei es sich bei dieser Darstellung nicht nur um atomare Daten handelt, sondern auch schon um Daten, die von bestimmten Informationssystemen erzeugt wurden und dem Früherkennungssystem zur weiteren Verarbeitung zur Verfügung stehen. Hieraus ist ein Anspruch des Früherkennungssystem abzuleiten bzgl. der Datenbereitstellung in Subsystemen der Planung und Kontrolle, d.h. das Früherkennungssystem stellt Anforderungen an die Organisation der betrieblichen Daten. Weiter muß festgehalten werden, daß die hier beschriebenen Daten verschiedene Abstraktionsgrade besitzen, was zwangsläufig zu einer Teilung der Früherkennungsfunktion führen muß. Während Verkaufszahlen und Konkurrenzverhalten in einen Absatz-Früherkennungssystem Eingang finden, werden Gesamtunternehmensumsätze auf einer anderen Stufe des Früherkennungssystems Eingang in den Früherkennungsprozeß finden.

Im Gegensatz zu internen Daten besitzen externe Daten selten eine "verarbeitungsfreundliche" Struktur, so daß hier Prozesse zwischenzuschalten sind, die eine Datenerfassung für das Früherkennungssystem möglich machen. Während die benötigten internen Daten bereitgestellt werden können, ist diese Selbstverständlichkeit für externe Daten nur teilweise gegeben. Natürlich werden bestimmte externe Daten, wie z.B. Käuferverhalten laufend erfaßt, und für das Früherkennungssystem gespeichert, jedoch existieren im externen Bereich darüberhinaus Informationen, die eben nicht laufend erfaßt werden und die nur über ein ständiges Beobachten vieler möglicher Quellen erkannt werden können. An dieser Stelle muß eine Intelligenz vorhanden sein, die mit der erkannten Information einen Bezug zu den Unternehmenszielen herstellt.

Innerhalb des Früherkennungssystems stehen informationsaufnehmende Elemente, deren Aufgaben in der gerichteten oder ungerichteten Überwachung der Informationsströme bestehen. Unterschieden werden muß zwischen Elementen, die auf erfaßte Daten zugreifen und Elementen die auf nicht erfaßte Daten zugreifen müssen. Diese Funktion entspricht den der Sensoren in der Sichtweise von HAHN [HAHN/KRYSTEK 84,S.4].

Elemente, die auf erfaßte Daten zugreifen, d.h. Daten die in Datenbanken des Unternehmens (intern oder extern) oder in externen Datenbanken (extern) abgelegt sind, überprüfen, ob vorgegebene Schwellenwerte überschritten wurden. Falls das der Fall ist, werden diese Werte in das Früherkennungssystem zur weiteren Verarbeitung aufgenommen. Elemente, die auf nicht erfaßte Daten zugreifen, überprüfen gewisse Filterbedingungen. Da die Filterbedingungen keine genau spezifizierten Variablen betreffen, sondern eher bestimmte Bereiche in denen signifikante Konstellationen auftreten können, diese aber nicht genau vorher zu bestimmen sind, muß eine Intelligenz in diesen Elementen vorhanden sein, die entscheiden kann, ob der aufgenommene Sachverhalt signifikant oder bedeutungslos ist. Dabei kann es auch notwendig werden, gewisse vorgegebene Berechnungen durchzuführen. Wenn beispielsweise eine Prüfbedingung lautet: Falls der Umsatz mehr als 5% vom Mittelwert der letzten 6 Monate abweicht, dann Meldung; in diesem Fall müßte bei Aufnahme des neuen Wertes "Monatsumsatz" eine entsprechende Funktion aufgerufen werden, die diese Berechnung ausführt.

Wenn die Rahmenbedingungen der Früherkennung zugrunde gelegt werden, dann muß nach der Erfassung von signifikanten Daten eine schnelle Informationsverarbeitung und eine rasche Entscheidungsbildung stattfinden. Geht man von diesen Anforderungen aus, so ist für eine schnelle Informationsverarbeitung eine wirksame Kommunikation der an der Entscheidungsfindung Beteiligten notwendig, wozu prinzipiell alle Führungskräfte in Frage kommen. Die zu gestaltene Kommunikationsstruktur soll dabei eine umfassende und möglichst zeitlich vorlaufende Aufklärung ermöglichen, indem die am Früherkennungsprozeß Beteiligten über die jeweilige Lage, ihr Entstehen und ihre mögliche weitere Entwicklung kommunizieren. Diese Kommunikation ist von wesentlicher Bedeutung, weil die am Aufklärungsprozeß Beteiligten über unterschiedliches Expertenwissen zur Beurteilung der Lage verfügen, was einerseits zu einer besseren Reflexion der zu lösenden Probleme beitragen soll, andererseits aber die Gefahr der unterschiedlichen Beurteilungen in sich birgt. Deshalb muß die Entscheidungsbildung selbst wieder koordiniert werden [BERG/TREFFERT 79,S.466].

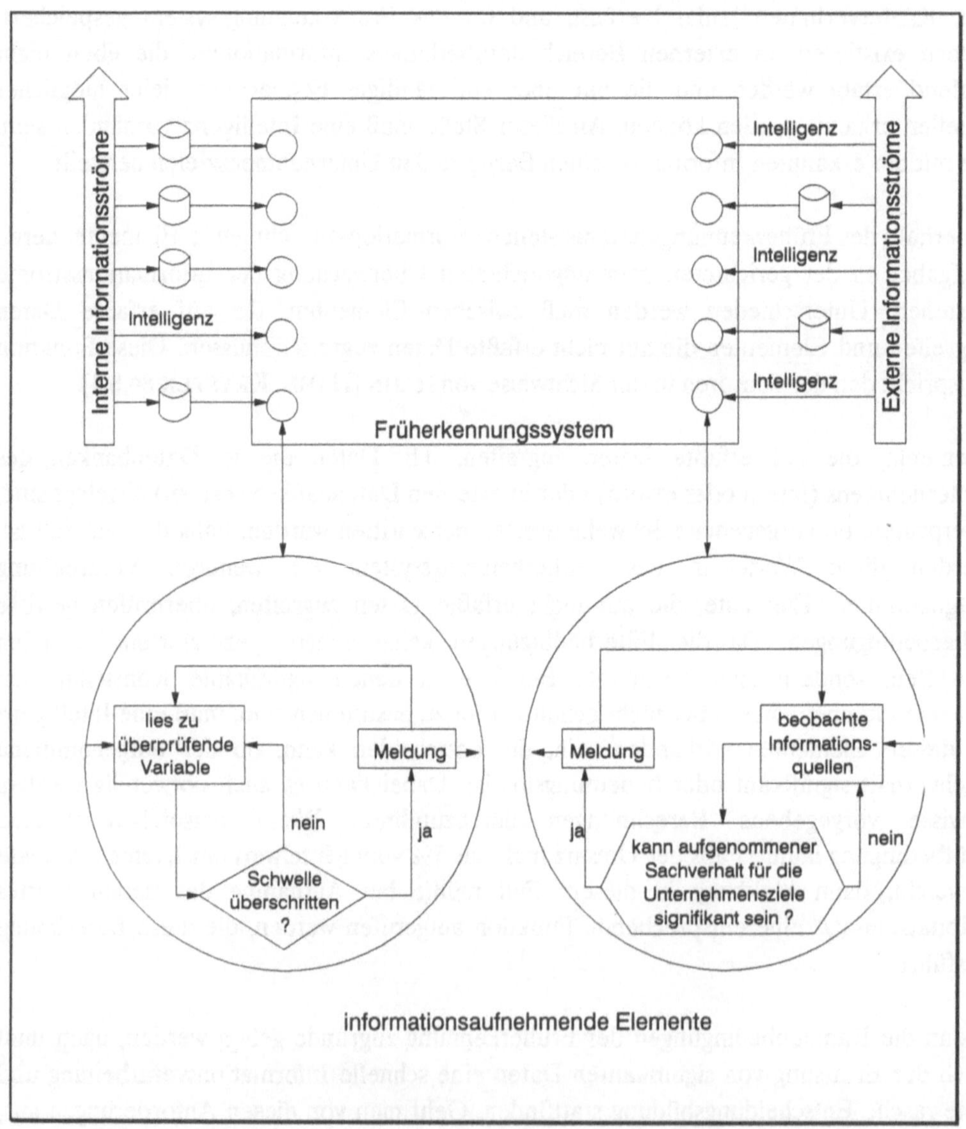

Abbildung 3.3/2   Informationsaufnehmende Elemente im Früherkennungssystem

Als Hilfsmittel der Kommunikation soll hier das *blackboard* vorgeschlagen werden. Die informationsaufnehmenden Elemente plazieren aufgenommene signifikante Daten auf der "Wandtafel" und informationsverarbeitende Elemente greifen nun ihrerseits auf die Meldungen zu, um weitere Schritte im Früherkennungsprozeß zu vollziehen. Informationsverarbeitende Elemente sind dabei Experten, die auf der jeweiligen

Hierarchiestufe eingesetzt sind und Problemstellungen mit entsprechendem abstraktionsniveau der Daten bearbeiten. Auf jeder Ebene müssen zusätzlich signifikante Daten an über- oder untergeordnete *blackboards* weitergeleitet werden können. Diese Funktion kann mit der der informationsaufnehmenden Elemente verglichen werden. Prinzipiell ist es im praktischen Einsatz denkbar, daß informationsaufnehmende und - verarbeitende Elemente ein und dieselbe Person sind.

Informationsverarbeitende Elemente sind diejenigen Entscheidungsträger im Unternehmen, von deren Erfahrung bzw. Wissen, d.h. deren Einschätzung der Lage aufgrund gegebener Information, in maßgeblicher Weise der zukünftige Unternehmenserfolg abhängig ist. Dabei kann die informationsverarbeitende Funktion wieder nach dem Prinzip

- Eingabe   (Lesen von *blackboard*)
- Verarbeitung   (Anwendung von Expertise)
- Ausgabe   (Schreiben auf *blackboard*)

beschrieben werden. Eingabe und Ausgabe sind Teilfunktionen, die nicht genauer beschrieben werden müssen. Die verarbeitende Informationsfunktion kann nach der in Kapitel 2.2.2.1 beschriebenen Modellsicht verfeinert werden.

Innerhalb des informationsverarbeitenden Elementes wird die aufgenommene Information in ein Modell eingespeist. Hierbei ist zunächst an das mentale Modell eines Entscheidungsträgers gedacht. Mentales Modell bedeutet in diesem Zusammenhang Anwendungswissen zur Bearbeitung von Problemen. Der Entscheidungsträger auf der jeweiligen Hierarchiestufe erzeugt dadurch eine Ausgabe, die wiederum auf dem *blackboard* plaziert wird. Diese Meldung kann jetzt Eingang in das mentale Modell eines anderen Experten finden. Bei der Anwendung des mentalen Modells kann es notwendig werden, daß der Experte auch selbst auf andere Datenquellen zugreift.

Vor dem Hintergrund einer DV-gestützten Umsetzung dieses Anwendungswissens in ein Computerprogramm gibt es verschiedene Möglichkeiten des Einsatzes spezieller Software-Konzepte. Die im Bereich der betriebswirtschaftlichen Informationsverarbeitung eingesetzten Konzepte sind:

- Planungssprachen
- wissensbasierte Systeme

und als übergeordnetes Konzept die

- Programmierung in einer höheren Programmiersprache,

d.h. eine dem Problem angepasste DV-Umsetzung.

Dabei tritt als wesentliches Problem die im *knowledge engineering* angesprochene Erfassung des Problembehandlungs-Wissens auf, d.h. die Transformation des mentalen Modells des Experten in eine rechnergestützte Implementation.

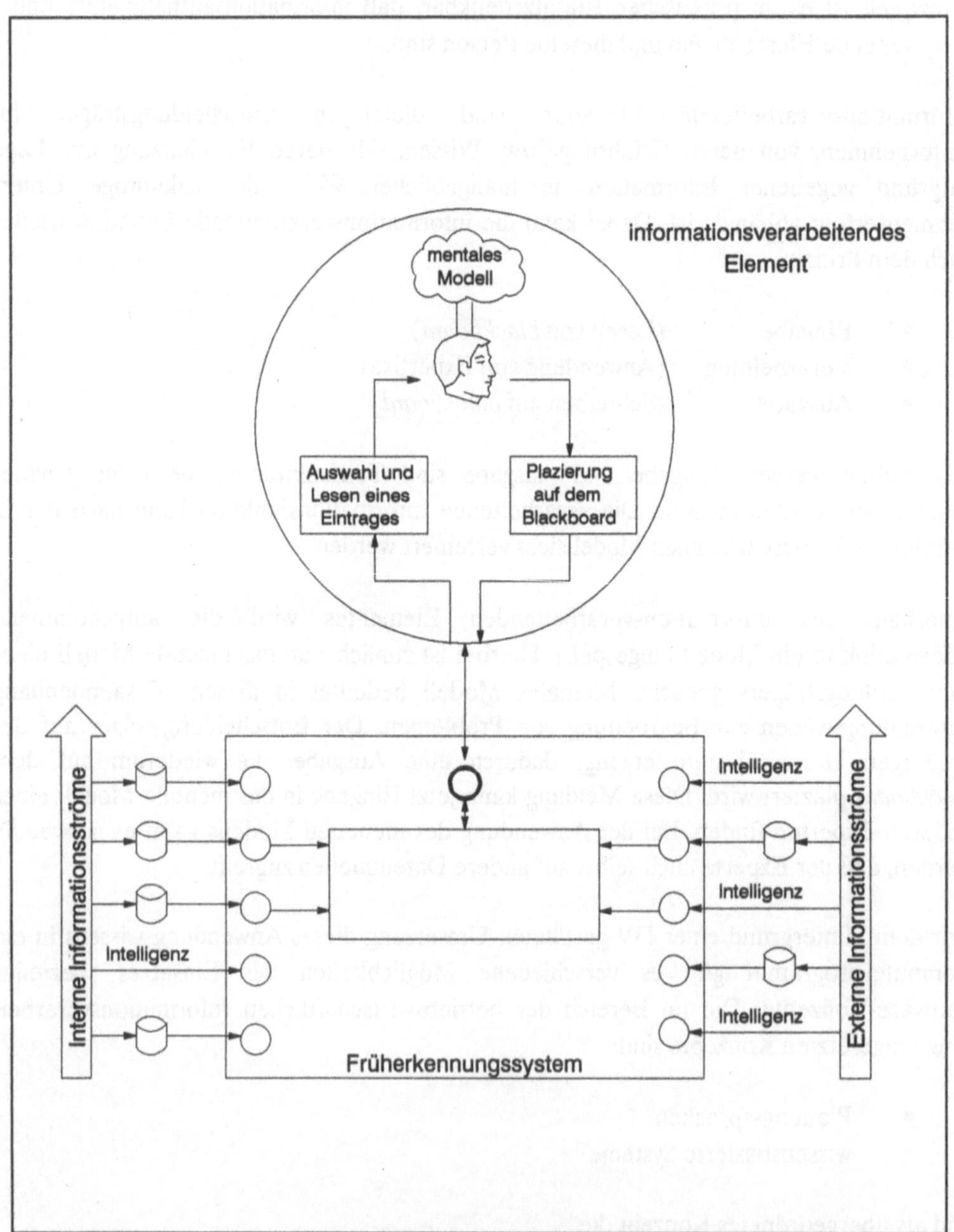

Abbildung 3.3/3:   Informationsverarbeitende Elemente im Früherkennungssystem

Im folgenden werden die genannten Software-Konzepte auf ihre Eignung hin als Modellierungswerkzeuge für das Expertenwissen untersucht. Dabei sollen die für operative Früherkennungssysteme erarbeiteten Gestaltungsvorschläge sowie die für EDV-gestützte Controlling-Systeme geforderte Struktur Richtlinien für die Systemkonzeption sein. Vorher wird das *blackboard*-Prinzip als mögliche Organisationsform für Früherkennungssystem detailliert erläutert werden. An dieser Stelle sei bereits erwähnt, daß das *blackboard*-Prinzip einen wesentlichen Beitrag zu Erfassung mentalen Modells des Experten leisten kann, weil hier der Experte "im Einsatz" beobachtet werden kann. Eine weitere Grundlage für das Früherkennungssystem, die ebenfalls vor der eigentlichen Verarbeitung beschrieben werden soll, ist die Datenerfassungsfunktion. Ausgangspunkt für die Diskussion der möglichen Software-Konzepte wird dann ein Modell des Absatzbereiches einer Unternehmung sein.

3.4 Das Blackboard als Organisationsform für Früherkennungssysteme

3.4.1 Grundlagen des Blackboard-Konzepts

In diesem Abschnitt soll zunächst ein Organisations-Modell für Früherkennungssysteme vorgestellt werden, das im Zusammenhang mit der in dem Grundlagenteil entwickelten Früherkennungsfunktion unter informationswissenschaftlicher Sichtweise entstanden ist. Dabei bildet nicht die Realisierbarkeit den Ausgangspunkt der Überlegungen, sondern der Versuch, den gesamten Früherkennungsprozeß unter Berücksichtigung aller an diesem Prozeß Beteiligten, abzubilden. Früherkennung wird im Unternehmen nicht isoliert von den Entscheidungsträgern vorgenommen, sondern ist ein Prozeß, an dem viele Personen teilhaben. Um erfolgreich Früherkennung betreiben zu können, muß zwischen den einzelnen im Prozeß beteiligten Personen eine wirksame Kommunikation stattfinden [BERG/TREFFERT 79, S.465].

Als Kommunikationsmethode kommen dabei zwei Ansätze in Betracht [WINSTON 87, S. 159]. Zum einen gibt es eine Gruppenkommunikationsmethode (party line method), die als *blackboard* zu realisieren ist. Hierbei ist der wesentliche Gedanke, daß die am Prozeß Beteiligten die im Laufe des Problemlösungsprozesses anfallenden Zwischenergebnisse auf dem *blackboard* plazieren und ihrerseits vom *blackboard* zur weiteren Problemlösung vorhandene Eintragungen anderer am Prozeß beteiligter Personen lesen können.

Im Gegensatz dazu ist es möglich, daß die einzelnen Personen miteinander direkt kommunizieren, indem sie z.B. die für eine andere Person bestimmten Meldungen in deren mail-box deponieren [vgl. Abbildung 3.4.1/1].

Zwischen diesen beiden Methoden, die technisch gleichartig realisierbar sind, gibt es nun ein Spektrum von Ausgestaltungsmöglichkeiten. Die Parameter, die dabei verändert werden, sind:

- die Sicht einer Person sowie die
- Überschneidung von Sichten.

Im Fall der uneingeschränkten Sicht auf das *blackboard* kann jede teilnehmende Person jeden Eintrag sehen, lesen und schreiben. Wenn nun eine Person nur eine eingeschränkte Sicht auf das *blackboard* bekommt, können diese Operationen nur auf diesem eingeschränkten Bereich vorgenommen werden. Überschneiden sich die Bereiche verschiedener Personen, so kann das als Realisation einer direkten Kommunikation betrachtet werden.

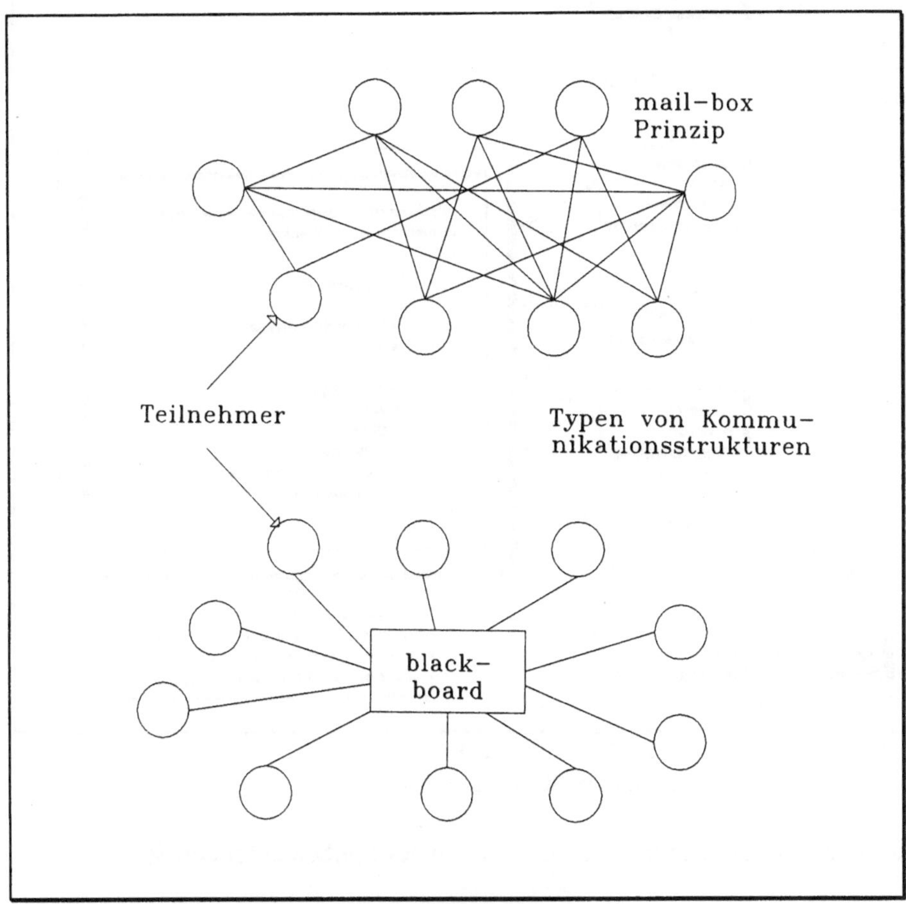

Abbildung 3.4.1/1:   Typen von Kommunikationssystemen
[Nastansky/Gloor 86, S.214]

Der Begriff des *blackboard* stammt aus dem Bereich der Künstlichen-Intelligenz-Forschung, wo ein *blackboard* eine gemeinsame Datenbasis mehrerer autonomer Wissensquellen darstellt. Ein Beispiel für ein implementiertes *blackboard*-System ist das hearsay-ii-system. hearsay wurde zur Erkennung von natürlicher Sprache konstruiert. Dabei operieren neun unabhängige Wissensbasen auf dem gemeinsamen Arbeitsbereich, jede aber auf einen bestimmten Aspekt der Spracherkennung spezialisiert. Auf diese Weise ist das Problem "Spracherkennung" in verschiedene Teilaufgaben unterteilt worden. Jeder Wissensbasis werden Bedingungen zugeordnet, bei deren Eintreten ein Eintrag in einer Aktionslisten-Steuerung gemacht wird. Ein übergeordnetes Steuerprogramm aktiviert dann nach bestimmten Regeln die geeignete Wissensbank. Abbildung 3.4.1/3 zeigt die Grobstruktur des HEARSAY-II-SYSTEMS.

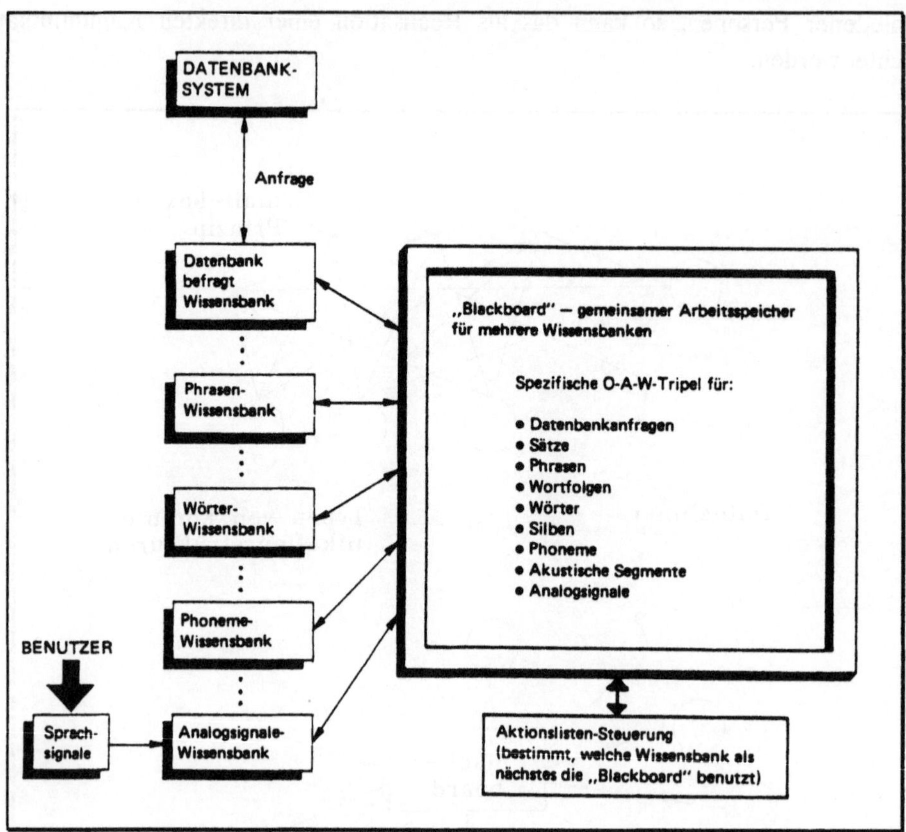

Abbildung 3.4.1/3: HEARSAY-II-SYSTEM
[HARMON/KING 86, S. 157]

Entwicklungen im Bereich Bürokommunikation beschreiben unter den Synonymen

- *bulletin board systems*
- *electronic conferencing*

Klassen von Informations- und Kommunikationssystemen, deren Ziel insbesondere die Teilnahme eines größeren Benutzerkreises ist [NASTANSKY/GLOOR 86, S.213]. Dabei treffen die folgenden Charakteristika mehr oder weniger auf eine Klasse zu [JACOB/LANKER 88, S.436]:

- Öffentliche und indirekte Kommunikation:
  Im Gegensatz zu electronic-mail braucht bei *blackboard*-Systemen der Empfänger der Nachricht nicht bekannt zu sein.
- Themenspezifische Kommunikation:
  Alle von einem initialen Eintrag ausgehenden Einträge werden in Vorgänge zusammengefaßt. So ist es möglich, alle zu einem bestimmten Themenbereich gehörenden Einträge auf den Benutzer-sichtbaren Teil des Systems zu bringen.

- Kommunikation durch Beiträge von Teilnehmern und sich darauf
  beziehende Antworten:
  Jeder Benutzer kann, wenn er mit entsprechenden Rechten ausgestattet
  ist, Beiträge aufgreifen und darauf antworten. So können zu einem
  Eintrag mehrere Antworten existieren, die von einer übergeordneten
  Instanz zusammengefaßt werden können.
- Dokumentation:
  Durch die Speicherung der Sitzungen können im nachhinein Einträge zu
  bestimmten Themen verfolgt werden.
- Text-orientierte Information:
  Die Informationen, die in diesen Systemen hinterlegt werden, sind i.d.R.
  Texte. Jedoch sind auch andere Repräsentationsformen denkbar. Durch
  die Einführung von standardisierten Oberflächen ergeben sich
  Automationspotentiale.

Das *blackboard*-Prinzip eignet sich sehr gut als Organisationsform für
Früherkennungssysteme, weil hier die Experten der Unternehmung ihr Wissen und ihre
Erfahrung anwenden. Dadurch wird ihr Handeln und ihre Denkweise transparent, was
eine Unterstützung des Wissensingenieurs bei der Erstellung eines wissensbasierten
Systems darstellt. Darüberhinaus werden durch diese dokumentierten Expertensitzungen
Aussagen über die Fähigkeit des Experten zur Einschätzung der Lage möglich. Der große
Vorteil einer *blackboard*-Organisation liegt darin, daß die Teilnehmer am
Früherkennungsprozeß nicht zu einem bestimmten Zeitpunkt an einem Ort verfügbar
sein müssen. Dadurch kann der gesamte Prozeß asynchron ablaufen.

3.4.2 Verarbeitungsfunktionen eines Blackboard-Systems

Das vorgestellte *blackboard*-System besteht aus verschiedenen Elementen und den
Funktionen, die im Früherkennungsprozeß durchgeführt werden.

Die Elemente des Systems sind:

- der Benutzer (informationsverarbeitendes Element evtl.
  informationsaufnehmendes Element [nur schreibend])
- ein Superuser (i.d.R. ein informationsverarbeitendes Element mit
  zusätzlichen Rechten, wie z.B. Löschen oder Zusammenfassen von
  Einträgen)
- das "System" (hier soll nicht unterschieden werden zwischen einem
  Computersystem oder einer einfachen Pinwand).

Grundsätzlich ist das *blackboard* eine strukturierte, globale Datenverwaltung, die alle Einträge enthält, die während des Problemlösungsprozesses von den Benutzern generiert werden. Jedes Element ist dabei an den auszuführenden Funktionen

- Eingabeanalyse
- Ablaufsteuerung
- Datenverwaltung
- Ausgabegenerator

im Prozeß mehr oder weniger beteiligt [BELKIN/SEEGER/WERSIG 83, S. 157].

Eingabeanalyse

Hauptaufgabe der Eingabeanalyse ist die verarbeitungsgerechte Aufbereitung der eintreffenden Information. Aufbereitung kann einerseits die Reduzierung des Umfanges oder andererseits die Annahme oder Ablehnung von Information bedeuten. Je nach Abstraktionsgrad der technischen Realisierung muß eine Eingabe in ein weiterverarbeitbares Format transformiert werden. Als Abstraktionsstufen können gelten:

- Pinwand
- elektronisches *blackboard*

Im Fall einer einfachen Pinwand kann die Information natürlichsprachlich weiterverarbeitet werden. Dieser einfache Fall stellt die Grundlage für ein elektronisches *blackboard* dar. Alle Funktionen werden hier vom Menschen vorgenommen. Bei Übergang zu einem elektronischen *blackboard*, daß mit der Zielsetzung der automatischen Weiterverarbeitung installiert wird, muß die Eingabeinformation normiert werden, da es zur Zeit noch nicht möglich ist natürlichsprachliche Texte weiter zu verarbeiten.

Die Informationen, die auf dem *blackboard* plaziert werden sollen, können aus zwei verschiedenen Ebenen stammen:

- Eingabe von außen durch informationsaufnehmendes Element
  - Zeitungsbericht/Fachbericht
  - verbale Äußerung
  - externe/interne Datenbank
- Eingabe von innen durch informationsverarbeitendes Element
  - Expertenurteil eines teilnehmenden Akteurs

Die Informationsflut von außen wird durch einen Transformationsprozeß derart beeinflußt, daß nur die relevante Information weiterverarbeitet wird. Diese kann u.U. einer weiteren Textanalyse unterzogen werden, so daß nur die wesentlichen Inhalte auf dem *blackboard* plaziert werden. Durch Einführung eines *blackboard*-Objektes kann eine solche "Normierung" der Eingabe durchgeführt werden.

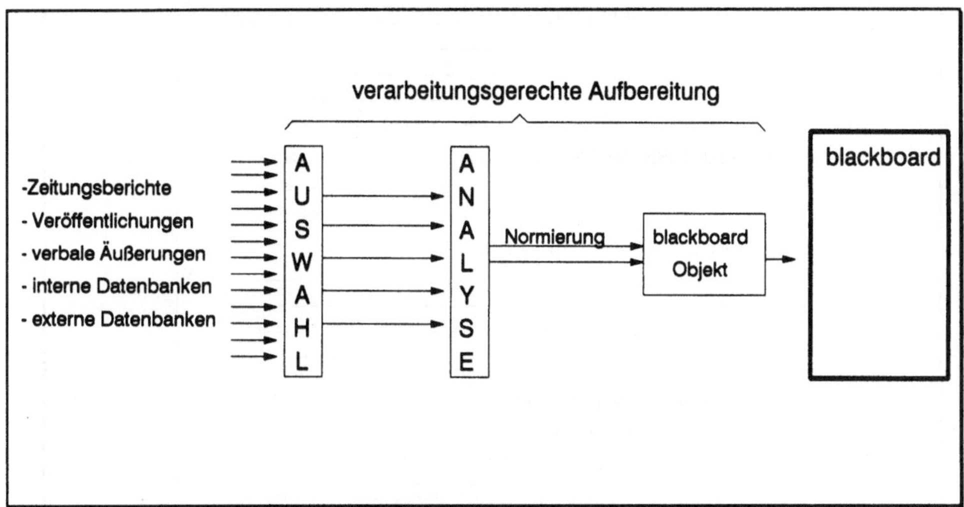

Abbildung 3.4.2/1:   "verarbeitungsgerechte" Aufbereitung einer von außen
                      eintreffenden Meldung

Im Rahmen der Früherkennung ist dieses eine sehr wichtige Funktion, da an dieser Stelle relevante Information zurückgewiesen werden könnte. Dagegen ist die Gefahr, die von nicht relevanter Information ausgeht, wesentlich geringer. Sie bläht nur das *blackboard* auf und wird ansonsten von den Experten nicht zur Ableitung von Ergebnissen benutzt, und kann von einem Systemverwalter entfernt werden.

Ein *blackboard*-Objekt entspricht einem Musterformular, auf dem zunächst die informationsaufnehmenden Elemente Früherkennungsinformationen über ihren Beobachtungsbereich platzieren. Im *blackboard*-Objekt werden neben den Verwaltungsinformationen

- Absender
- Datum
- Beobachtungsbereich
- Mitteilungsnummer

die eigentliche Früherkennungsinformation oder die mutmaßlichen Auswirkungen auf die entsprechenden Erfolgsfaktoren oder Ziele in der erwarteten Stärke gespeichert. Dabei ist es bei einem elektronischen *blackboard* denkbar, daß die Verwaltungsinformationen direkt generiert werden und nur noch der Bezug zu einem vorhandenen Eintrag hergestellt werden muß. Abbildung 3.4.2/2 gibt die mögliche Struktur eines *blackboard*-Objektes wieder [DREXEL 84, S.92]. Damit relevante Information, die fälschlicherweise zurückgewiesen wurde, nicht vergessen wird, sollte sie gespeichert werden.

ABSENDER _________________   DATUM _________

BEOBACHTUNGSBEREICH _______________________
                     ____
                     ____
                     ____

MITTEILUNGSNUMMER _________

FRÜHERKENNUNGSINFORMATION (Text)
____
____
____
____

ERWARTETE AUSWIRKUNGEN
– auf Erfolgsfaktoren
   ____________   ____________
   ____________   ____________
   ____________   ____________
   ____________   ____________

– auf Ziele
   ____________   ____________
   ____________   ____________
   ____________   ____________

Abbildung 3.4.2/2:   Struktur eines blackboard-Objektes

Ablaufsteuerung

Die auf dem *blackboard* operierenden Experten müssen während der Konsultation koordiniert werden. Jeder teilhabende Akteur kann von dem *blackboard* einen Eintrag auswählen und bearbeiten. Die Ablaufsteuerung als Kontrollstruktur (control knowledge) gewährleistet, daß die von den Akteuren erzeugten Ergebnisse oder Hypothesen auf dem *blackboard* plaziert werden.

Die Funktion der Ablaufsteuerung kann auch von einem Experten (*blackboard*-Analytiker, Superuser) wahrgenommen werden, der besonderes Wissen bezüglich der Lösungsstrategie besitzt. Da unter Umständen durch die heftige Nutzung ein Engpaß beim Zugriff auf das *blackboard* entstehen kann, weil sehr viele Meldungen auf einmal eintreffen und diese Meldungen nicht unbedingt mehr aktuell sind, kann es sinnvoll sein z.B. heuristisches Wissen oder Daumenregeln in Form von "Tue das Erfolgversprechendste" anzuwenden. Diese Art der Ablaufsteuerung kann zu einer erheblichen Effizienzsteigerung bei der Problemlösung führen (scheduler). Als weitere Teilaufgabe muß der Superuser die Konsistenz der Lösungsmengen untereinander überwachen und bei Bedarf Korrekturen vornehmen, indem er z.B. Einträge in Klassen zusammenfaßt, Einträge löscht oder Wahrscheinlichkeitswerte von Aussagen ändert, weil neue Sachverhalte einfließen (consistency enforcer). Entwicklungen im Bereich Expertensysteme lassen sich dadurch kennzeichnen, daß bei Automation dieser Funktion sogenanntes domain-Wissen von "control"- bzw. "scheduling"- Wissen explizit getrennt wird [HAYES-ROTH/WATERMAN 83, S. 18].

Datenverwaltung

Die von den Experten erzeugten Teillösungen, Hypothesen und Lösungen werden im Fall eines elektronischen *blackboard*s in einer Datenbank gespeichert. Das *blackboard* ist der sichtbare Teil dieser Datenbank. Die Verwaltung dieser Daten (*blackboard*-Objekte) ist eine Hintergrundfunktion der Ablaufsteuerung. Dazu müssen die üblichen Datenbankoperationen Suchen, Ändern und Einfügen zur Verfügung stehen.

Ausgabegenerator

Die Aufgabe des Ausgabegenerators besteht in der Aufbereitung der Ergebnisse der Expertensitzung. Hierbei müssen die in der Sitzung erzeugten Kausalketten in Form von *blackboard*-Objekten ausgegeben werden. Die einfachste Möglichkeit ist das Hintereinanderreihen der Objekte. Begonnen wird mit dem initialen Eintrag, der von außen auf dem *blackboard* plaziert wurde. Über die Verbindungen werden die Folgeobjekte bestimmt und ausgegeben, solange bis alle zu dieser Kausalkette gehörenden Objekte abgearbeitet sind.

Eine weitaus anspruchsvollere Möglichkeit ist die Verfassung eines natürlichsprachlichen Textes, der zusätzlich mit Tabellen und Grafiken ausgestattet wird. In der Regel wird an dieser Stelle der Superuser diese Aufgabe übernehmen und die auf dem *blackboard* erzeugten Kausalketten mit entsprechenden Möglichkeiten aufbereiten. Im Bereich der betriebswirtschaftlichen Forschung, werden an dieser Stelle Versuche unternommen, die vorgegebenen Daten in Textkonserven zu integrieren und so die Erstellung von Berichten (Expertisesysteme) zu übernehmen. Beispiele sind die Systeme STRATEX, GUVEX, BILEX [BÜTTNER U.A 88, S.229].

3.4.3 Implementierungsaspekte eines elektronischen blackboard-Systems

Im Bereich der Expertensystemforschung existieren eine Reihe von implementierten *blackboard*-Systemen [ERMAN 81;LENAT 83]. Dabei ist die Entwicklung so weit fortgeschritten, daß autonome Wissensbasen auf dem gemeinsamen Speicherbereich operieren. An dieser Stelle soll noch gar nicht die Forderung nach einem voll integrierten

Sytem gestellt werden, sondern grundsätzlich der Aufbau eines elektronischen *blackboard* beschrieben werden, auf dem zunächst keine Wissensbasen operieren, sondern die Bereichexperten selbst. In dieser Form ist das *blackboard* zu vergleichen mit einer elektronischen Pinwand.

Falls es gelingt, eine solche Organisationsform in einem Unternehmen erfolgreich zu installieren und die entsprechenden Experten im Unternehmen zur Mitarbeit zu bewegen, kann im nächsten Schritt versucht werden, mit Hilfe der von den Experten erzeugten Einträge auf dem *blackboard* eine Wissensbasis zu erstellen und so einen menschlichen Experten duch ein Computersystem zu ersetzen. Eine allgemeine Hardwarearchitektur, die das beschriebene Konzept realisieren könnte zeigt Abbildung 3.4.3/1.

Als Hardwarestruktur bietet sich ein Local-Area-Network (LAN) nach dem Client-Server-Modell an, d.h. eine Anzahl miteinander vernetzter, ansonsten jedoch voneinander unabhängigen Rechner (Workstations, Clients), die von einem im Hintergrund arbeitenden Zentralrechner (Server) unterstützt werden. Dieser Server beinhaltet den Plattenspeicher sowie die Netzwerkverwaltung. Zusätzlich kann jeder Arbeitsplatz noch mit eigener Plattenkapazität ausgestattet sein. Mit dieser Rechnerstruktur ist es möglich, eine zentrale Datenhaltung auf dem Server vorzunehmen, ebenso die Verwaltung aller Daten, die von den Workstations während

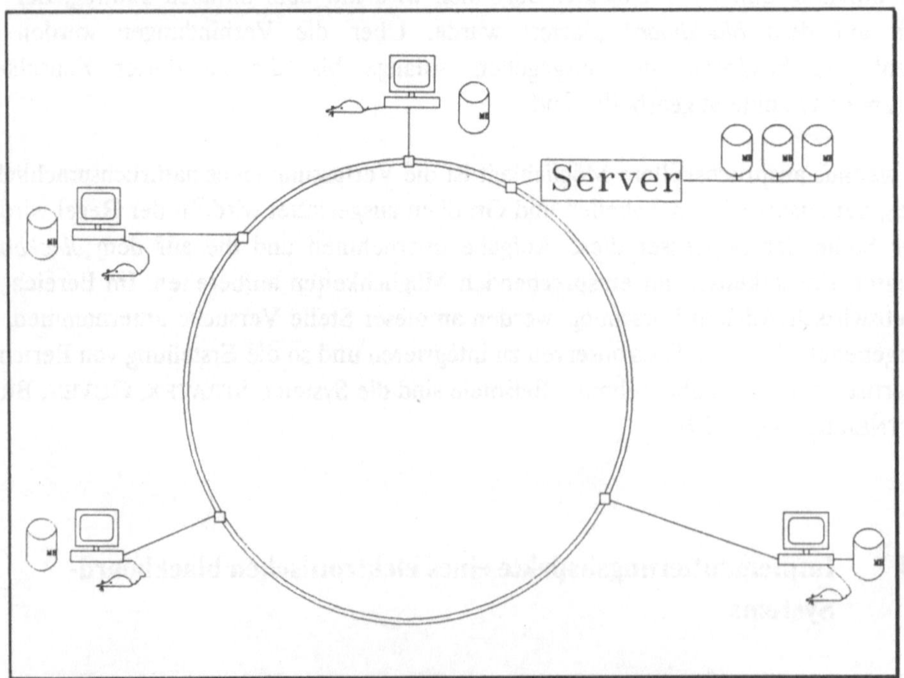

Abbildung 3.4.3/1: Hardwarekonfiguration eines blackboard-Systems

einer Benutzerkonsultation erzeugt werden. Der Server bedient dabei die einzelnen Workstations mit dem entsprechenden *blackboard*-Ausschnitt. Ein Benutzer kann so von seinem Arbeitsplatz aus zu bestimmten Zeiten am System teilnehmen. Er bekommt dazu immer die seinen Rechten entsprechende Sicht auf das *blackboard*.

Die Anforderungen an die Serversoftware betreffen im wesentlichen das Datenbank- und Netzwerkmanagement. Die Serversoftware muß insbesondere den Zugriff auf gleiche Objekte durch mehrere Benutzer regeln. Weiterhin muß der Server die Zugriffskontrolle sicherstellen, d.h. das gewisse Objekte nur durch dazu berechtigte Benutzer bearbeitet werden dürfen.

Im Bereich Anwendersoftware bietet sich das Konzept der Benutzerführung mit Hilfe von Graphikmonitor, Maus- und Fenstertechnik sowie der Ablaufsteuerung mit Hilfe von Menüs und Formularen an.

Während einer *blackboard*-Sitzung hat der Benutzer ein Funktionsmenü zur Verfügung, das mit Hilfe der Maus aktiviert werden kann. Nützliche Funktionen sind:

- viewport Auswahl des *blackboard*-Ausschnitts
- create   Eingabe von Meldungen
- refresh   Sauberes Aufbauen nach häufigen Änderungen
- choose   Beschränkung auf bestimmte Einträge
- show   Anzeige des Inhalts einer Meldung im Textfenster
- trace   Analyse des zeitlichen Ablaufs der Entstehung von Meldungen
- su   Besondere Befehle für den Superuser (Ändern, Einfügen, Löschen)

Abbildung 3.4.3/2 könnte den Bildschirmaufbau einer Workstation darstellen. Der Bildschirm ist dabei in drei Bereiche unterteilt:

- Funktionsbereich
- *blackboard*-Bereich
- Text/Formularfenster.

Der Benutzer kann mit der Maus auf dem *blackboard*-Bereich eine Position auswählen und dort ein sogenanntes ICON (*blackboard*-Objekt) plazieren. Im Textfenster wird dazu die entsprechende Meldung erfasst. Jedes ICON wird gekennzeichnet, indem ein Bezug zu einem Objekt hergestellt wird, so daß ein Benutzer auf den ersten Blick sieht, um was für eine Meldung es sich handelt.

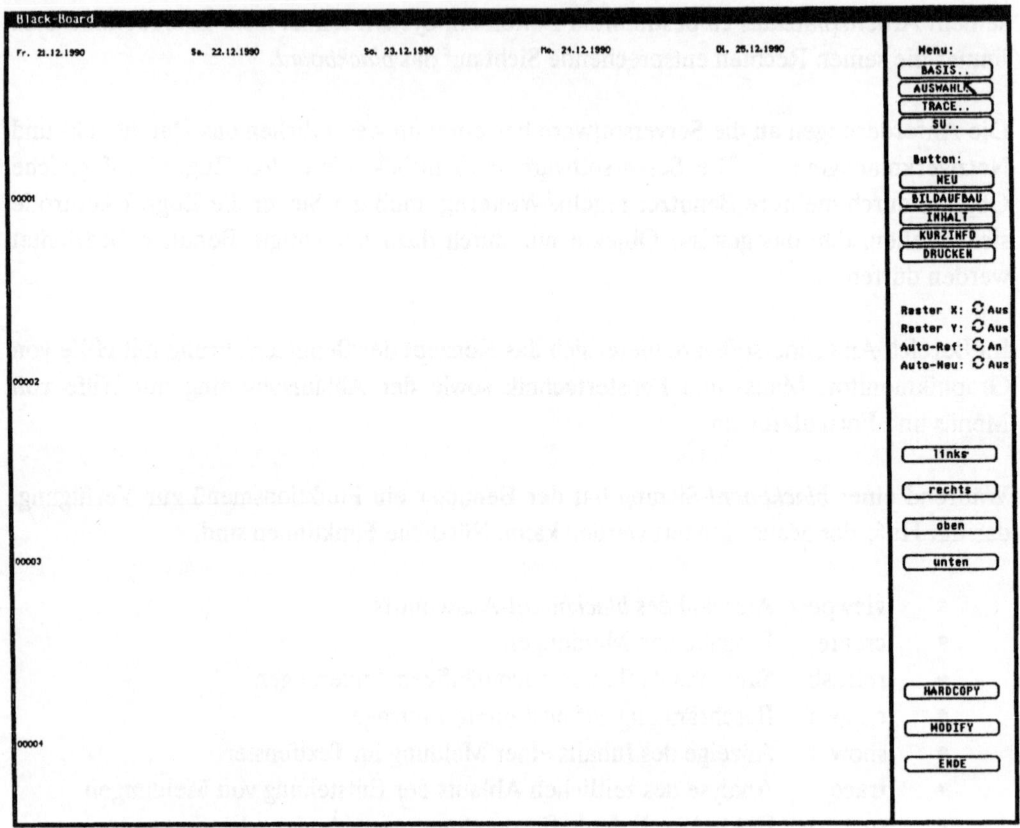

Abbildung 3.4.3/2: Aufbau einer *blackboard*-Sicht

3.4.4 Beispiel einer blackboard-Konsultation

Zur Teilnahme an einer *blackboard*-Konsultation muß der Benutzer in die Ebene der *blackboard*-Welt einsteigen. Um in die entsprechende Arbeitsumgebung zu gelangen, sind systemspezifische Befehle auszuführen. Der Einstieg in die *blackboard*-Welt ist dabei auf verschiedenen Ebenen möglich. Grundsätzlich ist zunächst eine login-Prozedur an der jeweiligen Arbeitsstation durchzuführen, um in das Betriebssystem zu gelangen. Von dort aus ist ein Einstieg in das System über ETHERNET durchzuführen. Die *blackboard*-Welt als Programmsystem ist auf dem Superuser-Arbeitsplatz installiert, im Beispielsystem eine SUN 3/80 Workstation.

Die Befehle zum Einstieg können in komfortablen pull-down-menus in der UNIX-Oberfläche SUNVIEW programmiert werden, um einem ungeschulten Benutzer die Arbeit mit dem System zu erleichtern.

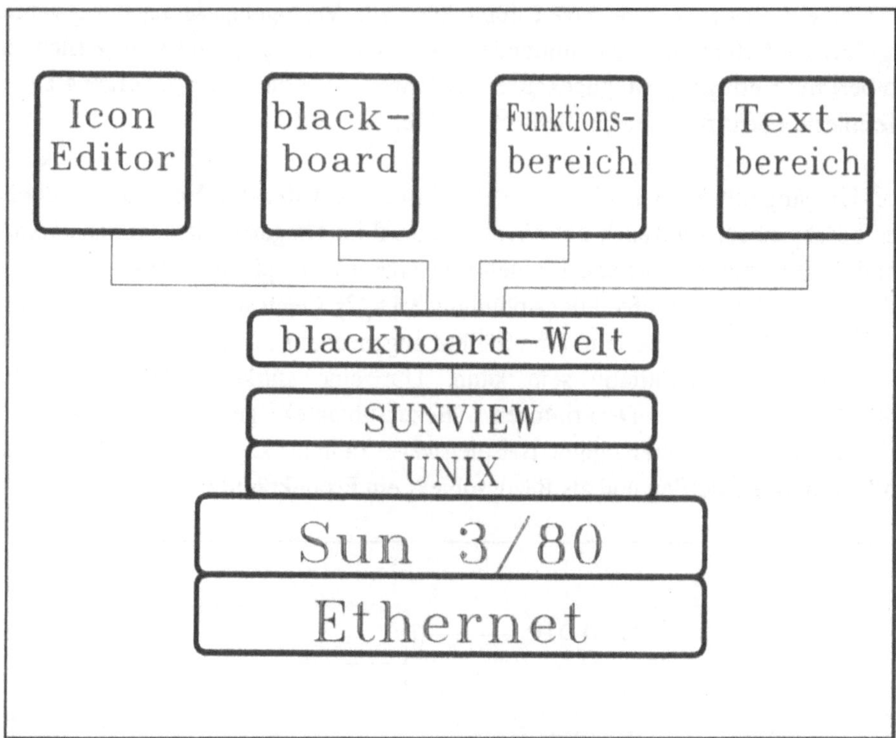

Abbildung 3.4.4/1:   Systemstruktur des blackboard-Modells

In der *blackboard*-Welt bewegt sich der Benutzer hauptsächlich mit der Maus. Auf dem drei-geteilten Bildschirm (vgl. Abbildung 3.4.3/2) bekommt er zunächst seine Sicht auf das *blackboard* zur Verfügung gestellt. Für den Fall, daß er an einer Früherkennungskonsultation teilnimmt, kann der Benutzer entweder einen initialen Eintrag im *blackboard*-Bereich plazieren (Drücken der linken Maustaste) oder er kann auf einen vorhandenen Eintrag antworten (Festhalten der linken Maustaste und ziehen der Maus nach rechts auf die Position der Antwort auf dem *blackboard*). Dadurch wird auf dem *blackboard* ein neues (schwarzes) ICON plaziert, das durch den Befehl CREATE des Funktionsmenüs mit Information belegt werden kann.

Das ICON, das auf dem *blackboard* sichtbar ist, soll die wesentlichen Informationen enthalten, die genauer über das Textfenster spezifiziert werden. Somit gehört zu jedem Eintrag auf dem *blackboard* (ICON)genau ein *blackboard*-Objekt.

Um eine komplette Kombination von *blackboard*-Objekt und ICON zu erzeugen, muß der Benutzer über einen ICON-Editor zunächst ein STANDARDICON auswählen, und dieses dann im Anschluß so erweitern, daß die wesentliche Information der erzeugten Meldung sichtbar wird. Dazu stehen eine Reihe von STANDARDICONS bereit, die sich im wesentlichen auf definierte Ziele und Zielvariable beziehen. Die Möglichkeiten der Darstellung des vohandenen ICON-Editors sind jedoch leider eingeschränkt, so daß der Benutzer seine Meldungen bestimmten Regeln unterwerfen muß. Zur Erstellung eines

ICONs steht ein Raster von 64 * 64 Bildpunkten zur Verfügung. Je nach verwendeter Schriftgröße (9 * 10 Punkte als minimale Systemschrift) stehen etwa 6 Zeilen zu 8 Buchstaben zur Verfügung. Möglichkeiten der Erweiterung bietet der Übergang zu einer selbstdefinierten Schriftart der Größe 8 * 5 Punkte.

Um den Umgang mit den *blackboard*-ICONs in Bezug auf den zur Verfügung stehenden Platz zu beschränken, aber auch um einen Standard im Umgang mit dem *blackboard* zu erreichen, sollten nur zugelassene Elemente in einem ICON plaziert werden. Dazu wird das ICON in drei Bereiche aufgeteilt (Abbildung 3.4.4/2). Oben steht die Variable, auf die sich die erzeugte Meldung bezieht. Unmittelbar zugeordnet ist dieser Variablen ein Wert, der qualitativ oder quantitativ sein kann. Um eine stärkere Differenzierung zu ermöglichen, sind über Deskriptoren (Bezugsobjekte) genauere Angaben zur Identifikation der Variablen möglich. Beispielsweise kann als Zielvariable der Umsatz im oberen Feld plaziert werden und als Bezugsobjekt ein Produkt und eine Region.

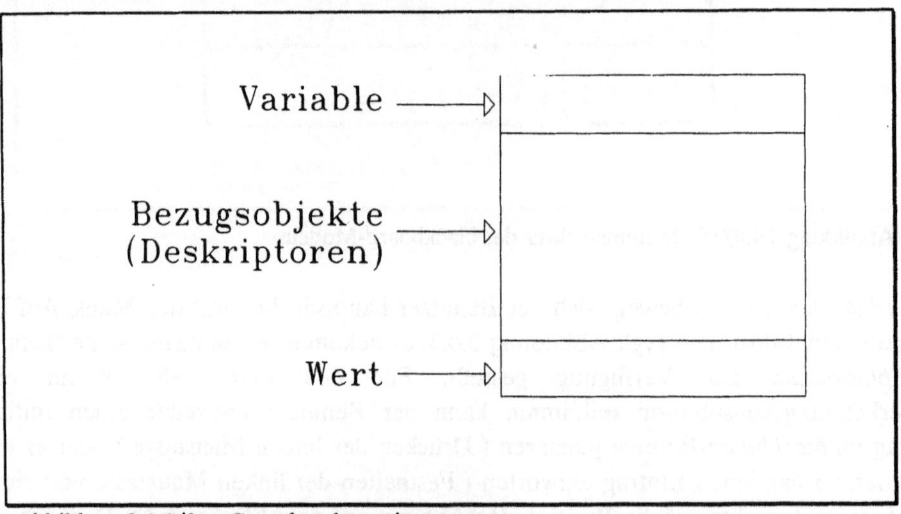

Abbildung 3.4.4/2:   Grundstruktur eines ICON

Da nicht jede Meldung denselben Wirkungsgrad besitzt, müssen auch im *blackboard*-ICON verschiedene Klasifikationsmöglichkeiten gegeben sein, um den unterschiedlichen Wirkungen Ausdruck zu verleihen. In Bezug auf den Wert einer Variablen können folgende Symbole verwendet werden:

↑↑   stark gestiegen
↑   gestiegen
↔   gleichbleibend
↓   fallend
↓↓   stark fallend

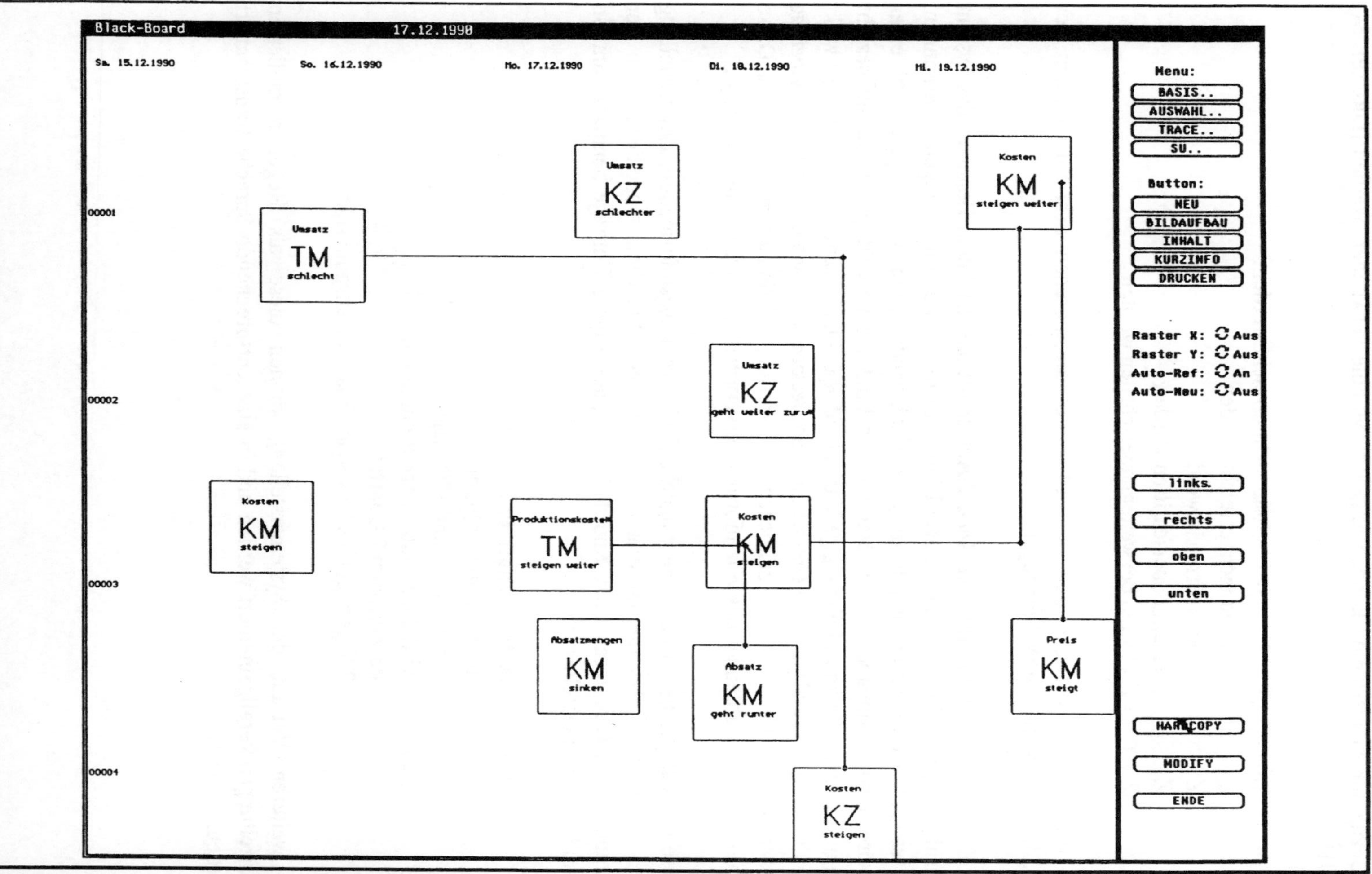

Abbildung 3.4.4/3:   Blackboard-Konsultation

In Bezug auf Zielvariablen können folgende Symbole verwendet werden [DREXEL 84, S.101]:

Z-- Ziel kann bei weitem nicht erreicht werden
Z- Ziel kann nicht erreicht werden
Z Ziel kann erreicht werden
Z+ Ziel kann überschritten werden
Z++ Ziel kann bei weitem überschriten werden

Mit diesen Symbolen und den im ICON-Editor angebotenen Schriftarten kann der Benutzer individuelle ICONS erzeugen.

Abbildung 3.4.4/3 stellt einen *blackboard*-Ausschnitt dar, nachdem Benutzer das System konsultiert haben. Links ist der initiale Eintrag zu der Variablen Anfragen zu erkennen. Dieses ICON wurde von einem informationsaufnehmenden Element erzeugt, das mit einer entsprechenden Aufgabe in einer betrieblichen Funktion beschäftigt ist. Darauf bezieht sich im weiteren die kausal abhängige Variable *Menge*. Die Veränderung der *Menge* wirkt sich direkt (funktional) auf den *Umsatz* und den *Deckungsbeitrag* aus. Der *Deckungsbeitrag* wiederum wirkt sich mit einer zeitlichen Verzögerung auf den *Jahresgewinn* aus. Diese weiteren ICONS wurden jeweils von informationsverarbeitenden Elementen erzeugt.

Diese Kausalkette beschreibt eine mögliche Früherkennungsinformation. Zur Erstellung eines Programms, das die informationsverarbeitende Funktion modelliert, kann der Systemersteller (Programmierer, Knowledge Engineer) diese Einträge benutzen, um ein Grundmodell zu erstellen, z.B.:

wenn Anfragen nach Produkt 007
    im Zeitraum 1.Quartal
    zwischen 7% und 12% liegt
dann wird die Absatzmenge Produkt 007
    im Zeitraum 2.Quartal
    3% geringer als im vergleichbaren Zeitraum sein

Im weiteren Verlauf der Systemerstellung können diese als Regel formulierten Darstellungen verallgemeinert werden und in eine entsprechende Sprache transformiert werden.

4 Die Datenerfassungsfunktion im Früherkennungssystem

4.1 Grundlagen der Datenerfassung in Früherkennungssystemen

Die Informationsgewinnung stellt eine wesentliche Aufgabe der Früherkennung dar. Sie ist der Ausgangspunkt der Analyse von Informationen zur weiteren Verarbeitung, der eigentlichen Früherkennungsphase. Die Gewinnung dieser Informationen erfolgt im weiteren auf einer methodischen Ebene und beschreibt die Möglichkeiten des Zugriffs, der Erfassung und Speicherung zur Weiterverarbeitung. Dabei wird als Ziel das *blackboard*, also die gemeinsame Kommunikationsbasis der betrieblichen *informationsverarbeitenden Elemente* als Speichermedium angesehen. Ob es sich dabei um ein computergestütztes System oder um ein Pinwand handelt, soll außer acht gelassen werden.

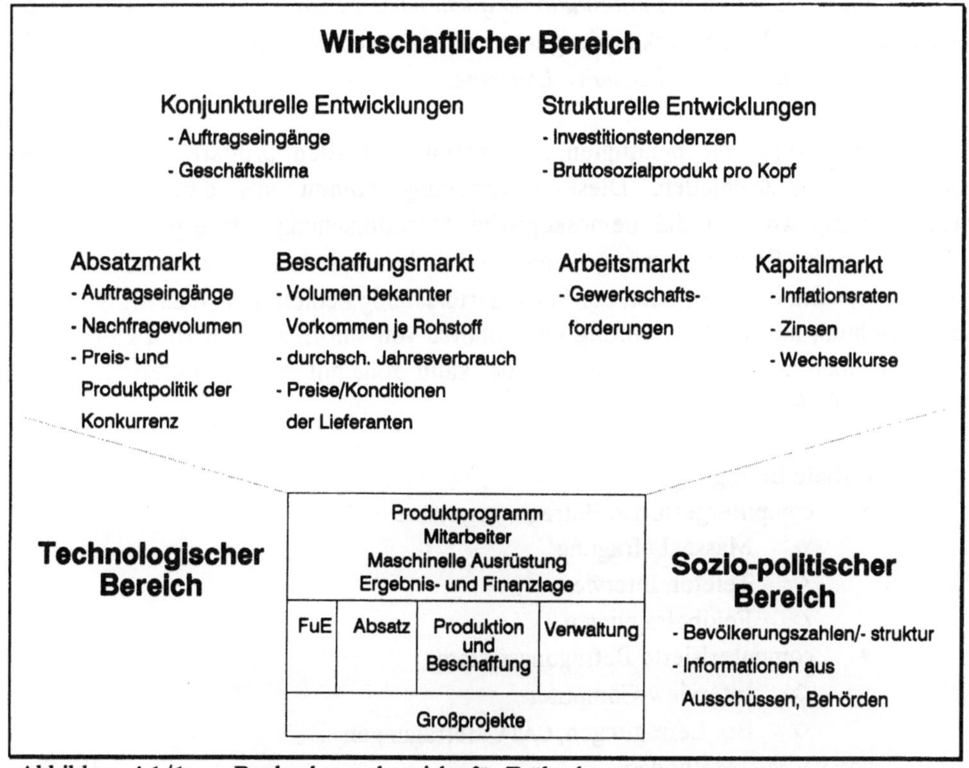

Abbildung 4.1/1: Beobachtungsbereiche für Früherkennungssysteme
[HAHN 79, S. 34]

Früherkennungsinformationen entstammen dem unternehmensinternen und dem unternehmensexternen Bereich. Die in der Praxis am häufigsten anzutreffenden Bereiche sind in Abb. 4.1/1 dargestellt.

Als unternehmensinterne Datenquelle ist besonders das betriebliche Rechnungswesen von Bedeutung. Aber auch andere Informationssysteme in der Unternehmung, z.B. das Marketing-Informationssystem können hier bei der Datenbeschaffung herangezogen werden. Das Früherkennungssystem greift deshalb primär nicht auf atomare Daten (Buchhaltung) der Unternehmung zu, sondern auf Daten, die bereits zu diesem oder auch anderen Zwecken in den betrieblichen Teilbereichen erzeugt wurden.

Externe Früherkennungsinformationen entstammen primär vom Markt auf dem sich das Unternehmen bewegt, also von Lieferanten, Kunden, Konkurrenten sowie der allgemeinen Unternehmensumwelt. Diese Informationen werden durch unternehmenseigene Einheiten (z.B. *informationsaufnehmende Elemente*) oder durch fremde Organisationen gewonnen.

Eine Besonderheit der Früherkennungsfunktion besteht in der Verknüpfung von internen Daten des betrieblichen Rechnungswesens und der betrieblichen Teilbereiche mit den externen Daten, die durch die *informationsaufnehmenden Elemente* bereitgestellt werden [KÖHLER 85, S. 77]. Diese Verknüpfung interner und externer Informationen ist dann die Aufgabe der *informationsverarbeitenden Elemente*.

Bei der Beschaffung der benötigten Informationen werden primäre und sekundäre Informationen unterschieden. Diese Unterteilung kommt aus dem Bereich der Marktforschung, wo sich die demoskopische Marktforschung schwerpunktmäßig der Methoden der Primärforschung und die ökoskopische Marktforschung sich schwerpunktmäßig der Methoden der Sekundärforschung bedient [ZENTES 87, S. 93]. Die Primärforschung hat die Beschaffung und Analyse von Informationen zum Gegenstand, die bisher noch nicht bekannt waren. Sie kann folgendermaßen unterteilt werden [KROEBER-RIEL 83, S. 277]:

- verbale Befragung
    - computergestützte Befragungssysteme
        - Massenbefragung
        - Telefon Interview
        - Feldbefragungen
    - computerisierte Befragungssysteme
        - Interview-Computer
        - Btx-Befragungen, CATV-Befragungen
- non verbale Methoden
    - Computergestützte Magnitudemessung und Programmanalysatoren
    - Psychobiologische Messung
    - Apparative Beobachtungen
    - Elektronische Panels

Die Sekundärforschung hat dagegen die Beschaffung und Analyse von bereits vorhandenen Informationen zum Gegenstand. Das gilt gleichermaßen für unternehmensinterne wie -externe Daten.

Für die Informationsbereitstellung eines Früherkennungssystems sind bei den Primärerhebungen im wesentlichen die *Elektronischen Panels* von Bedeutung, da sie detaillierte Informationen über den Markt geben. Jedoch sind auch diese Paneldaten als Sekundärinformationen über sog. externe Datenbanken zu beschaffen. Der Rückgriff auf bereits vorliegende Informationen kann besonders zur Ökonomizität der Beschaffung beitragen. Das Früherkennungssystem und insbesondere die *informationsaufnehmenden Elemente* werden deshalb im wesentlichen auf Sekundärinformationen zurückgreifen.

Die Datenerfassungsfunktion im Früherkennungssystem hat die Aufgabe, den Informationsbedarf des Systems sicherzustellen, um damit die Basis zu schaffen, die *informationsverarbeitenden Elemente* so mit Informationen zu versorgen, daß diese dem Entscheidungsträgern im Unternehmen aussagekräftige Informationen zur Entscheidungsbildung zur Verfügung stellen können. Jedoch wird in der Praxis kaum der gesamte Informationsbedarf eines Entscheidungsträgers gedeckt werden können. Auch sind der Erfassung der "richtigen" Informationen wegen der kaum überschaubaren Vielfalt an möglichen Datenquellen Grenzen gesetzt [SCHERFF 88,S.6].

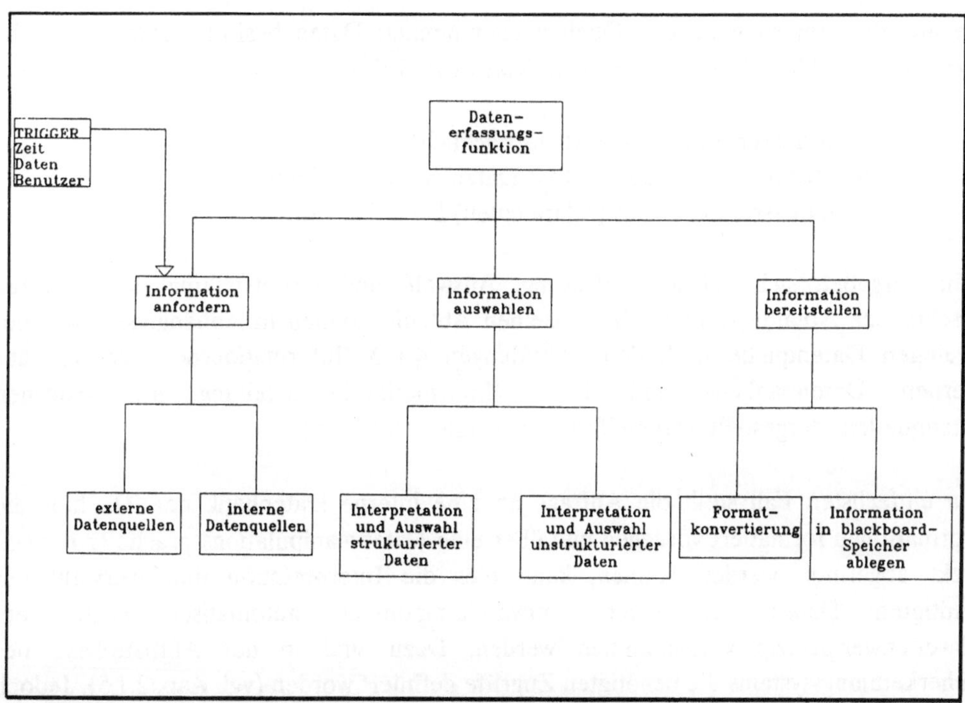

Abbildung 4.1/2:   Aufgaben der Datenerfassungsfunktion

Die Datenerfassungsfunktion kann nach Abbildung 4.1/2 in die Teilaufgaben

- Informationsanforderung
- Informationsauswahl
- Informationsbereitstellung

unterteilt werden [SCHAARSCHMIDT 89, S. 93]. Diese Teilaufgaben können

- menschlich oder
- maschinell

realisiert werden und durch

- die Zeit,
- die Daten oder
- den Benutzer

ausgelöst (getriggert) werden. Angestoßen wird die Datenerfassungsfunktion von der Zeit bei regelmäßig wiederkehrenden Analysen, von den Daten bei Überschreiten gewisser, vorher festgelegter Schranken, die vom Computersystem (Integritätsbedingungen) überprüft werden oder vom Benutzer (informationsaufnehmendes oder -verarbeitendes Element) bei sporadischen Untersuchungen.

Die aus den unterschiedlichen Quellen stammenden Daten besitzen unterschiedliche Formate. Grob klassifiziert ergeben sich [KMUCHE 87,S. 28]:

- unformatierte Texte (natürlichsprachlich)
- halbformatierte Texte aus Text-Datenbanken (Dokumente)
- strukturierte Daten aus (relationalen) Datenbanken.

Daher ergeben sich bei der Erfassung, Auswahl und Bereitstellung dieser Daten verschiedene Ablaufvarianten. Die einzelnen Abläufe können in Abhängigkeit von der jeweiligen Datenquelle nach den Abbildungen 4.1/3 (Informationsbereitstellung aus internen Datenbanken) und 4.1/4 (Informationsbereitstellung aus externen Datenquellen) dargestellt werden [SCHAARSCHMIDT 89, S. 99].

Den einfachsten Fall stellt die Anfrage an eine interne Datenbank dar. Da hier die Informationen formatiert vorliegen und über eine Datenmanipulationssprache (z.B. SQL) direkt abgerufen werden können, kann hier die Interpretation und Auswahl der benötigten Daten von einer Softwarekomponente automatisch nach dem Schwellenwertprinzip vorgenommen werden. Dazu sind in der Aufbauphase des Früherkennungssystems die benötigten Zugriffe definiert worden (vgl. Kap. 2.1.5). Jedoch ist es denkbar, daß auch im unternehmensinternen Bereich Informationen entstehen können, die vor der Aufbauphase des Systems nicht beachtet wurden und jetzt durch menschliche Interpretation zur weiteren Verarbeitung an das System übergeben werden.

Dieser Fall dürfte jedoch eher die Ausnahme sein, da im unternehmensinternen Bereich die Datentypen klar strukturiert vorliegen und sich auch im Zeitablauf kaum ändern [VETTER 87, S. 8].

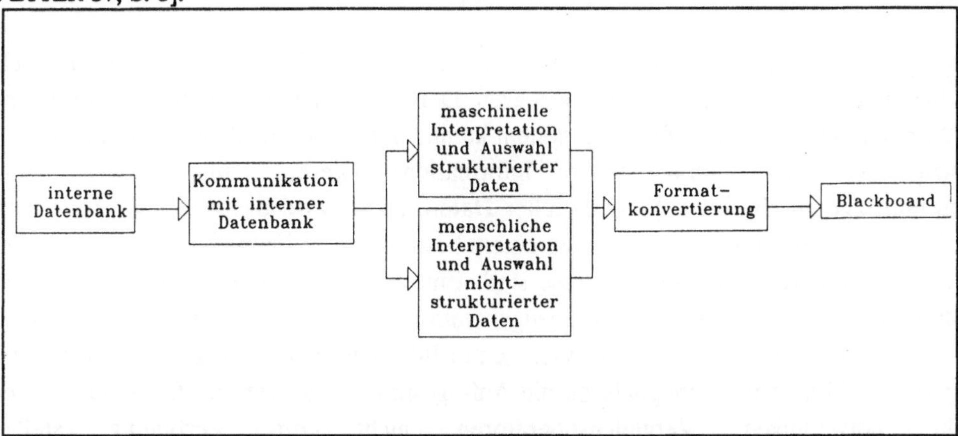

Abbildung 4.1/3:   Informationsbereitstellung aus internen Datenbanken

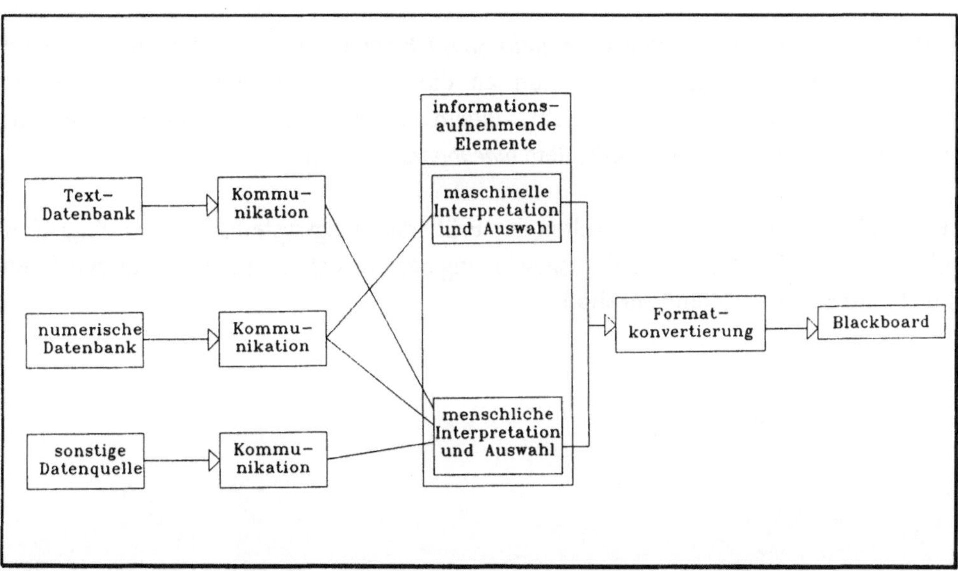

Abbildung 4.1/4:   Informationsbereitstellung aus externen Datenquellen

Schwieriger gestaltet sich die Verarbeitung von Daten, die aus externen Quellen stammen. Diese Daten liegen unformatiert vor, d.h. als Volltexte in Datenbanken und bestehen aus dem kompletten Text von Zeitungen, Zeitschriften, Presseagenturmeldungen usw. Sie enthalten i.d.R. keine Deskriptoren, die das Suchen beschleunigen können. Informationen aus diesen Quellen müssen immer von einem Menschen interpretiert und ausgewählt werden (vgl. Intelligenz der *informationsaufnehmenden Elemente* in Kap. 3.3). Dagegen können Informationen aus Dokumenten-Datenbanken (halbformatiert) leichter selektiert werden, weil hier die Texte zusätzlich mit Deskriptoren behaftet sind [KMUCHE 87, S. 38]. Dabei sind auch maschinelle Interpretationen denkbar. Am ehesten maschinell auswertbar sind jedoch die numerischen Datenbanken. Sie ähneln in der Struktur den Tabellen der internen Datenbank. Hier kann das Schwellenwertprinzip direkt angewendet werden.

Im Gegensatz zu internen Datenbanken ist es bei externen Datenbanken nicht möglich, die Informationsweitergabe zu automatisieren. Der Anstoß für die Informationserfassung muß immer aus dem Früherkennungssystem kommen. Eine kleine Ausnahme ist das SDI-Prinzip (selective dissemination of information). Hierbei handelt es sich um Daueraufträge zur Bereitstellung aktueller Daten. Dabei wird davon ausgegangen, daß bestimmte Fragestellungen nicht nur zu einem bestimmten Zeitpunkt, sondern auch über einen längeren Zeitraum von Interesse sind. Eine einmal formulierte Anfrage wird in bestimmten Zeitabständen alle neu hinzugekommenen Dokumente durchsuchen [UHRIG 87, S. 133]. Eine weiterführende Analyse, die nur Informationen weitergibt, die bestimmte Kriterien erfüllt, ist nicht möglich, da die Anfragesprachen an externe Datenbanken die dafür notwendigen Vergleichsoperatoren nicht zur Verfügung stellen [LÖCHER/SCHUMACHER 85, S. 86].

Sind die Informationen von den *informationsaufnehmenden Elementen* interpretiert und ausgewählt worden, so müssen sie nun an die *informationsverarbeitenden Elemente* weitergegeben werden. Das geschieht, indem sie formatierte Eingaben auf der gemeinsamen Kommunikationsbasis, dem *blackboard* machen.

Im Folgenden werden die Datenquellen des Früherkennungssystems und der Zugriff auf sie näher untersucht. Die Informationsgewinnung bezieht sich auf die methodische Ebene und nicht auf den konkreten Einzelfall.

4.2 Unternehmensexterne Datenquellen

4.2.1 Relevanz externer Daten für die Früherkennungsfunktion

Die Bedeutung von externen Daten für das Früherkennungssystem leitet sich direkt aus den Anwendungsgebieten für derartige Systeme ab. Je nach konkreter Ausgestaltung eines Früherkennungssystems kann die Notwendigkeit zur Einbeziehung unternehmensexterner Informationen entstehen.

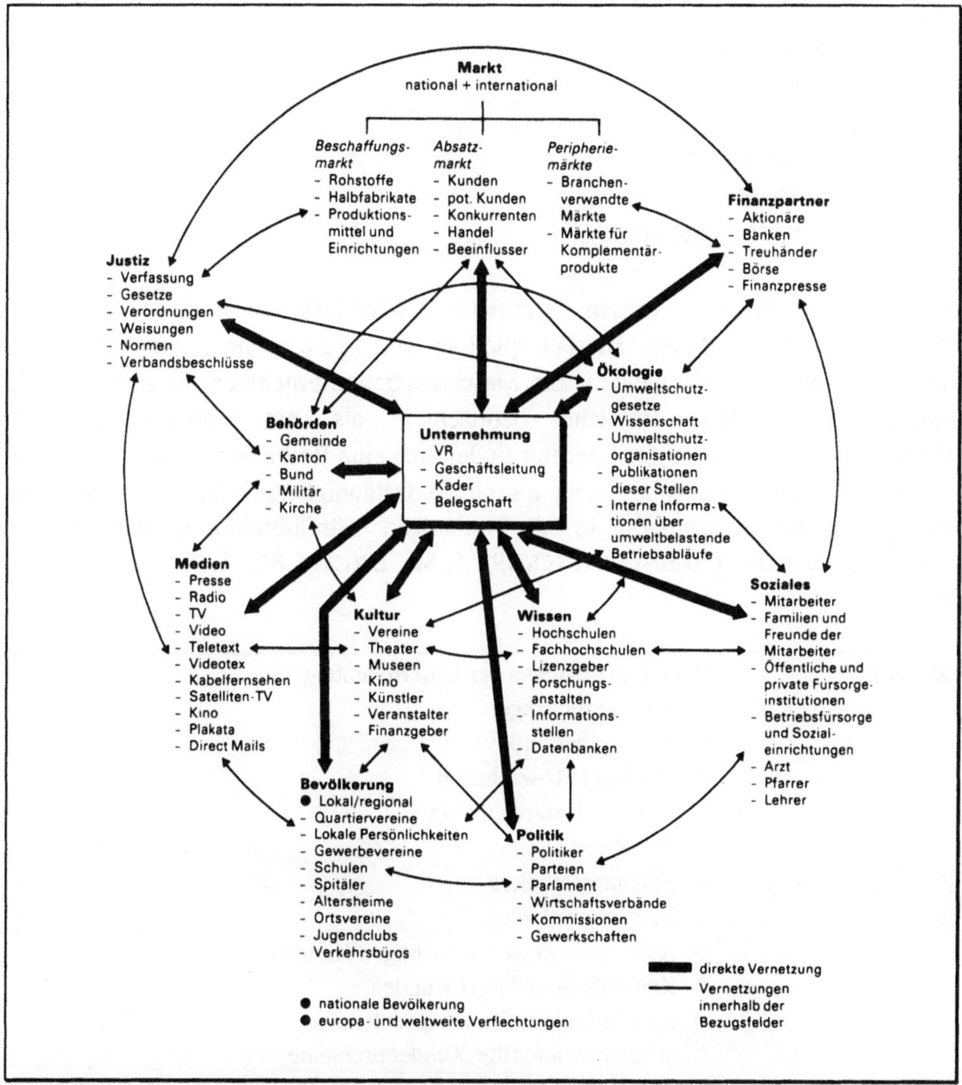

Abbildung 4.2.1/1: Verflechtung der Unternehmung mit der Umwelt
[HODLER/RITTER 87, S.567]

Da ein Früherkennungssystem im Unternehmen zwar schwerpunktmäßig auch auf interne Bereiche angewendet werden kann, muß jedoch im Rahmen eines integrierten Früherkennungssystems auch anderen Bereichen Rechnung getragen werden, so daß auch externe Beobachtungsbereiche für ein Früherkennungssystem zu überwachen sind [HAHN/KLAUSMANN 83, S. 254]. Abbildung 4.2.1/1 stellt die für eine Unternehmung wichtigen externen Bereiche dar [HODLER/RITTER 87, S. 567].

Die wichtigsten externen Beobachtungsbereiche für ein Unternehmen hinsichtlich operativer Fragestellungen sind:

- Markt
  - Beschaffungs-
  - Absatz-
- Medien
- Kapitalmarkt
- Konjunktur
- Branche (Konkurrenten)

Für jeden dieser Bereiche müssen unternehmensindividuell die Einflußfaktoren bzw. Indikatoren bestimmt werden. Hierbei spielt es eine wesentliche Rolle, um was für Unternehmenstypen es sich handelt. Ein Maschinenbauunternehmen im internationalen Geschäft muß andere Bereiche beobachten als ein regional ansässiges Bekleidungsunternehmen. In der Literatur finden sich eine Reihe von Indikatorkatalogen. Die folgende Tabelle ist daher nicht als eine vollständige Aufzählung zu verstehen, sondern gibt einen Einblick in die wichtigen Einflußfaktoren der externen Beobachtungsbereiche [HAHN/KRYSTEK 79, S. 82; DREXEL 84, S. 94; HORVATH 86, S.386].

Absatzmarkt	• Produkte/Regionen der Unternehmung
	◇ Auftragseingänge
	◇ Auftragsbestände
	◇ Marktanteil/-wachstum
	• Kunden der Unternehmung
	◇ Bestellverhalten
	◇ Zahlungsverhalten
	◇ Nachfragevolumen
	◇ Auftragseingänge bei wichtigen Kunden
	◇ Kennzahlen wichtiger Kunden
	◇ neue/geänderte Kundenprobleme
	◇ mögliche zukünftige Kundenprobleme
	◇ Wertewandlung/ Bedürfnisverschiebung

Tabelle 4.2.1/1:   Einflußfaktoren externer Beobachtungsbereiche

<table>
<tr><td>Beschaffungsmarkt</td><td>

- Produkte/Regionen
  - ◇ Rohstoffvorkommen
  - ◇ Rohstoffverbrauch
  - ◇ Termingeschäfte
  - ◇ Kursnotierungen an Rohstoffbörsen
  - ◇ Vorratshaltung je Rohstoff
  - ◇ Warenverfügbarkeit
- Lieferanten
  - ◇ Termintreue
  - ◇ Qualitätsniveau
  - ◇ Preise/Konditionen
  - ◇ Angebotsvolumen
  - ◇ Kennzahlen aus Jahresabschlüssen wichtiger Lieferanten
  - ◇ Lieferantenbeziehungen
  - ◇ Chancen/Gefahren in speziellen Beschaffungsmärkten

</td></tr>
</table>

<table>
<tr><td>Medien</td><td>

- Medien als Informationsquelle hinsichtlich der genannten Kriterien
- Medien als Instrument der Konsumenteninformation bzw. -falschinformation
- Appelle und Aussagen von Organisationen

</td></tr>
</table>

<table>
<tr><td>Branche und Konkurrenten</td><td>

- konkurrenzbezogen
  - ◇ Preispolitik
  - ◇ Programmpolitik
  - ◇ Investitionen, Akquisitionen
  - ◇ Kooperationen
  - ◇ spezielles "Know How" der Hauptkonkurrenten
- branchenbezogen
  - ◇ Sortiments- und Produktneuheiten
  - ◇ Branchentrends bzgl.
  - ◇ Sortiment
  - ◇ Ausgabe-/Konsumverhalten
  - ◇ Sonderaktionen
  - ◇ Angebotsformen
  - ◇ Standort
  - ◇ Entwicklung Verkaufsfläche (Handel)
  - ◇ Branchenteuerung

</td></tr>
</table>

<table>
<tr><td>Kapitalmarkt</td><td>

- Zinsen
- Wechselkurse
- Inflationsrate

</td></tr>
</table>

Tabelle 4.2.1/1:   Einflußfaktoren externer Beobachtungsbereiche (Fortsetzung)

<table>
<tr><td>Konjunktur</td><td>

• allgemeine konjunturelle Entwicklung
  (volkswirtschaftliche Eckwerte)
  • Arbeitsmarkt
    ◇ Zahl offener Stellen
    ◇ Zahl zukünftiger Erwerbstätiger
    ◇ Gewerkschaftsforderungen
    ◇ Arbeitslosenquote

</td></tr>
</table>

Tabelle 4.2.1/1:   Einflußfaktoren externer Beobachtungsbereiche (Fortsetzung)

4.2.2   Klassifikation von externen Informationsquellen

Die für das Früherkennungssystem in Frage kommenden externen Informationsquellen können nach einer Reihe von Kriterien unterschieden werden [MERTENS/GRIESE 88, S. 45]:

- nach der Datenbereitstellung
- nach dem Bereitstellungsmedium
- nach dem Inhalt
- nach dem Methodenangebot
- nach dem Serviceangebot
- nach der Gerätetechnik

Diese aufgeführten Merkmale können für jede Datenquelle miteinander kombiniert werden, so daß eine Vielzahl von Varianten möglich sind.

Externe Datenquellen liefern dem Betreiber des Früherkennungssystems i.d.R. Sekundärinformationen. Ausnahmen sind vom Unternehmen selbst durchgeführte Befragungen bzw. Datenerhebungen. Diese sind dann durchzuführen, wenn es am "Infomations-Markt" keine geeignete Quelle für derartige Informationen gibt. Der Rückgriff auf bereits erfaßte Informationen ist unter dem Gesichtspunkt der Wirtschaftlichkeit vorzuziehen, da Sekundärdaten schneller als Primärdaten zu beschaffen sind und weil bestimmte Daten für ein einzelnes Unternehmen praktisch nicht zugänglich sind [MEFFERT 86, S. 32].

Die wichtigsten Quellen im externen Bereich sind [ZENTES 87, S. 94]:

- die allgemeine amtliche Statistik der Bundesrepublik
  - ◇ statistisches Bundesamt
  - ◇ statistische Landesämter
  - ◇ kommunale statistische Ämter
- sonstige amtliche oder halbamtliche Quellen der Bundesrepublik
  - ◇ Deutsche Bundesbank

◇   Dokumentationszentralen des RKW (Rationalisierungs-Kuratorium
      der Deutschen Wirtschaft)

◇   Bundesstelle für Außenhandelsinformationen

- die amtlichen und halbamtlichen Quellen der ausländischen bzw.
  internationalen Statistik
- die Wirtschaftsverbände und Industrie- und Handelskammern
- die wirtschaftswissenschaftlichen Forschungsinstitute
- Wirtschaftsdatenbanken
- Außendienstmitarbeiter
- Fachpresse

Aus diesen Quellen kann ein Unternehmen für viele Fragestellungen Ausgangsinformationen gewinnen. Je detaillierter die benötigten Informationen jedoch sind, desto eher entsteht die Notwendigkeit für eigene Primärerhebungen [BEREKOVEN/ECKERT/ELLENRIEDER 87, S. 40].

Die Nutzung von Informationen aus externen Datenquellen ist immer abhängig von der jeweiligen Problemstellung. Für das operative Früherkennungssystem sind die zuletzt genannten Wirtschaftsdatenbanken von Bedeutung, da diese oft direkt (*online*) Informationen zur Verfügung stellen. Jedoch ist das Angebot an betriebswirtschaftlichen Daten noch gering, gerade wenn man diese auf disaggregiertem Niveau erhalten möchte [BROMBACHER 87, S. 101]. Deshalb werden heute die Online-Datenbanken noch sehr gering genutzt, da das Angebot an spezifischen Informationen lückenhaft ist, die Informationsanbieter oft nicht für ihre Dienstleistung die notwendige Werbung betreiben und sich die potentiellen Nutzer über die Möglichkeiten der Nutzung dieser Information nicht bewußt sind [MUCHNA 86, S. 18]. Einen umfassenden Überblick über allgemein zugängliche Online-Datenbanken gibt STAUDT [STAUDT 87]. Leider sind die Informationen über die einzelnen Wirtschaftsdatenbanken so oberflächlich, daß bei ernsthafter Suche nach geeigneten Informationen ein großer Aufwand getrieben werden muß, um zu wissen, was im einzelnen in einer Datenbank an Informationen abgelegt ist. Hierbei ist es unbedingt erforderlich bei den entsprechenden Anbietern nachzufragen, welche Daten genau in den Datenbanken abgefragt werden können.

4.2.3   Formen der Informationsbereitstellung

Aus der Gesamtheit der verfügbaren Informationen werden diejenigen ausgewählt, die für die Erfüllung der Früherkennungsfunktion notwendig sind. Dabei kann man nicht davon ausgehen, daß auf alle benötigten Daten zugegriffen werden kann, weil mit zunehmenden Anforderungen an die Detailliertheit der Daten die Notwendigkeit zur eigenen Datenerhebung wächst [BEREKOVEN/ECKERT/ELLENRIEDER 87, S. 40]. Unabhängig davon, ob Informationen Primärdaten oder Sekundärdaten sind, können verschiedene

Arten der Informationsbereitstellung unterschieden werden. In allen Fällen handelt es sich bei den Informationen um

- Ursprungsdaten
- Verdichtungen
- Extrakte

Dies zu unterscheiden ist deshalb wichtig, weil die Möglichkeit der Beschaffung von Ursprungsdaten aus Verdichtungsdaten und Extrakten oft nicht möglich ist. Diese Daten gelangen auf elektronischen oder nichtelektronischen Weg zum Nutzer der Information, hier zum *informationsaufnehmenden Element* des Früherkennungssystems.

Eine wichtige Informationsquelle stellen die Außendienstmitarbeiter einer Unternehmung dar. Diese können bei Kundenbesuchen, Messen oder Treffen mit Konkurrenzmitarbeitern zufällig oder auch bewußt gesteuert Informationen zu gewissen Themen aufnehmen. Diese verbale Informationsaufnahme kann nur auf nichtelektronischen Weg geschehen. Eine weitere nichtelektronische Form der Informationsaufnahme ist die Printmediale, d.h. die Informationen liegen als Schriftstücke in Form von Texten, Tabellen und Graphiken vor [HEINZELBECKER 85, S. 45]. Diese Informationen müssen nach der Analyse des *informationsaufnehmenden Elementes* im Unternehmen neu erfaßt werden (z.B. als *blackboard*-Objekt), damit sie mit internen Informationen verknüpft werden können. Um diese Doppelerfassung zu vermeiden, gehen immer mehr Informationsanbieter dazu über, die bei ihnen bereits gespeicherte Information auf einem elektronischen Medium anzubieten. Das sind i.d.R. Disketten oder Magnetbänder. Eine weitere Entwicklung auf dem Weg zu einer integrierten Informationsübermittlung stellen die Online-Datenbanken dar.

Der Online-Datenbankmarkt gliedert sich in verschiedene Institutionen:

- Datenbankhersteller
- Datenbankanbieter (Hosts)
- Mailboxsysteme
- Informationsbroker

Datenbankhersteller sind Organisationen, die Daten in textlicher oder numerischer Form sammeln und aufbereiten. Hierunter fallen z.B. die sog. Wirtschaftsforschungsinstitute und die statistischen Ämter.

Datenbankanbieter bzw. Hosts sind Unternehmen, die verschiedene Datenbanken von Datenbankherstellern vertreiben, d.h. diese Datenbanken auf eigenen Host-Rechnern halten und ihren Kunden Informationen aus diesen Datenbanken anbieten. Dabei sind Datenbankhersteller und Datenbankanbieter oft identisch.

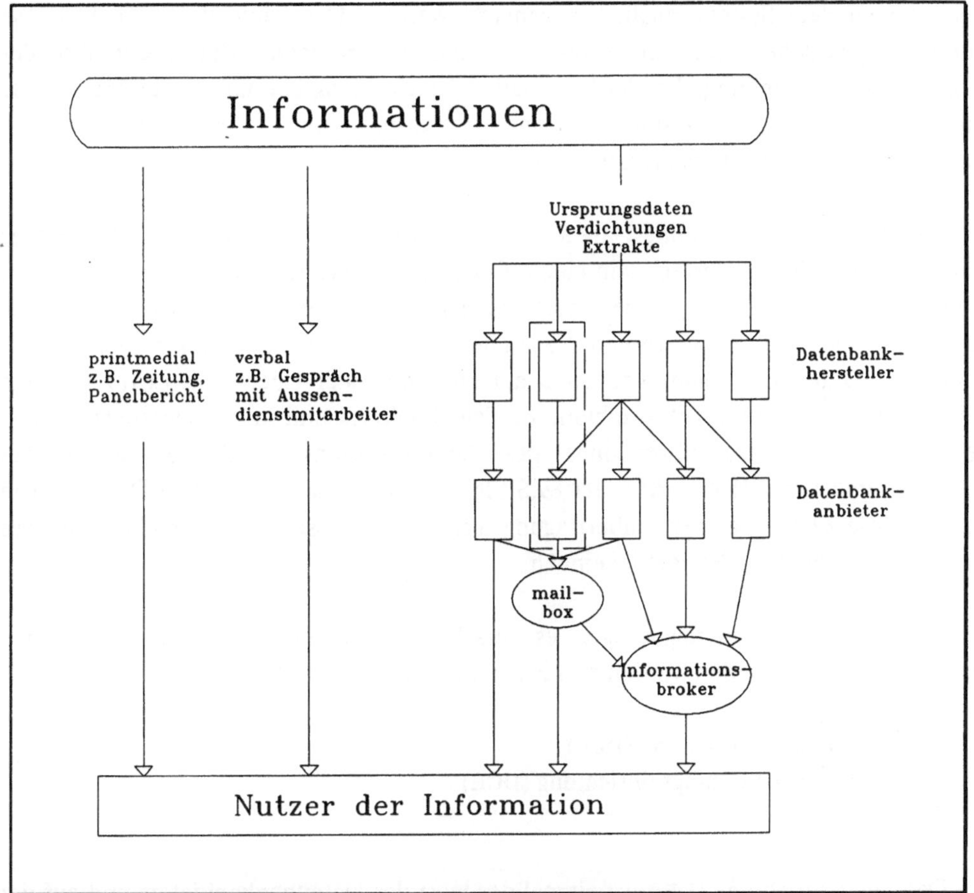

Abbildung 4.2.3/1:   Grundstruktur der Informationsübernahme

Mailboxsysteme stellen eine Verbindung zwischen Informationsanbieter und Informationsnutzer in der Form dar, daß sie als Gateways zu den Datenbanken der Datenbankanbieter genutzt werden können. Die Mailboxteilnehmer können so auf diejenigen Datenbanken zugreifen, mit denen die Mailbox Nutzungsverträge unterhält.

Eine weitere Form der Verbindung zwischen Informationsanbieter und Informationsnutzer stellen die Informationsbroker dar. Bei der Vielzahl der heute angebotenen Datenbanken kann der einzelne Informationssuchende aus Zeit- und Kostengründen sowie wegen Wissendefiziten beim Zugriff auf Datenbanken eine Recherche nicht selbst durchführen. An dieser Stelle helfen die Informationsbroker, die ihrerseits die vom Kunden gewünschten Daten beschaffen [KMUCHE 87, S. 50].

Neben den organisatorischen Aspekten der Informationsbereitstellung spielen auch die technischen Aspekte eine wichtige Rolle. Die Daten aus den externen Informationsquellen werden einmal in Form eines Blattes Papier (nicht elektronisch) dem System zugeführt und müssen dann in ein zu verarbeitendes Format transformiert werden. Gleiches geschieht mit verbalen Äußerungen, z.B. von Außendienstmitarbeitern. Auch diese müssen dem System zugänglich gemacht werden. Das kann über eine formlose Mitteilung geschehen oder auch über formalisierte Berichte. Bei dieser Art der Informationsbereitstellung, d.h. der Informationsübermittlung übernimmt der Mensch die Aufgaben Informationserfassung, Informationstransport und Informationsweitergabe sowie die zugehörigen Transformationsprozesse.

Bei der Nutzung von Online-Datenbanken müssen diese Tätigkeiten automatisiert werden, um die Daten physisch von einem Ort (Datenbank) zu einem anderen (Nutzer) zu befördern. Für diese physische Übertragung gibt es genormte Protokolle, die durch Normungsgremien festgelegt werden. Neben der ISO, ANSI und DIN befassen sich auf dem Gebiet der Datenübertragung vor allem auf internationaler Ebene das CCITT (Comite Consultatif International Telegraphique et Telephonique) und auf europäischer Ebene die CEPT (Conference Europeenne des Administrations et des Postes et des Telecommunications) [STAHLKNECHT 89,S.126]. Einen Nutzer von Online-Datenbanken braucht diese Ebene der Datenübertragung nicht zu interessieren, da er über Software verfügen wird, die diese Protokolle einhält.

Für die physische Übertragung gibt es verschiedene Möglichkeiten der technischen Realisation. Unterschieden werden drei Elemente [MAIER/REHEKAMPFF 88, S. 56]

- Datenendeinrichtung (DEE)
- Datenübertragungseinrichtung (DÜE)
- Netz.

Die Datenendeinrichtung (DEE) ist einmal der Host des Datenbankanbieters und auf der anderen Seite das Datenerfassungsgerät beim Datenbanknutzer. Das kann der PC oder auch ein Großrechner sein. Vereinzelt werden auch Fernschreiber und seit einiger Zeit BTX-Terminals benutzt. Zusätzlich wird für jede Möglichkeit Software benötigt, die die Kommunikation ermöglicht.

Zwischen diesen Geräten findet der Datenaustausch statt. Dazu werden die Daten über die DÜE auf das Netz geschickt. Als DÜE dient i.d.R. ein Telefon plus Modem (Akustikkoppler). Neben dem kompletten Modem werden von der Deutschen Bundespost auch Bausteine angeboten, die als Schnittstellenkarte im Personal Computer die Funktion des Modems übernehmen (z.B. Smartbox).

Unter der Bezeichnung IDN (Integriertes Text- und Datennetz) bietet die Deutsche Bundespost, die in der Bundesrepublik Deutschland das Monopol im Fernmeldewesen hat, eine Reihe von Spezialnetzen an, die schrittweise in das "Dienste integrierende digitale Netz" ISDN (integrated sevices digital network) überführt werden sollen:

- Telex-Netz
- Standleitungen

- Datex-Netze
- Bildschirmtext (BTX).

Für das operative Früherkennungssystem sind alle Formen der Netznutzung technisch möglich und denkbar. Jedoch ist das Datex-Netz durch umfangreiche Leistungen eindeutig die beste Alternative [MAIER/REHEKAMPFF 88, S. 60]. Deshalb bieten auch fast alle Hosts einen Zugriff über das Datex-Netz an.

Datex-Netze treten in zwei Formen auf. Als DATEX-L wird für die Dauer der Übertragung eine Standleitung zwischen Host und Informationsempfänger geschaltet, die bis zur Beendigung der Übertragung exklusiv für die Teilnehmer erhalten bleibt, während DATEX-P die Daten in "Paket-Form" schickt, d.h. es besteht keine feste Verbindung zwischen den Teilnehmern und die Daten werden in einzelne Einheiten (Pakete) zerstückelt und beim Empfänger automatisch wieder zusammengesetzt. Aus Wirtschaftlichkeitserwägungen dürfte für eine Unternehmung die DATEX-P Lösung die bessere sein, es sei denn, daß nicht nur zu Zwecken der Früherkennung eine Verbindung zur Online-Datenbank hergestellt werden muß, sondern daß ein solches Netz auch von anderen Einheiten häufig genutzt wird und deshalb eine Standleitung des Unternehmens genutzt werden kann. Das DATEX-L-Netz bietet gegenüber dem Telefonnetz den Vorteil der besseren Leitungsqualität und höherer Übertragungsgeschwindigkeiten. Es ist deshalb besonders gut geeignet zur Übertragung von großen Datenmengen. Der Vorteil des DATEX-P-Netzes liegt im wirtschaftlichen Bereich und bietet sich für den nicht-zeitkritischen Dialogverkehr an [STAHLKNECHT 89,S.135].

Zusätzlich zu diesen Hardwareeinheiten benötigt ein Benutzer Kommunikationssoftware, die zusammen mit dem Personal Computer oder Großrechner die Datenendeinrichtung bildet. Leistungen guter Kommunikationsprogramme sind [MAIER/REHEKAMPFF 88, S. 64]:

- flexible Anpassung an gegebene Hardware
- automatischer LOGON mit richtiger Einstellung der Kommunikationsparameter
- hostspezifische Filter zur Unterdrückung von Steuerzeichensequenzen
- Schaffung einer einheitlichen Bedienerführung
- automatischer Sitzungsablauf
- Download (Speichern der Sitzung)
- Upload (Ablauf von vorformulierten Anfragen)
- temporäre Mitspeicherung
- Nachbereitungsmöglichkeiten mitgespeicherter Sitzungen
- Graphikunterstützung bei der Nachbearbeitung

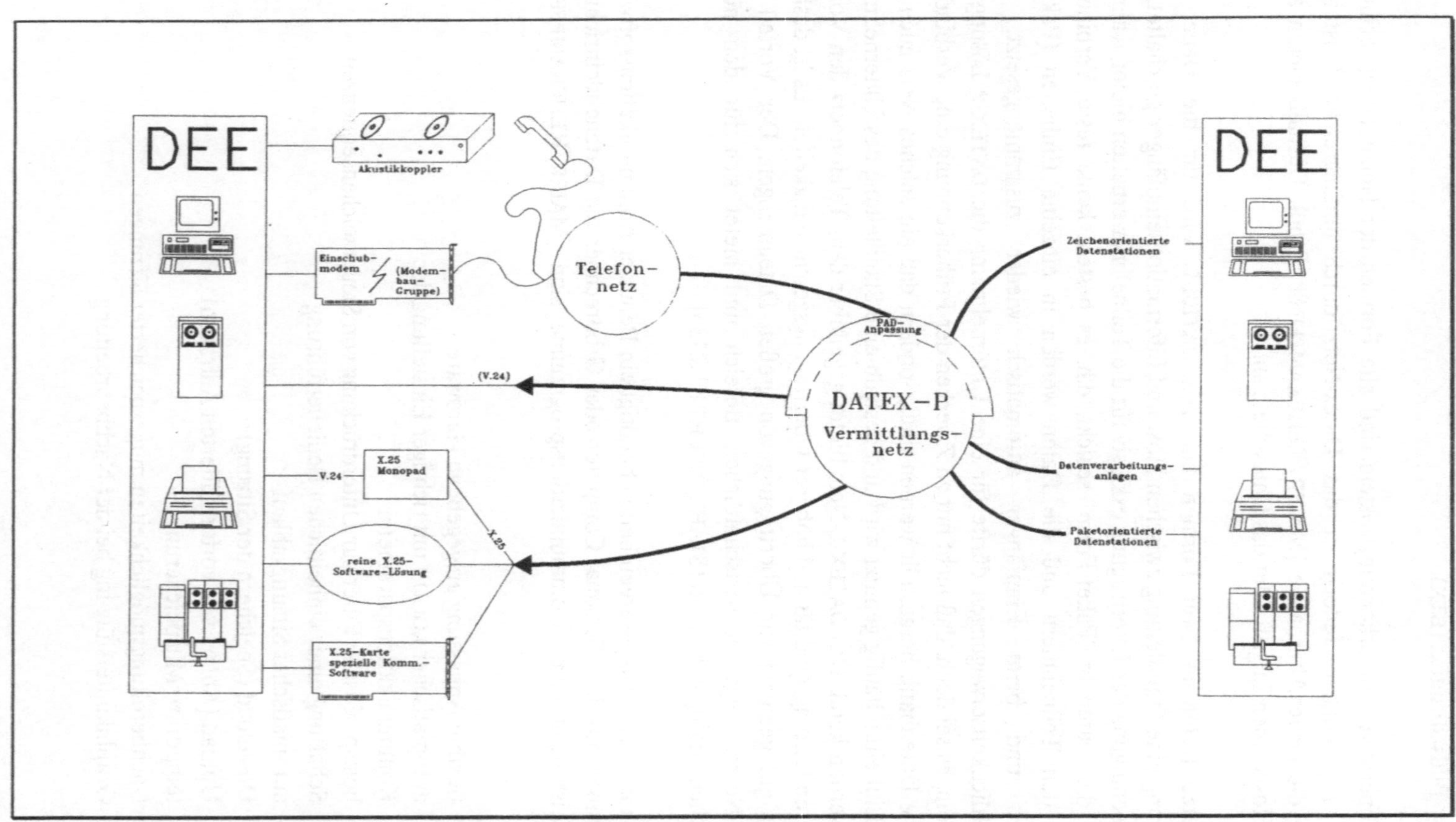

Abbildung 4.2.3/2:   Möglichkeiten der Datenaufnahme über Datexdienste

Abbildung 4.2.3/2 gibt graphisch die Verbindung zwischen Host und *informationsaufnehmendem Element* des Früherkennungssystems über DATEX-P wieder. Weitere Möglichkeiten über Telefonnetz und Telefax und Teletex sollen wegen der großen Bedeutung von DATEX-P außer acht gelassen werden. Die Verbindung wird vom Informationssuchenden vom Computer mit Hilfe der Kommunikationssoftware über Telefonleitung oder ein direkt installierten Datexnetzanschluß realisiert. Da die Übertragungsgeschwindigkeit im Datexnetz um ein vielfaches höher ist als die Übertragungsrate im Telefonnetz, muß eine Anpassung vorgenommen werden. Diese PAD (Paket Assembly/Disassembly Facility) ist eine Einrichtung, die einzelne Zeichen zu "Paketen" verschnürt, und beim Empfänger wieder "aufpackt" [KMUCHE 87, S. 108].

4.2.4 Datenformate externer Informationsquellen

Die Grundstruktur der Informationsübernahme von Informationen aus externen Quellen (vgl. Abbildung 4.2.3/1) zeigte, daß verschiedene Datenformate dem *informationsaufnehmenden Element* des Früherkennungssystems bereitgestellt werden. Als Formen können unterschieden werden:

- verbale Bereitstellung
- printmediale Bereitstellung
- elektronische Bereitstellung

Für jede dieser Formen der Datenbereitstellung gibt es Transformationsprozesse, die diese Information zur weiteren Verarbeitung aufbereiten. Dabei ist der Transformationsprozeß abhängig von der konkreten Ausgestaltung des Früherkennungssystems. Wenn man davon ausgeht, daß als Zielmedium für die Datenbereitstellung das *blackboard* dient, sind verschiedenartige Transformationsprozesse notwendig. Das *blackboard* kann auf folgende Weise angesprochen werden:

1. *blackboard* manuell (Pinwand)
2. *blackboard* manuell formalisiert (Pinwand mit formalisierten Vordrucken)
3. *blackboard* elektronisch (wie 1., jedoch rechnergestützt)
4. *blackboard* elektronisch formalisiert (*blackboard*-Objekt)
5. *blackboard*-Datenbank direkt

Bei verbaler Bereitstellung von Information, etwa durch einen Außendienstmitarbeiter, der bestimmte Kundenreaktionen beobachten soll, kann diese auf dem *blackboard* nach den Fällen 1.- 4. plaziert werden. Vorher muß ein Prozeß ablaufen, der die verbale Information auf ein *blackboard*-verarbeitbares Format transformiert. Beispielsweise kann der Außendienstmitarbeiter seine verbale Information auf ein Blatt Papier schreiben und zur weiteren Verarbeitung an das blackboard heften oder dasselbe über ein Eingabegerät auf dem *elektronischen blackboard* tun.

Bei printmedialer Bereitstellung der Informationen in Form von Texten, Graphiken oder Zahlen muß der Transformationsprozeß eine Interpretation dieser Daten beinhalten (Fall 2-4). Einzige Ausnahme ist das direkte Heften der Informationen an das *blackboard* (Fall 1).

Bei elektronischer Bereitstellung der Daten können zwei verschiedene Arten von Datenformaten unterschieden werden [KMUCHE 87, S. 38]:

- strukturierte Daten (numerische)
- unstrukturierte Daten (Textdaten)

Numerische Daten können als Zahlenkolonnen direkt in den Rechner des *informationsaufnehmenden Elements* übernommen werden. Im Bereich der PC-Software gibt es sog. Integrierte Pakete, die Tabellenkalkulation, Kommunikation, Textverarbeitung, Graphik und Datenbank beinhalten und über die Kommunikationsschnittstelle direkt die Daten von der externen Datenbank lesen können. Das Format, das von dem Datenbankanbieter als Option angeboten wird, kann z.B. das Data-Interchange-Format (DIF) sein, das gerade im Bereich der integrierten Pakete weit verbreitet ist. Jedoch gibt es auch andere Formate. Der Vorteil hierbei liegt darin, daß sofort diese übernommenen Daten graphisch aufbereitet oder auf andere Weise weiterverarbeitet werden können, etwa im Tabellenkalkulationsbereich.

Diese Informationen können dann wie die printmedialen Daten behandelt werden. Wenn anstelle der Integrierten Pakete nun eine spezielle Software tritt, die die empfangenen Daten ggf. nach gewissen Operationen direkt auf dem *blackboard* plaziert, indem sie auf die *blackboard*-Datenbank zugreift, kann an dieser Stelle das *informationsaufnehmende Element* von dieser Software ersetzt werden.

Bei Textdaten sind diese Automatisierungspotentiale nicht vorhanden, weil die vorliegenden Texte immer noch interpretiert werden müssen, was maschinell heute noch nicht möglich ist.

Textdatenbanken lassen sich unterteilen in [KMUCHE 87, S. 47]:

- Bibliographische Datenbanken
- Faktendatenbanken
- Volltextdatenbanken

Für die operative Früherkennung sind bibliographische Datenbanken weniger geeignet, weil sie nur einen Hinweis auf die eigentliche Information enthalten.

Faktendatenbanken sind schon eher geeignet, weil neben den bibliographischen Angaben noch eine Zusammenfassung des Inhalts (Abstract) und meistens eine Liste von Deskriptoren vorhanden ist. In Volltextdatenbanken steht nun der komplette Text aus der entsprechenden Quelle. Vorteilhaft ist natürlich, daß jetzt die gesamte Information verfügbar ist. Leider vergeben die Datenbankanbieter für Volltexte meistens keine Deskriptoren, so daß aus dem Text direkt entnommen werden muß, ob er relevante Informationen enthält.

Um Informationen aus Textdatenbanken weiter zu verarbeiten, bieten sich wieder die Integrierten Pakete an, die die Möglichkeit der Bearbeitung im Textverarbeitungsmodul geben. Hierbei kann schon eine Interpretation stattfinden. Die so entwickelte Meldung kann dann auf dem *blackboard* plaziert werden.

Automatisierungpotentiale sind hierbei nur eingeschränkt erkennbar. Die als Volltext vorliegende Information könnte in die *blackboard*-Datenbank übernommen werden. Jedoch sind i.d.R. nicht die Volltexte, sondern nur einzelne Absätze oder Zeilen von Interesse, so daß diese Möglichkeit ausscheiden dürfte.

Abschließend bleibt festzuhalten, daß relevante externe Informationen immer einem Transformationsprozeß unterliegen, den die *informationsaufnehmenden Elemente* des Früherkennungssystems vornehmen können. Dabei ist nicht so sehr der Transformationsprozeß das Problem, sondern das Auswählen der richtigen Informationsquellen und damit der relevanten Informationen.

4.3 Unternehmensinterne Datenquellen

4.3.1 Relevanz der betrieblichen Datenbestände für das operative Früherkennungssystem

Die informationsverarbeitende Funktion im Früherkennungssystem verknüpft externe und interne Informationen und leitet daraus durch Anwendung eines Modells die Früherkennungsinformation ab. Die Auswahl der benötigten internen Daten hängt deshalb von der Ausrichtung des Früherkennungssystems ab.

In der Literatur finden sich eine Reihe von Ansätzen für bereichsbezogene unternehmensinterne Früherkennungssysteme [BERG 79, BÜHLER 85, DREXEL 84, GOMEZ 83, HAHN/KRYSTEK 79, LACHNIT 86, OEHLER 80, REICHMANN/LACHNIT 79, WELTER 79]. Diese orientierten sich an den betrieblichen Funktionsbereichen:

- Beschaffung
- Produktion
- Absatz
- Forschung und Entwicklung
- Personal

In folgender Tabelle werden die bevorzugten Indikatoren zusammengestellt. Auch hier gilt, daß eine solche Aufstellung keineswegs vollständig sein kann, da die konkrete Ausgestaltung des Früherkennungssystems immer von der Struktur der Unternehmung abhängig ist.

Beschaffung	• Beschaffungsmöglichkeiten • Rohstoffläger • Beschaffungspreise

Produktion	• Ausstoß • Technologiestand • Ausschußquote • Energieverbrauch • Lohnkosten • Umweltbelastung • Kostenabweichungen • Instandhaltungskosten • Beschäftigungsgrad • Fixkostenbelastung • Produktivitäten

<table>
<tr><td>Absatz</td><td>

• DB - je Produkt
• Marktanteil
• Vertriebsproduktivität
• Distributionskosten
• Umsätze je Produkt/-gruppe/Kunden
• Lagerbestände
• Umschlagshäufigkeiten
• Auftragseingangsquote
• Kalkulationsabweichungen
• Termintreue

</td></tr>
</table>

<table>
<tr><td>Forschung und Entwicklung</td><td>

• Forschungsintensität
• Innovationsgrad
• Verbesserungsvorschlagsquote
• Lizenzeinnahmen
• Anzahl Patente
• F&E-Kosten

</td></tr>
</table>

<table>
<tr><td>Personal</td><td>

• Altersstruktur
• Fluktuationsrate
• Krankenstände
• Personalkosten zu Erlösen
• Betriebsklima
• Nationalitätenstruktur
• Ausbildungsstand

</td></tr>
</table>

Tabelle 4.3.1/1:   Unternehmensinterne Beobachtungsbereiche

Besonders hervorzuheben ist, daß das operative Früherkennungssystem nicht unbedingt auf die Daten zugreift, die die erfassenden Stellen im Unternehmen bereitstellen können, also Daten aus Buchhaltung, Materialabrechnung, Betriebsdatenerfassung oder Fakturierung, sondern im wesentlichen auf Daten, die von den betrieblichen Teilbereichen zu bestimmten Zwecken verdichtet werden.

Das Früherkennungssystem setzt daher in der Informationspyramide im Bereich der Berichts- und Auswertungssysteme an. Dabei sind nicht nur einzelne Variable von Bedeutung, wie die in obenstehender Tabelle, sondern auch Modelle, die z.B. die Ergebnis- und Finanzlage des Unternehmens abbilden.

4.3.2 Organisation der betrieblichen Datenbestände

Im Rahmen der Organisation der betrieblichen Datenbestände stehen heute Begriffe wie Unternehmensdatenmodell, Büro/Fabrik der Zukunft, CIM, PPS usw. im Mittelpunkt der Diskussion [BULLINGER/NIEMEIER 89;GRAF 89]. Allen gemeinsam ist der Gedanke der Integration aller betrieblichen Daten in ein einheitliches Konzept, um den Funktionsbereichen des Unternehmens eine Datenbasis zur Verfügung zu stellen [Scheer 88]. Auch das Früherkennungssystem soll als Teilfunktion die benötigten Daten aus dieser Datenbasis erhalten. Dabei muß besonders beachtet werden, daß das Früherkennungssystem nicht nur auf der atomaren Ebene (z.B. Buchhaltung) auf die Daten zugreift, sondern auch auf der aggregierten Ebene.

In den nach Funktionen geordneten betrieblichen Bereichen existieren verschiedenartige logische Datenbestände [MERTENS 86, S.12]:

- Stammdatenbestände
- Transferdatenbestände
- Vormerkdatenbestände

Stammdatenbestände sind alle Daten, die nur selten verändert werden. Es handelt sich dabei um Kundendaten, Lieferantendaten, Stücklisten, Arbeitspläne usw. Diese Stammdaten werden von den verschiedensten Programmen benötigt, so daß ein direkter Zugriff auf sie möglich sein muß.

Transferdatenbestände enthalten Daten, die von einem Programm erzeugt werden und zur weiteren Verarbeitung einem anderen Programm zur Verfügung gestellt werden. Das könnten Zusammenfassungen von Tagesumsätzen von Handelsunternehmen sein, die von der betrieblichen Statistik zu weiteren Auswertungen benötigt werden.

Vormerkdatenbestände sind Plandaten, also Daten über erwartete Ereignisse, bei deren Eintreffen diese Daten gelöscht werden können, z.B. geplante Aufträge.

In den betrieblichen Funktionsbereichen

- F & E
- Beschaffung
- Produktion
- Absatz
- Personal

werden diese Datenbestände erzeugt bzw. benutzt, um die von diesen Bereichen auszuführenden Arbeiten zu dokumentieren bzw. zu ermöglichen.

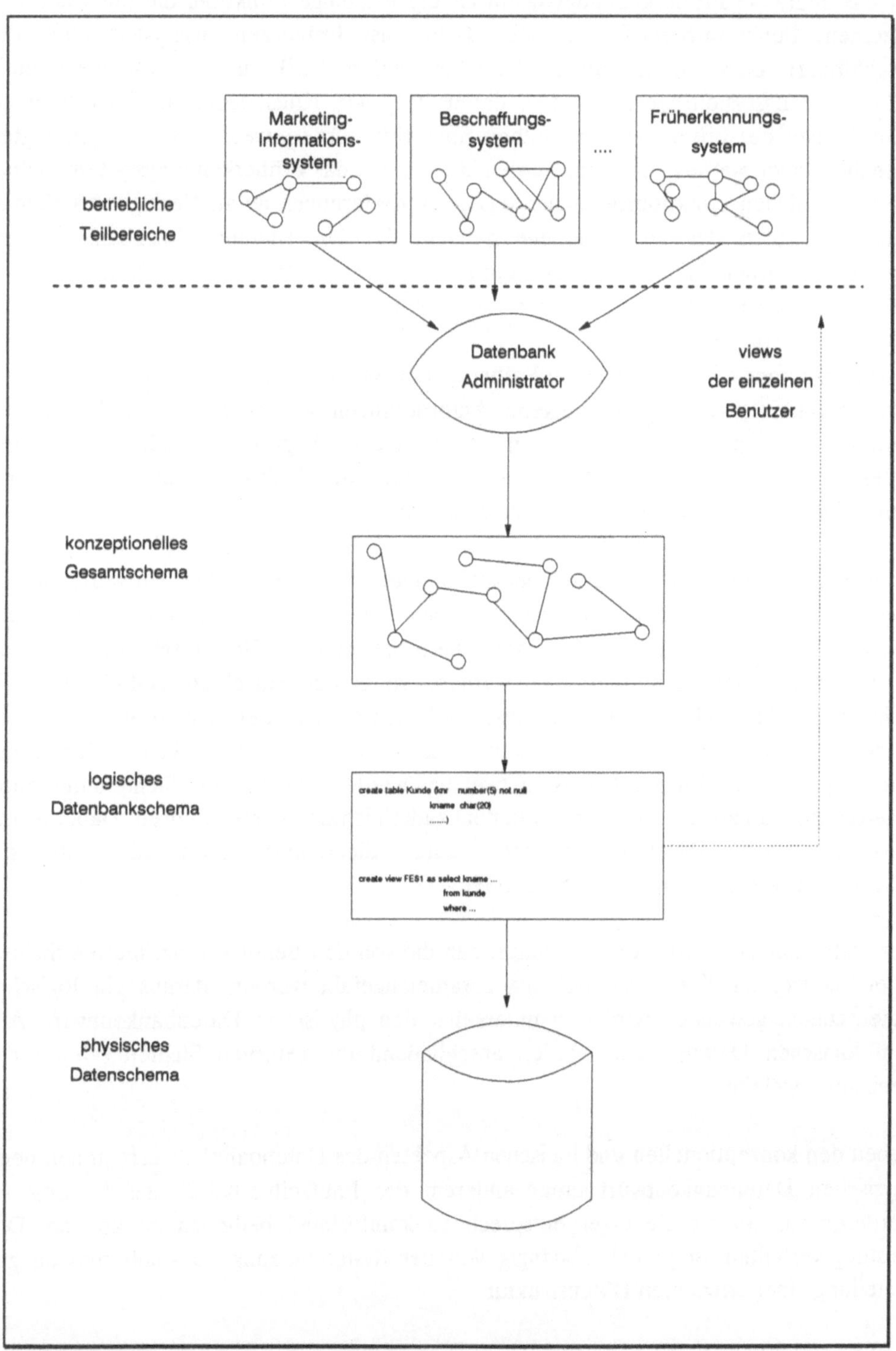

Abbildung 4.3.2/1:   Phasen des Datenbankentwurfs

Für das operative Früherkennungssystem als eigenständige Funktion, die innerhalb der einzelnen Funktionsbereiche arbeitet (z.B. als Früherkennungssystem für die Beschaffung) oder neben allen Bereichen agiert (z.B als unternehmensweites Früherkennungssystem), ergeben sich daraus folgende Konsequenzen. Zunächst muß beim Aufbau des Früherkennungssystems überprüft werden, welche von den erzeugten Datenbeständen weiterverarbeitet werden können. Da das Früherkennungssystem, neben den betrieblichen Funktionsbereichen eigene Anforderungen an zu Verfügung stehende Daten hat, muß das konzeptionelle Schema der Unternehmensdatenbank hierauf abgestimmt werden. Hieraus resultiert ein Problem, was im Rahmen der Diskussion über unternehmensweite Datenmodelle bisher vernachlässigt wurde.

Im Unternehmen gibt es neben dem Früherkennungssystem noch viele andere Nutzer von Informationssystemen, die alle eigene Anforderungen an ihr System stellen. Dabei handelt es sich um auf bestimmte Bereiche begrenzte Sichten auf die Unternehmensdaten. Wesentlich ist, daß die Daten der Teilsichten häufig aggregierte Daten sind, d.h. sich aus anderen berechnen lassen.

In der Entwurfsphase des Unternehmensdatenmodells (konzeptioneller Entwurf) müssen alle Bereiche ihre Sichten definieren. Nach dem konzeptionellen Entwurf der Teilschemata der einzelnen Unternehmensbereiche muß ein Gesamtschema gewonnen werden. Dabei muß herausgefunden werden, wo in den einzelnen Teilschemata die gleichen Objekte und Beziehungen auftreten, bzw. wo abgeleitete Daten aus Basisdaten berechnet werden können. Dadurch kann eine Änderung in der Wahl der Bezeichner oder sogar eines Einzelschemas notwendig werden. Diese als Sichtenintegration bezeichnete Aufgabe ist durch den Datenbankadministrator durchzuführen. Dabei ist die Nutzung eines Datenwörterbuches (data dictionary) zwingend notwendig [MAYR/DITTRICH/LOCKEMANN 87, S. 535].

Der Datenbankadministrator sorgt dafür, daß die von den Benutzern definierten Sichten in ein konzeptionelles Gesamtschema zusammengefaßt werden, daraus ein logisches Datenschema gewonnen wird und unterstützt den physischen Datenbankentwurf. Aus dem logischen Datenschema werden anschließend die externen Sichten (views) der Benutzer abgeleitet.

Neben den konzeptionellen und logischen Aspekten des Datenbankentwurfs stehen beim physischen Datenbankentwurf unter anderem das Laufzeitverhalten des Systems im Vordergrund, um die Benutzer entsprechend komfortabel bedienen zu können. Das Leistungsverhalten ist jedoch abhängig von der Systemnutzung. Deshalb müssen zur Erstellung einer effizienten Datenstruktur

- der Speicherbedarf
- Verarbeitungseigenschaften
- Umgebungseigenschaften

bekannt sein [MAYR/DITTRICH/LOCKEMANN 87, S.543]. So kann es durchaus möglich sein, daß Datenbestände mehrfach, d.h. redundant gehalten werden, z.B. beim Anwender auf dessen lokaler Platte, was in Bezug auf das Laufzeitverhalten des Systems Vorteile bringen kann.

4.3.3   Zugriffsmöglichkeiten auf betriebliche Daten

Im Bereich der kommerziellen Datenverarbeitung können heute relationale Datenbanken als Standard angesehen werden, wenngleich der Grad der Marktdurchdringung noch nicht sehr hoch ist. Grund dafür sind die gewachsenen Strukturen innerhalb von Unternehmen bezüglich der vorhandenen Daten- und Programmbestände. Hier ist ein großer organisatorischer und finanzieller Aufwand notwendig, um von herkömmlichen Datenbeständen auf relationale Systeme umzusteigen. Jedoch gibt es schon Datenbanksytemanbieter, die die vorhandenen Datenbestände in eine relationale Sicht aufnehmen.

Aufbauend auf das relationale Datenbanksystem INGRES wurden sogenannte *Companien-Gateways* entwickelt, mit deren Hilfe eine relationale Sicht auf Daten hergestellt wird, die unter Verwendung von anderen Konzepten (z.B. IMS) abgespeichert wurden. Der Benutzer kann dann mit der Anfragesprache SQL auch auf diese Daten zugreifen.

SQL (Structured Query Language) ist für den Zugriff auf relationale Systeme als Standard anzusehen. Erweiterungen von der Grundsyntax von SQL sind systemspezifisch und beziehen sich dann im wesentlichen auf Benutzeroberflächen und Operatoren, z.B. SQL*Forms des Datenbanksystems ORACLE.

Daten werden in relationalen Systemen als Tabellen dargestellt. Dementsprechend kann SQL als *data manipulation language* die Daten aus den Tabellen folgendermaßen extrahieren [ALAGIC 86, S.30]:

```
select   < list of attributes >
from     < list of relations >
where    < qualification expression >
```

Diese Form der Anfrage nennt man nicht-prozedural oder deskriptiv. Hierbei beschreibt der Benutzer, welchen Bedingungen (Where-Klausel) die Daten (select-Klausel) gehorchen müssen. Das Datenbankmanagementsystem (DBMS) extrahiert mit Hilfe der in der relationalen Algebra definierten Tabellen-Operatoren (Vereinigung, Schnittmenge, Differenz, Produkt, Selektion, Projektion, Join, Division) die gewünschten Daten.

Für das Früherkennungssystem oder besser die *informationsaufnehmenden* und *informationsverarbeitenden Elemente* gibt es verschiedene Möglichkeiten des Zugriffs auf benötigte Daten. Der Zugriff kann dabei aktiv oder passiv erfolgen:

- aktiv
  - ◇ Dialog
  - ◇ Eingebettet
  - ◇ Gateways
- passiv
  - ◇ Trigger.

Im Dialog werden Anfragen direkt an das Datenbanksystem gerichtet. Das Ergebnis der Anfrage wird dann auf einem Ausgabemedium (Drucker, Bildschirm, Datei) ausgegeben. Die Weiterverarbeitung gestaltet sich auf diese Weise aber schwierig. Abhilfe schaffen dabei die von Datenbankanbietern mitgelieferten Tools, wie z.B. SQL*Report oder SQL*Calc beim Datenbanksystem ORACLE, mit denen die Ergebnisse der Anfragen als Bericht aufbereitet oder beschränkt weiterverarbeitet werden können.

Viele Anwendungen, die Datenbankzugriffe benötigen, sind in höheren Programmiersprachen wie Pascal, Cobol oder C geschrieben. Die Anfragen an die Datenbank (z.B. in SQL Syntax) können hierbei in den Programmcode des Anwenderprogramms eingebaut werden. Sind beispielsweise SQL-Anfragen in den Quelltext eines C-Programms integriert, so wird bei der Übersetzung des C-Quellcodes zunächst ein Precompiler angewendet, der die SQL-Fragmente in C-Prozeduraufrufe des DBMS umsetzt und als Ergebnis einen Code in reiner C-Syntax liefert. Das so entstandene C-Quellprogramm wird dann von einem Compiler übersetzt und gebunden und kann dann ausgeführt werden [UNGER 87, S.G 6].

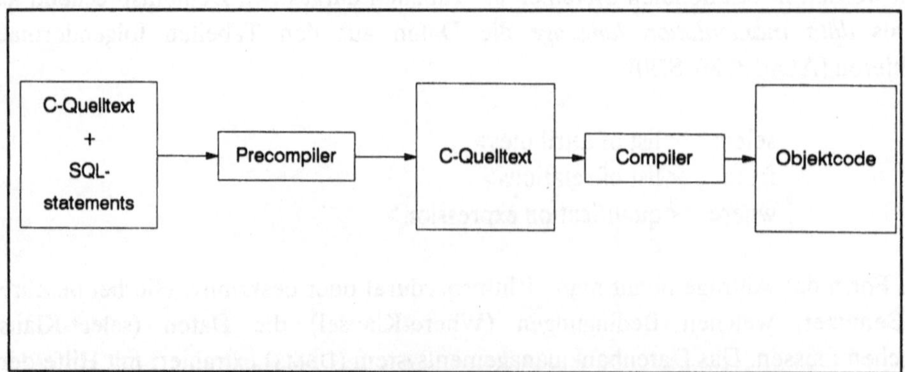

Abbildung 4.3.3/1:   Übersetzung von Programmen bei Einbindung von SQL-Anfragen in einen C-Quelltext

Sehr weit verbreitet sind als weitere aktive Zugriffsmethode andere Sprachen der 4. Generation, wie z.B. FCS, IFPS, SYSTEM/W, die neben der Datenabfrage auch die

Möglichkeit zur Bildung von Modellen bieten. Diese Planungssprachen sind speziell für die Anwendungen in Planungs- und Berichtsprozessen ausgerichtet [MERTENS 88, S. 60].

Als passiver Zugriff auf Daten kann unter bestimmten Umständen auf das Trigger-Konzept zurückgegriffen werden. Passiver Zugriff bedeutet, daß der Benutzer definiert, welche Daten er wann zur Verfügung gestellt bekommen möchte. Ein Trigger beschreibt eine Aktion mit dem sie auslösenden Anlaß. Ein Trigger kann also verglichen werden mit einer

    IF   < Bedingung >
    THEN   < Aktion >

Anweisung einer höheren Programmiersprache. In SQL-Syntax lautet die Anweisung:

    DEFINE TRIGGER < Triggername >
    ON Bedingung
    (Aktion).

Auf diese Weise bestehen weitere Möglichkeiten zur Automatisierung von Teilen der Früherkennungsfunktion, indem z.B. das Triggerkonzept zur Überwachung von Schwellenwerten eingesetzt werden kann. Die auszuführende Aktion kann ein SQL-Kommando oder bei ORACLE auch der Aufruf eines externen Programmes sein [KOTZ 89, S. 49]. Wird beispielsweise in einer Relation der Umsatz eines Unternehmensbereiches eingetragen, so kann nun ein Trigger die kumulierten Umsätze dieses Unternehmensbereiches direkt an das Früherkennungssystem übertragen.

Einschränkend muß jedoch festgehalten werden, daß das Triggerkonzept ursprünglich zu Konsistenzerhaltung des Datenbestandes gedacht war [BLASER/JARKE/LEHMANN/MÜLLER 87, S.592]. Ein überzogenes Anwenden von Triggern könnte sich negativ auf das Laufzeitverhalten der Datenbank auswirken, nämlich dann, wenn die Triggerbearbeitung einer Datenbankoperation zu einem untragbaren Laufzeitverhalten des Systems führt.

5 Software-Konzepte für operative Früherkennungssysteme, dargestellt an einem Beispiel aus dem Absatzbereich

5.1 Beschreibung des Modellbereiches

Auf Basis der in Kapitel 2 definierten Aufbau- und Ablauforganisation soll im Folgenden anhand eines Modells des Absatzbereiches die Früherkennungsfunktion beschrieben werden.

Das für die Aufgabe der Früherkennung benötigte Wissen betrifft die Variablen des Absatzbereiches und die Beziehungen, die im Zeitablauf zwischen ihnen bestehen. Es gibt nun verschiedene Möglichkeiten, die in Kapitel 2.2.2.3 beschriebenen Techniken des *Knowledge Engineering* anzuwenden, um das deklarative und das prozedurale Wissen zu extrahieren, das die Grundlage des Früherkennungsprozesses bildet, den der Experte (*informationsverarbeitendes Element*) ausführt. Deklaratives Wissen bezeichnet die statische Struktur der Domäne, hier also des Absatzbereiches. Das prozedurale Wissen bezeichnet die Strategien, die ein Experte anwendet, um Früherkennung zu betreiben. Als deklarative Objekte können die variablen Einflußgrößen des Absatzbereiches mit Textanalyse oder einer Form der Protokollanalyse erfasst werden. Letztere eignet sich besonders bei der Erweiterung einer bestehenden Menge von Objekten. Für das vorliegende Modell wird die in Kapitel 2.1.5 beschriebene Sicht operativer Früherkennungssysteme zugrunde gelegt. Hierbei kommt also eine Form der *Textanalyse* zum Einsatz.

Wenn die Objekte der Domäne, d.h. die Variablen des Absatzbereiches als bekannt vorausgesetzt werden können, sind die Beziehungen zwischen den einzelnen Variablen zu erfassen. Hier eignen sich als Verfahren die Protokollananlyse oder der unter den *Struktur-Lege-Techniken* angedeutete Ansatz von PRACHT [PRACHT 86, S.535]. Im Rahmen der *Protokollanalyse* würde der Wissensingenieur das Problemlösungsverhalten des Experten auswerten, und so die vom Experten angewendeten Modelle formalisieren können. Als erster Schritt empfiehlt sich der Ansatz von Pracht, weil hier sehr einfach mit Hilfe von graphischen Methoden ein erster Ansatz zur Modellerstellung entstehen kann. Eine solche Graphik entspricht einem Feedback-Diagramm, das in Abbildung 5.1/1 für das zugrunde liegende Modell dargestellt ist.

Ein Feedback-Diagramm besteht aus einer Knotenmenge, in der alle Variable des Modells enthalten sind, und einer Kantenmenge, in die für jede Beziehung zwischen zwei Variablen eine Kante aufgenommen wird. Jede Kante ist gerichtet, d.h. sie besitzt einen Anfangspunkt und einen Endpunkt.

Die hier vorgenommene Festlegung der Variablen und die Beschreibung der Beziehungen zwischen den Parametern ist keineswegs ein einmaliger oder gar endgültiger Arbeitsschritt, sondern ein stetiger Prozeß, in dessen Verlauf Ergänzungen, Veränderungen und Verfeinerungen vorgenommen werden können, so daß das Modell ständig der gegebenen Situation angepaßt werden kann.

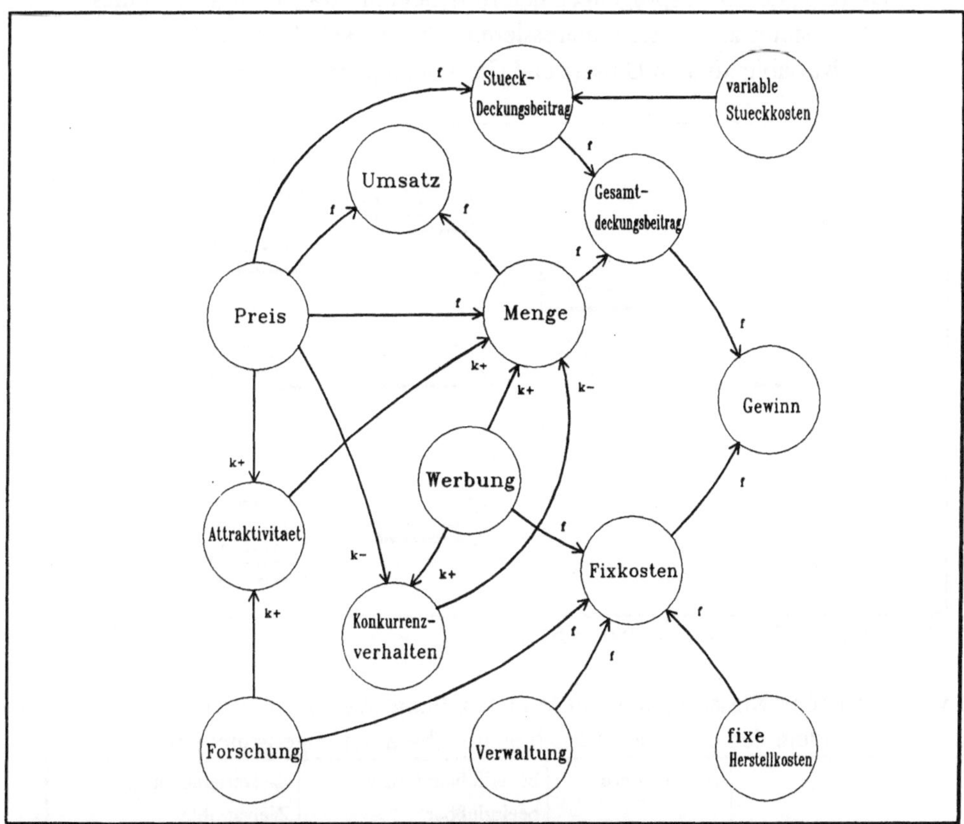

Abbildung 5.1/1:   Feedback-Diagramm des Absatzbereichs

Als Ergebnis kann eine Liste mit den Variablen des Absatzbereiches erstellt werden. Diese können in verschiedene Klassen eingeteilt werden:

- **externe/interne Variable**
  Die im Feedback-Diagramm enthaltenen Variablen sind als erstes Kriterium internen oder externen Ursprunges. Diese Information ist für die Festlegung der Erfassung wichtig.

- **beeinflußbar/nicht beeinflußbar**
  In der Klasse der beeinflußbaren Variablen sollen alle vom Entscheidungsträger unmittelbar veränderbaren Variable zusammengefaßt werden. Als Beispiele für beeinflußbare Variable können der Produktpreis und der Werbeetat genannt werden. Der

Umsatz ist keine beeinflußbare Variable, da der Umsatz nur indirekt über Absatzmenge und Produktpreis verändert werden kann.

- **Zielvariable/keine Zielvariable**
  In der Klasse der Zielvariable sollen alle Variablen zusammengefaßt werden, deren Ausprägungen den Entscheidungsträger aufgrund seines Zielsystems am meisten interessieren. Als Beispiele für typische Zielvariable können Umsatz und Gewinn angeführt werden.

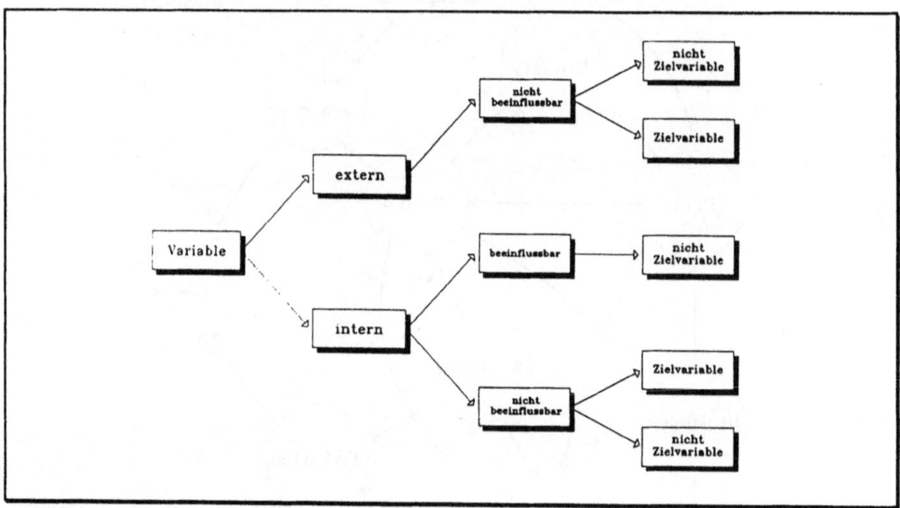

Abbildung 5.1/2:   Variablenklassifikation

Die vorgenommene Klassifikation von Modelleinflußgrößen wird durch folgende Tabelle konkretisiert, indem den einzelnen Variablen ihr Charakter zugeordnet wird.

	extern/intern	beeinflußbar/ nicht beeinflußbar	Zielvariable/ nicht Zielvariable
Preis	intern	beeinflußbar	nicht Zielvariable
Menge	intern	nicht beeinflußbar	Zielvariable
Umsatz	intern	nicht beeinflußbar	Zielvariable
Forschung	intern	beeinflußbar	nicht Zielvariable
Verwaltung	intern	beeinflußbar	nicht Zielvariable
Fixkosten	intern	nicht beeinflußbar	nicht Zielvariable
Stück-DB	intern	nicht beeinflußbar	nicht Zielvariable
Werbung	intern	beeinflußbar	nicht Zielvariable
Gewinn	intern	nicht beeinflußbar	Zielvariable
Attraktivität	extern	nicht beeinflußbar	Zielvariable
Konkurrenzverhalten	extern	nicht beeinflußbar	nicht Zielvariable
variable Stückkosten	intern	nicht beeinflußbar	nicht Zielvariable
Anfragen	extern	nicht beeinflußbar	nicht Zielvariable
Gesamt-DB	intern	nicht beeinflußbar	Zielvariable
Herstellkosten	intern	nicht beeinflußbar	nicht Zielvariable

Das Modell des Absatzbereiches besteht aus 15 Variablen, von denen jede in allen drei Klassen angesiedelt werden kann. Die Aussagekraft der einzelnen Variablen ist folgendermaßen:

Preis

Der Produktpreis ist derjenige Preis, den das Unternehmen am Markt für eine Produkteinheit in Rechnung stellt. Im Modell wird dabei eine Preis-Absatz-Funktion unterstellt [MEFFERT 82,S.237]. Vernachlässigt werden hier Brutto-Netto Preise, die dann Aufschluß über Erlösschmälerungen geben könnten. Denkbar sind zusätzlich Aufschlüsselungen nach kundenspezifischen Rabatten [MEFFERT 82,S.317].

Werbung

Gibt den Werbeetat an, d.h. den finanziellen Betrag, der dem Unternehmen für werbewirksame Maßnahmen innerhalb einer Periode zur Verfügung steht. Durch Anheben oder Senken des Werbeetats kann der Entscheidungsträger seine Werbeaktivitäten variieren. Hier ist eine differenzierte Aufspaltung nach Produkten, Regionen, Kunden oder Kundengruppen oder einzelnen Werbeaktionen möglich [BROMBACHER 88,S.85].

Forschung

Den Forschungs- und Entwicklungsetat veranschlagt das Unternehmen innerhalb einer Periode für die Weiterentwicklung seiner Produkte. Der Entscheidungsträger möchte durch ein Ändern dieser Variable die Stellung des Produktes am Markt mittel- bis langfristig sichern. Hierbei soll nicht nach einzelnen Projekten unterteilt werden. Auch bleiben spezielle Aufschlüsselungen nach fixen und variablen Anteilen außerhalb der Betrachtung [KILGER 81,S.489].

Umsatz

Der Umsatz zeigt die in Geld ausgedrückte Summe der Verkäufe von Produkten innerhalb einer Periode an. Der Umsatz setzt sich zusammen aus Menge und Preis. Für den Fall einer differenzierten Erfassung von Produktabsatzmengen kann der Umsatz auch kunden-, produkt- oder regionsspezifisch gegliedert werden [BROMBACHER 88,S.75].

Fixkosten

Die Fixkosten zeigen die Summe aller Kosten an, die nicht proportional zur Anzahl der verkauften Produkteinheiten verlaufen. Die Fixkosten setzen sich zusammen aus dem Werbeetat, dem Forschungsetat, den fixen Herstellkosten und dem Verwaltungsetat. Die einzelnen Fixkostenblöcke könnten auch im Rahmen einer stufenweisen Fixkostendeckungsrechnung verrechnet werden [HUCH 84,S 166], jedoch sind Fixkosten für die Belange der operativen Früherkennung nicht von großer Relevanz, da sie langfristige Kosten sind, die per Definition nicht kurzfristig beeinflußbar sind [SCHOLL 81,S. 87]. Deshalb ist eine weitere Aufspaltung zu Zwecken der operativen Früherkennung hier nicht sinnvoll.

Gesamtdeckungsbeitrag

Der Gesamtdeckungsbeitrag ist der Geldbetrag , der zur Deckung der Fixkosten innerhalb der laufenden Periode zur Verfügung steht. Der Gesamtdeckungsbeitrag setzt sich zusammen aus dem Produkt aus Menge und Stückdeckungsbeitrag. Für den Gesamtdeckungsbeitrag gilt dieselbe Aussage wie für die Fixkosten. Falls Fixkostenblöcke einzelnen Stufen zugeordnet werden, entstehen hier stufenweise Deckungsbeiträge [HUCH 84,S 166].

Gewinn

Der Gewinn ist die Differenz zwischen den Umsatzerlösen und den gesamten Kosten vor Steuern, einfacher gesagt der Bruttoertrag des Unternehmens am Ende einer Periode.

Verwaltungskosten

Die Verwaltungskosten sind derjenige finanziellen Betrag, den das Unternehmen während einer Periode für die ordnungsgemäße Durchführung der laufenden Verwaltungsaufgaben benötigt. Diese Größe fließt direkt in den Fixkostenblock ein, da die hier anfallenden Kosten zum überwiegenden Teil fixen Charakter haben [KILGER 81,S.496]. Im Modell können die variablen Anteile jedoch auch über die variablen Stückkosten verrechnet werden.

Fixe Herstellkosten

Gibt die Summe aller Fixkosten an, die bei der Herstellung der Produkte im Produktionsbereich innerhalb einer Periode entstehen.

Menge

Die Absatzmenge gibt an, wieviele Einheiten eines Produktes innerhalb der Periode am Markt abgesetzt werden konnten. Eine Aufspaltung nach einzelnen Produkten, Produktgruppen, Regionen oder Kunden ist bei differenzierter Betrachtung notwendig.

Attraktivität

Gibt an, wie hoch das Ansehen des Produktes am Markt ist, z.B. welche Qualitätsvorstellung mit dem Produkt verbunden wird oder mit anderen Worten das "Image" des Produktes. Dazu muß eine gutes Kommunikationsmittel gewählt werden, wodurch eine gewisse Markentreue entsteht und dadurch eine absatzfördernde Wirkung eintritt [MEFFERT 82,S.379].

Variable Stückkosten

Gibt die Höhe der variablen Kosten an, die für die Herstellung und den Vertrieb einer Produkteinheit anfallen, d.h. den Kostenanteil je Produkteinheit, der sich proportional zur abgesetzten Menge verhält. Im Rahmen einer Teilkostenrechnung werden hierzu die variablen Kosten der Kostenstellen über eine Zuschlagskalkulation auf die Produkteinheiten verrechnet [HUCH 84,S.148].

<u>Stückdeckungsbeitrag</u>
Gibt den Anteil an, den eine abgesetzte Produkteinheit zur Deckung der entstandenen Fixkosten beiträgt. In dieser Definition handelt es sich um den Stück-bezogenen Deckungsbeitrag I [VORMBAUM/RAUTENBERG 85,S.197].

<u>Konkurrenzverhalten</u>
Gibt an, wie hoch die Anstrengungen der Konkurrenz innerhalb der Periode sind. Unter den Anstrengungen der Konkurrenz sind z.B. die Werbeaktivitäten, die PR-Maßnahmen oder der Produktpreis der Konkurrenz zusammengefaßt.

Die für die Variablen vorgenommenen Einschränkungen sollen keinesfalls die Praktikabilität des Systems in Frage stellen. Sie stellen zwar eine in der Praxis kaum anzutreffende Vereinfachung dar, was jedoch im Interesse der Transparenz der Früherkennungsfunktion für dieses Beispiel sinnvoll ist. Auf diese Weise werden die grundsätzlichen Abläufe sichtbar, die auf beliebig viele weitere Variable ausgedehnt werden können, da es sich lediglich um elementare Basisoperationen handelt, die im Modell betrachtet und realisiert werden müssen.

Die auf diese Weise gewonnenen Variablen stehen in Beziehung zueinander. Die betrachteten Beziehungen sind [SCHOLZ 81,S.128]

- Funktionen
- Indikatoren
- kausaler Art.

Im Modell sind die funktionalen Beziehungen durch gerichtete Kanten zwischen zwei Variablen dargestellt. Die funktionalen Beziehungen sind durch die Markierung "f" im Feedback-Diagramm gekennzeichnet. Sie orientieren sich an allgemein anerkannten Beziehungen, die aus der entsprechenden Fachliteratur [HUCH 89, S.27; KILGER 81, S.98; HORVATH 86, S.512; MEFFERT 82,S.536] übernommen werden können und für das vorliegende Modell in Abbildung 5.1/2 dargestellt sind.

Im Fall einer funktionalen Beziehung ergibt sich der Wert (die Ausprägung) der Variablen P_k zum Zeitpunkt t_i in funktionaler Abhängigkeit aus den Werten eines oder mehrerer anderer Variablen $P_1,\dots,P_j$ desselben Zeitpunktes t_i:

- $P_k(t_i) = f(P_1(t_i),\dots,P_j(t_i))$, wobei $j \cdot 1$ und $j \# k$

Für das Modell lauten die funktionalen Beziehungen:

- Umsatz = Menge * Preis

- Gewinn = Gesamtdeckungsbeitrag - Fixkosten
- Fixkosten = Verwaltungs- + Vertriebs- + Forschungs- + Herstellkosten
- Stückdeckungsbeitrag = Preis - variable Kosten
- Gesamtdeckungsbeitrag = Menge * Stückdeckungsbeitrag

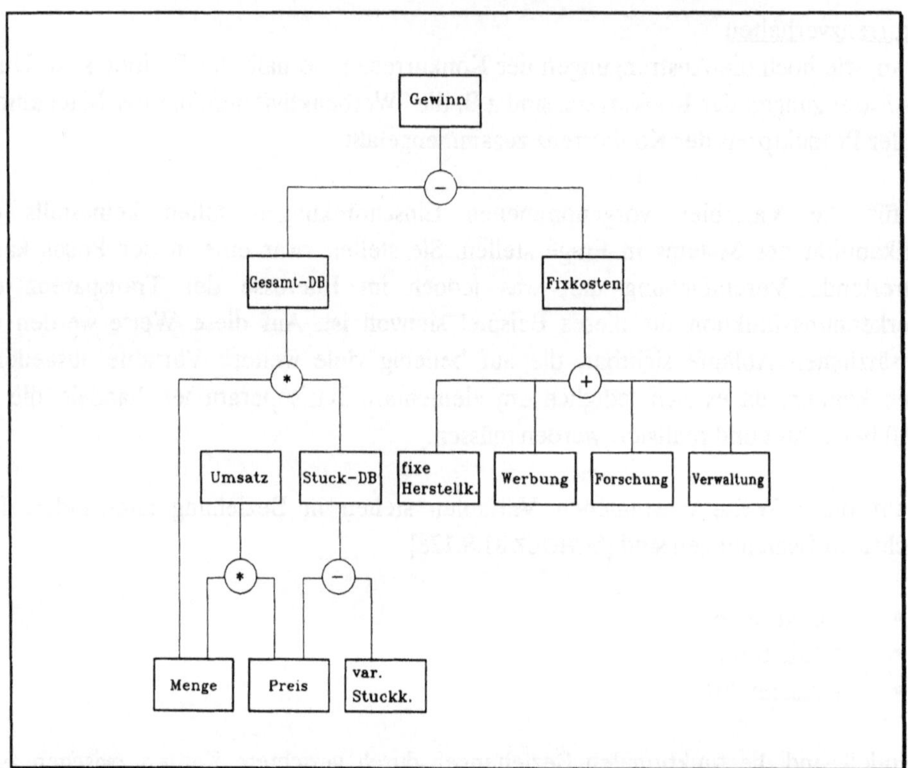

Abbildung 5.1/3   Die funktionalen Beziehungen im Absatzbereichsmodell

Zusätzlich zu den funktionalen Beziehungen existieren kausale Beziehungen, die nicht per Definition exakt angegeben werden können, weil sie in Intensität, Wirkungsrichtung und zeitlicher Verzögerungswirkung variieren. Eine Form dieser kausalen Beziehungen sind Indikatoren:

- Anfragen → Menge;

Dabei wird unterstellt, daß die im Unternehmen eingehenden Anfragen nach einem Produkt dessen Absatzmenge in der Zukunft beeinflussen. Eine hohe Anfrageintensität verspricht hohe Absatzzahlen, bzw. ein abrupter Rückgang an Anfragen ist ein Indikator für Absatzeinbußen [OEHLER 80,S.52].

Im Fall einer kausalen Beziehung verursacht der Wert oder die signifikante Abweichung einer Variablen P_k zum Zeitpunkt t_i eine Änderung des Wertes einer anderen Variablen P_j zu Zeitpunkten t_k mit $k > i$. Die Änderung kann in positiver oder negativer Richtung erfolgen. Das Wissen über diese kausalen Beziehungen ist Teil des Problemlösungsprozesses, den ein Experte anwendet und der aus der Protokollanalyse, d.h. den ausgewerteten *blackboard*-Sitzungen extrahiert werden kann [BOUWMAN 83,S.653].

Die kausalen Beziehungen sind durch die Markierung "k+" (positive Wirkung) bzw. "k-" (negative Wirkung) im Feedback-Diagramm gekennzeichnet [GOMEZ 83,S.481] und sind im Modell wie folgt zu interpretieren:

- Preis → Attraktivität

Eine Erhöhung des Produktpreises kann u.U. das "Image" des Produktes verbessern und zwar dann, wenn der Kunde mit dem höheren Preis intuitiv eine höhere Produktqualität verbindet (z.B. Markenartikel) [DILLER 82,S.60]. Eine zeitliche Wirkungsverzögerung ist von langfristiger Natur.

- Preis → Konkurrenzverhalten

Eine Veränderung des Produktpreises wird von den Konkurrenzunternehmen registriert. Im Modell wird davon ausgegangen, daß die Konkurrenz mit einer Verzögerung auf Preisänderungen reagiert [DILLER 85,S.195], indem sie ebenfalls die Preise ändert oder aber auf anderem Gebiet tätig wird. Die Quantifizierung dieser zeitlichen Verzögerungswirkung wird exakt kaum möglich sein, jedoch ist es denkbar, um den geschätzten Wert ein "Unsicherheitsprofil" zu legen [SCHMALEN 82,S.121], um so die Unsicherheit der subjektiven Parameterschätzung des Experten zu berücksichtigen. Diese Vorgehensweise ist besser, als diesen bekannten Einfluß nicht im Modell zu berücksichtigen.

- Forschung → Attraktivität

Eine Änderung des Etats für Forschung und Entwicklung, z.B. bedingt durch die Entwicklung eines neuen Verpackungsdesigns, kann mittel- bis langfristig zu einer erhöhten Qualitätswahrnehmung beim Kunden führen, nämlich dann, wenn im Beispiel die neue Verpackung "gut ankommt" [DEUSS 85,S.126]. Zusätzlich soll Forschung die Qualität des Produktes sicherstellen um somit die Wertvorstellung beim Abnehmer zu beeinflussen.

- Werbung → Attraktivität

Erhöhte Werbeanstrengungen innerhalb einer Periode sollen zur Folge haben, daß der Kunde mit der Zeit auf eine höhere Produktqualität zu schließen beginnt (Markenartikel-Effekt). Hierbei sind grundsätzlich drei verschiedene Zusammenhänge zwischen der Werbung und dem Image eines Produktes denkbar [HAEDRICH 76,S.41]:

- hohe Werbung ist mit positivem Produktimage verbunden
- hohe Werbung geht einher mit diffusen Produktvorstellungen, d.h. es ist existiert kein eigenständiges Image

- hohe Werbung läßt das Image eines Produktes schrumpfen

Sehr wichtig ist hier die Art der Werbung und die angesprochene Zielgruppe [KROEBER-RIEL/MEYER-HENTSCHEL 82,S.148].

- Werbung → Menge

Jede Werbeaktion verfolgt einen bestimmten Zweck. Primär soll hier der Absatz eines Produktes gesichert oder sogar gesteigert werden. Die Beziehung ergibt sich aus der anerkannt hohen Wahrscheinlichkeit, daß z.B. eine verbesserte Werbung das Kaufverhalten des Kunden positiv beeinflußt [LITTLE 70,S.475]. Jedoch sind auch andere Verläufe denkbar, z.B. Absatzwirkungen bei Sonderaktionen [BÖCKER 88,S.112].

- Werbung → Konkurrenzverhalten

Es soll davon ausgegangen werden, daß die Konkurrenzunternehmen permanent Marktbeobachtungen anstellen und auf Werbemaßnahmen mit einer zeitlichen Verzögerung reagieren und ihrerseits eine strengere Marketingpolitik betreiben.

- Konkurrenzverhalten → Menge

Veränderte Aktivitäten der Konkurrenzunternehmen sowohl in positiver als auch in negativer Richtung sollen Auswirkungen auf die Absatzchancen der eigenen Unternehmung haben. Hierbei gelten unmittelbar dieselben Gesichtspunkte wie bei der Beziehung *Werbung → Menge*, jedoch in umgekehrter Richtung.

- Attraktivität → Menge

Eine Veränderung in der Qualitätsbeurteilung des Produktes durch den Kunden soll einen Einfluß auf die Absatzmenge in den folgenden Perioden haben. Dabei wird davon ausgegangen, daß ein Produkt aufgrund von subjektiven Kriterien (Qualität, Werbung, Verpackung) beim Abnehmer ein höheres Image besitzt [KAAS 77,S.42].

Nachdem das Feedback-Diagramm in Zusammenarbeit zwischen den Verantwortlichen in den betrieblichen Teilbereichen und dem Controller erstellt wurde, indem die für die Früherkennungsfunktion benötigten Variablen und deren Beziehungen definiert wurden, wird im nächsten Schritt der Zugriff auf sie festgelegt.

Das Feedback-Diagramm dokumentiert die Datensicht des Entscheidungsträgers des betrieblichen Funktionalbereiches, für den ein Früherkennungssystem aufgebaut werden soll. Zusätzlich werden in den Feedback-Diagrammen auch die funktionalen und kausalen Abhängigkeiten zwischen den verschiedenen Variablen beschrieben. Die Informationen aus dem Feedback-Diagramm müssen den beim Systemaufbau beteiligten Systemprogrammierern zugeführt werden. Dazu kann die Datensicht mit Hilfe von ER- oder NIAM-Diagrammen dem Datenbank-Administrator zur Verfügung gestellt werden. Nach den in Kapitel 4.3.2 beschriebenen Phasen des Datenbankentwurfs wird der Datenbank-Administrator diese Datensicht in ein konzeptionelles Gesamtschema integrieren. Zu beachten ist, daß die im Feedback-Diagramm dokumentierte Datensicht atomare Ursprungsdaten und verdichtete Daten enthält.

In einem weiteren Dokument bekommt der Früherkennungssystem-Entwickler die kausalen und funktionalen Beziehungen als Anforderungsprofil für das zu erstellende System. Die dazu benötigten Daten werden vom Datenbank-Administrator als Sicht auf die Unternehmensdatenbank geliefert.

Wie die Daten im einzelnen in den Datenbanksystemen gespeichert sind, hängt von den speziellen Systemen ab. Eine Sicht auf das Informationsstrukturdiagramm (ISD) des Vertriebsbereiches gibt Abbildung 5.1/4 . Hierbei kommt die im Modell vorgenommene Sicht zum Ausdruck, die jedoch beliebig erweitert werden kann, je nachdem wie der Bereich vom Konzeptionellen her gesehen wird [KNAPPE/SUER 88,S.476].

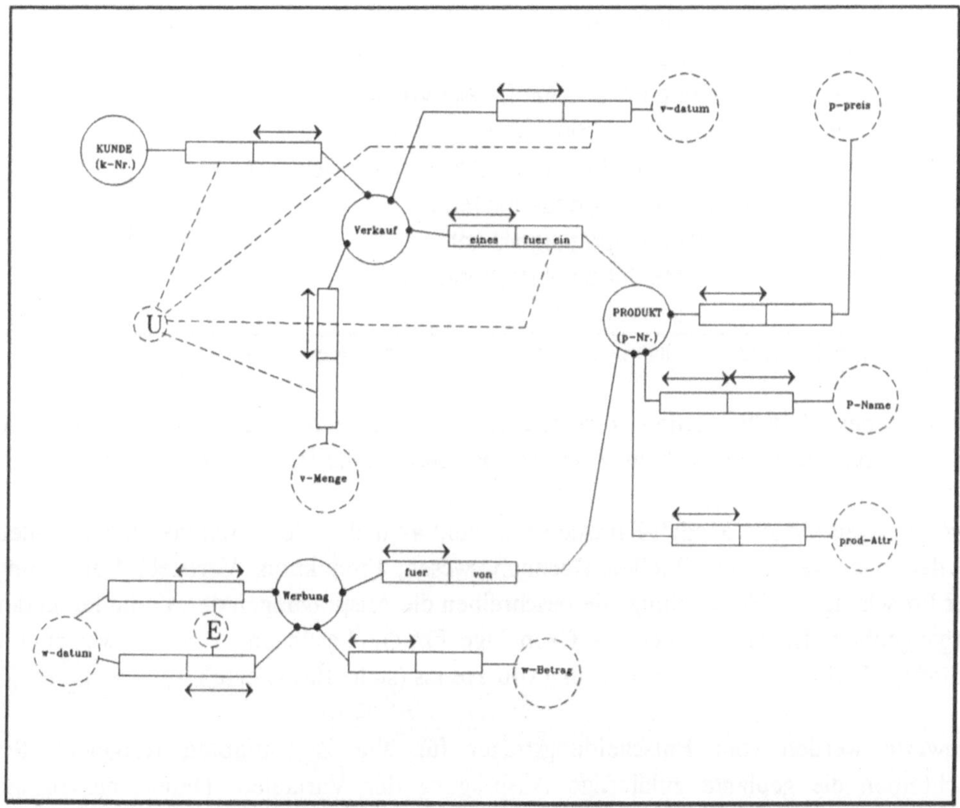

Abbildung 5.1/4:   Ausschnitt aus dem Informationsstrukturdiagramm des Modellbereiches

Aus Praktikabilitätsgründen kann es sinnvoll sein, die für den Früherkennungsprozeß benötigten Daten aus den betrieblichen Informationssystemen in das Früherkennungssystem zu übernehmen. Dadurch werden die Daten zwar redundant gehalten, aber das Managementsystem der Unternehmensdatenbank wird nicht ständig mit Anfragen aus dem Früherkennungssystem belastet.

Wenn alle Daten dem Früherkennungssystem zur Verfügung stehen, kann die weitere Verarbeitung, d.h. die eigentliche Früherkennungsfunktion beginnen. Ziel der Abarbeitung einer Periode ist die Bestimmung von Prognosewerten für jede Variable des Modells und die anschließende Gegenüberstellung der Prognosewerte der Zielvariablen mit den Planwerten dieser Variablen. Die allgemeine Vorgehensweise, die aus den Expertenprotokollen extrahiert werden kann gibt die nachstehende Tabelle wieder:

<table>
<tr><td>•</td><td>Solange Variable noch nicht überprüft
vergleiche Ist mit Plan
falls Abweichung signifikant
    Meldung
    sonst weiter;</td></tr>
<tr><td>•</td><td>berechne Prognosen für alle Variable</td></tr>
<tr><td>•</td><td>berechne funktional abhängige Variable</td></tr>
<tr><td>•</td><td>für alle Variable und alle Zeitpunkte > Istzeitpunkt
vergleiche Prognose mit Plan
falls Abweichung signifikant
    Meldung mit Begründung
    sonst weiter</td></tr>
</table>

Tabelle 5.1/2:   Allgemeine Vorgehensweise zur operativen Früherkennung

Innerhalb des Modells werden verschiedene Wertansätze für die einzelnen Variablen benutzt, je nachdem ob es sich um Plan-, Ist-, Prognose- oder Basiswerte handelt.

Istwerte liegen für alle Modell-Parameter bis zum aktuellen Zeitpunkt vor. Sie stammen aus den oben genannten Quellen Rechnungswesen, Produktion, Vertrieb, Verwaltung oder Forschung und Entwicklung. Sie beschreiben die Ausprägungen der Variablen in der Vergangenheit. Istwerte dienen als Grundlage für die Festlegung von Planwerten für zukünftige Perioden oder zur Ermittlung von Trends (siehe Basiswerte).

Planwerte werden vom Entscheidungsträger für alle Zielvariablen festgelegt. Sie beschreiben die geplante zukünftige Ausprägung der Variablen. Dabei müssen die Planwerte nicht für jede Zeiteinheit, sondern können auch für längere Abschnitte vorgegeben werden (z.B. Quartalswerte). Planwerte sind Maßstäbe für einen eventuellen Prognose-Plan-Vergleich (Früherkennungsfunktion) und für einen Plan-Ist-Vergleich (Berichtsfunktion).

Basiswerte für Modellvariable in einer Periode geben an, wie sich die Istwerte in zukünftigen Perioden unter Beibehaltung der Ist-Zustände mit hoher Wahrscheinlichkeit entwickeln wird. Basiswerte werden mit Hilfe des Verfahrens der exponentiellen Glättung [HÜTTNER 82,S.96] aus den Istwerten berechnet und zwar für alle Variable, die nicht Endpunkt einer funktionalen Beziehung im Feedback-Diagramm sind. Durch die Bezeichnung "Basiswert" soll ausgedrückt werden, daß dieser Wert die Basis für den Prognosewert bildet. Bei saisonalen Schwankungen kann der Basiswert über die Trendberechnung mit Hilfe der *gleitenden Durchschnitte 12.Ordnung* bestimmt werden [SCHWARZE 85,S.209].

Der Basiswert für eine Variable zu einem Zeitpunkt, $Basis(P_k)(t)$, kann auf drei verschiedene Arten gewonnen werden:

- P_k ist Endpunkt einer funktionalen Beziehung

  In diesem Fall berechnet sich der Basiswert aufgrund der funktionalen Beziehung.

- P_k ist nicht Endpunkt einer funktionalen Beziehung

  Der Basiswert wird aus den Istwerten der Zeitpunkte $t' = 0$ bis $t' = $ Startzeit-1 und aus den Basiswerten der Zeitpunkte $t' = $ Startzeit bis $t' = t-1$ berechnet, wobei Startzeit den momentanen Zeitpunkt beschreibt. Dabei wird das Verfahren der exponentiellen Glättung angewendet, wobei der Glättungsfaktor frei variiert werden kann. (Glättungsfaktor = 1 = > Wert der Vorperiode) [HÜTTNER 82,S.97].

- P_k ist nicht Endpunkt einer funktionalen Beziehung:

  Der Basiswert wird vom Benutzer vorgegeben (Schätzung des Basiswertes).

Prognosewerte werden für jede Modellvariable berechnet. Ein Prognosewert gibt an, welche Ausprägung eine Variable in der jeweils betrachteten Periode unter Berücksichtigung der Basiswerte und der Beziehungen im Modell haben wird. Die Prognosewerte der Zielvariablen werden mit den Planwerten verglichen. Daraus ergeben sich mögliche zukünftige Abweichungen, die als Früherkennungsinformation zu interpretieren sind.

Einflußgrößen sind, falls für eine Variable vorhanden, verantwortlich für die Differenz zwischen dem Basiswert und dem Prognosewert. Einflußgrößen dienen zur Aufnahme der kausalen Einflüsse auf einen Parameter. Sie werden durch die Abarbeitung einer Beziehung des Feedback-Diagramms gesetzt oder verändert (Wirkungsvektoren). Die Summe aller Einflußgrößen ergibt den Auf- bzw. Abschlag auf den bzw. vom Basiswert. Einflußgrößen sind Prozentsätze mit dem Basiswert als Bezugsgröße oder absolute Werte.

kausale Einflussfaktoren

TABELLE MENGE

t	Ist	Plan	Prognose	Preis	Attraktivitaet	Werbung	Konkurrenz
1							
2							Wirkungs-vektor
3							
4							
5							
6							
7							
.							
.							
.							
i							

TABELLE KONKURRENZ

t	Ist	Plan	Prognose	Preis	Werbung
1					
2					
3					
4					
5					
6					
7					
.					
.					
.					
i					

Abbildung 5.1/5:   Beispiel für das Setzen der Wirkungsvektoren

Die Abarbeitung zu einem Zeitpunkt erfolgt in mehreren aufeinander folgenden Schritten. Sei t_0 der Zeitpunkt, von dem aus die Abarbeitung startet, d.h. der Zeitpunkt, bis zu dem Istwerte vorliegen. Für jede Variable wird für den Istzeitpunkt t_0 eine Abweichungsanalyse vorgenommen. Das entspricht der klassischen Berichtsfunktion [HUCH 89,S.27]. Die in dieser Phase aufgenommenen signifikanten Abweichungen werden in den nächsten Schritt der Prognosephase übernommen. Grundsätzlich wird hier davon ausgegangen, daß eine Variable einen Basiswert besitzt. Die Basiswerte werden um diejenigen Einflüsse korrigiert, die aus der Abweichungsanalyse als signifikant hervorgegangen sind und laut Feedback-Diagramm einen Einfluß auf diese Variable ausüben. Für die Variable *Menge* stellt Abbildung 5.1/5 diesen Ablauf graphisch dar.

Die beschriebenen funktionalen und kausalen Beziehungen des Modells müssen in einer Reihenfolge abgearbeitet werden, so daß eine bestimmte Beziehung, die von einer Variable ausgeht erst dann abgearbeitet wird, wenn alle Beziehungen, die die Variable als Endpunkt haben bereits abgearbeitet worden sind [BARTELS 89,S.34].

Formal kann die Berechnung der Prognosewerte für alle Variablen folgendermaßen beschrieben werden [BARTELS 89,S.35]:

Sei

$$V(P_k) = \{P_i \mid P_i \text{ übt lt. Feedback-Graph eine kausale Wirkung auf}$$
$$\text{die Variable } P_k \text{ aus}\}$$

die Menge aller Vorgänger der Variablen P_k im Feedback-Graph. Dann berechnet sich der Prognosewert für die Variable P_k bei der Abarbeitung des Zeitpunktes t als:

$$\text{Prog}(P_k)(t) = \text{Basis}(P_k)(t) + \text{DP}_k(P_1)(t) + \ldots + \text{DP}_k(P_n)(t)$$

wobei: $\quad P_1,\ldots,P_n \in V(P_k)$ und

$\quad\quad \text{DP}_k(P_1)(t),\ldots,\text{DP}_k(P_n)(t)$ die Einflußgrößen der Variablen $P_1,\ldots,P_n$ auf die Variable P_k zum Zeitpunkt t sind.

Wenn für alle Variablen die Prognosewerte berechnet sind, können daraus die funktional abhängigen Variablen abgeleitet werden. Danach wird die Prognose für weitere Zeitpunkte bestimmt, solange bis der Prognosehorizont erreicht ist, d.h. das Ende des Planungszeitraumes erreicht ist.

Damit ist das Verfahren für diesen einen Zeitpunkt abgeschlossen. Bei Zuführung von weiteren Ist-Werten, d.h. beim Hochschalten des Ist-Zeitpunktes um eine Zeiteinheit gibt es mehrere Varianten der weiteren Vorgehensweise. Zum einen ist es möglich die berechneten Prognosewerte zu behalten und im Zeitablauf die Güte der Prognose zu überprüfen [GRIESE/ECKHARD 81,S.117]. Diese Vorgehensweise bietet sich für die Revision des Systems an. Für die Funktionalität des Systems ist es aber wichtiger, die erwarteten Wirkungen zum aktuellen Zeitpunkt zu überprüfen und, um gegebenenfalls Korrekturen vorzunehmen. Auf diese Weise werden die Wirkungsvektoren verändert. Grundsätzlich wird es schwierig sein die eingetretenen Wirkungen exakt herauszufiltern. Deshalb soll das hier behandelte Modell primär Früherkennungsinformationen liefern. Aufgrund dieser Informationen kann dann die Gegensteuerung in Gang gesetzt werden, d.h. daß die Wirkungen bestimmter Einflußfaktoren abgefangen werden, indem die beeinflußbaren Variablen verändert werden.

5.2 Realisierung mit einer Expertensystemshell und einer relational-orientierten Datenbank

Im Rahmen eines Projektes wurde am Institut für Betriebswirtschaftslehre der Universität Hildesheim ein Prototyp für die wissensbasierte Früherkennung von Abweichungen im Absatzbereich einer Unternehmung (WIFRAB) entwickelt, der die Kombination von

- Expertensystemshell
- Datenbank
- Programmiersprache

beinhaltet [BARTELS 89].

Die Auswahl der Werkzeuge orientierte sich an den Rahmenbedingungen, welche die Integrationsbemühungen im Rahmen der Informationsverarbeitung unterstreichen. Dabei sollten möglichst Standards im Hard- und Softwarebereich genutzt werden. Zunächst sollte das zu erstellende System modular aufgebaut sein, und zwar so, daß einzelne Komponenten möglichst ausgetauscht werden konnten. Möglich werden sollte das durch die Verwendung von Standardschnittstellen. Im Laufe der Auswahlphase zeigte sich jedoch sehr schnell, daß sich die untersuchten Expertensystemshells nicht nahtlos in eine solche Umgebung einbinden lassen würden, so daß umfangreiche Schnittstellenprogrammierung notwendig geworden wäre. Ein weiteres zu beachtendes Kriterium war die Hardware-Restriktion IBM-PC-AT. Natürlich gibt es viel leistungsfähigere Hardware, die jedoch spiegelt nicht den Industriestandard wider.

Die Auswahl der Werkzeuge wurde deshalb von den Möglichkeiten der untersuchten Expertensystemshells bestimmt. Dabei bot das System *Personal Consultant* von der Firma TEXAS INSTRUMENTS eine direkte Schnittstelle zum relational-orientierten Datenbanksystem DBASE, das ab Version 4.0 eine SQL-Schnittstelle beinhaltet. DBASE selbst bietet eine Programmiersprache, die alle wichtigen Elemente zur Programmierung besitzt und für die Erstellung des Prototypen ausreichend war. So konnte, wenn auch mit Einschränkung, der Modularität Rechnung getragen werden.

5.2.1 Das Werkzeug Personal Consultant plus

Personal Consultant plus gehört zur *Personal Consultant* Serie von TEXAS INSTRUMENTS, deren erste Version auf dem TI-Professional Computer lauffähig war. Die *Personal Consultant* Serie orientiert sich an dem an der Stanford University entwickelten Expertensystem EMYCIN.

Personal Consultant ist in LISP geschrieben und bietet die Möglichkeit, bei Bedarf LISP-Funktionen, die in dem Dialekt PC-Scheme formuliert sind, einzubinden. Zusätzlich gibt es Schnittstellen zu Datenbanken und *spreadsheet*-Systemen. Das System wird mit einem Compiler ausgeliefert und kann bis zu 2000 Regeln bewältigen.

5.2.2   Wissensrepräsentation in Personal Consultant

Wissen wird in *Personal Consultant* mit Rahmen (frames) repräsentiert. Rahmen dienen der Organisation von Parametern und Regeln.

Personal Consultant benutzt Rahmen, um Parameter und Regeln in Gruppen zusammenzufassen. Jeder Rahmen besitzt eine eigene Parametergruppe und eine oder mehrere Regelgruppen. Da eine Wissensbasis aus mehreren Rahmen bestehen kann, entsteht eine hierarchische Struktur (Abbildung 5.2.2/1), die als *frame*-Baum bezeichnet wird und an dessen Spitze das sogenannte *root-frame* steht.

Jeder Rahmen kann auf eigene Parameter und auf Parameter übergeordneter Rahmen auf dem Weg zum *root-frame* zugreifen. Für Regeln gilt umgekehrt, daß einem Rahmen nur Regeln aus eigenen Regelgruppen oder aus Regelgruppen untergeordneter Rahmen zur Verfügung stehen. Jedem Rahmen werden Eigenschaften (properties) zugeordnet, die der Wissensingenieur teilweise beeinflussen kann:

- translation   Aufgabe des Rahmens (} Kommentar)
- identifier   Bezeichnung des Rahmens innerhalb der Wissensbasis
- goals   Liste der Zielparameter, für die bei Instantiierung des Rahmens Werte gefolgert werden
- initialdata   Parameter, für die durch default oder Befragung ein Wert bestimmt wird, bevor die Zielparameter abgearbeitet werden
- parmgroup   Bezeichnung der Parametergruppe des Rahmens
- rulegroups   Bezeichnung der Regelgruppen des Rahmens

In Parametern werden Fakten abgespeichert. Der Wert eines Parameters kann vom Benutzer vorgegeben werden (initialdata) oder von der Inferenzmaschine gefolgert werden.

Wie auch die Rahmen besitzen Parameter gewisse Eigenschaften:

- translation Beschreibung
- type   Datentyp(single valued,bool,multi valued,ask all)
- expect   Einschränkung des Wertebereiches

- range   Erlaubter Bereich für numerische Parameter
- default   Standardannahme
- method   Parameterbestimmung durch externe Funktion

Regeln dienen der Repräsentation von Beziehungen zwischen Parametern. Jede Regel kann in *Personal Consultant* entweder in der vom System zur Verfügung gestellte ARL (Abritary Rule Language) oder direkt in LISP formuliert werden.

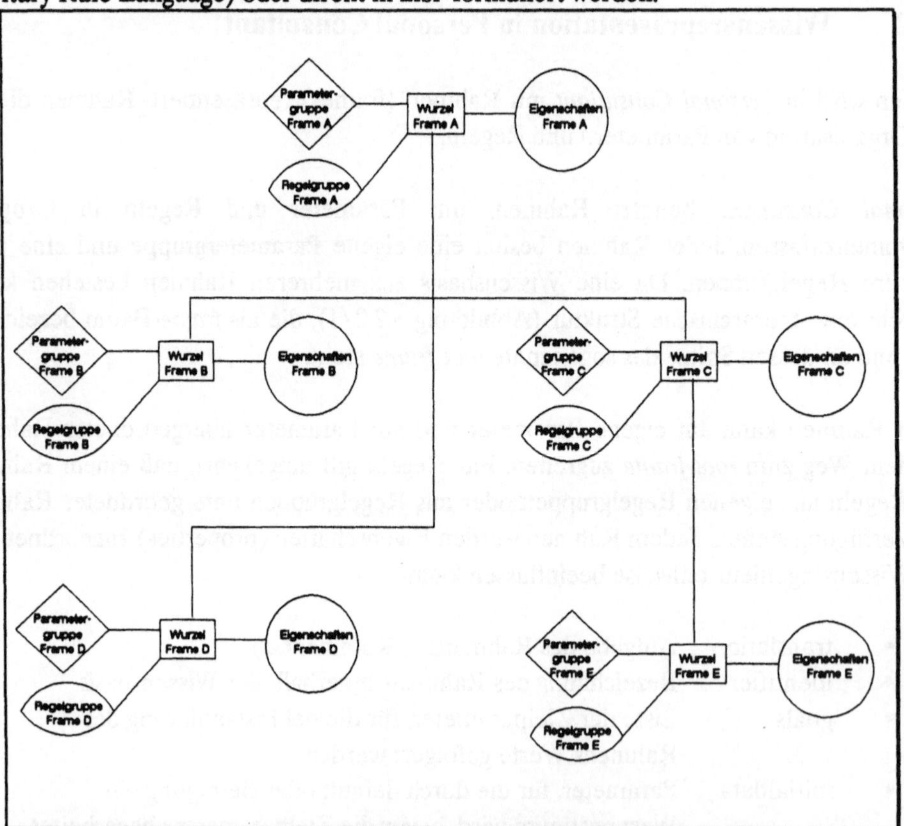

Abbildung 5.2.2/1:   Struktur des *frame*-Baumes zur Wissensrepräsentation

5.2.3   Inferenzstrategie von Personal Consultant

Die von Personal Consultant Inferenzstrategie besteht in der Anwendung des "modus ponens". Dabei werden Regeln vorwärts- oder rückwärtsverkettet angewendet. Vorwärtsverkettung wird durch das Setzen der ANTECEDENT-Eigenschaft einer Regel angewendet, genau dann wenn allen Parametern einer Regel ein Wert zugewiesen werden konnte. Rückwärtsverkettung stellt den Normalfall dar, d.h. ausgehend von Zielparametern wird versucht, diesen einen Wert zuzuweisen. Bei dieser verwendeten Inferenzstrategie ist es auch möglich, die Breiten- bzw. Tiefensuche zu unterstützen, jedoch nur über geeignete Steuerregeln.

5.2.4   Architektur des WIFRAB-Systems

Das WIFRAB-System basiert auf dem Zusammenwirken von mehreren Komponenten, die in Abbildung 5.2.4/1 dargestellt sind. Zugang zum System hat von der Anwenderseite her der Benutzer, von der Systemseite her der Wissensingenieur und über eine Schnittstelle datenliefernde Programme. In der gegenwärtigen Version von WIFRAB können Daten zusätzlich über die Benutzerschnittstelle des Systems eingegeben werden. Die implementierten Komponenten des Systems sind:

- Wissensbasis
- Datenbank
- Inferenzmechanismus
- Dialogmodul
- WIFTOOLS für Änderungen in der Datenbank

In der Wissensbasis wird das Faktenwissen zur Laufzeit aus der Datenbank erfaßt und es wird das in der Wissensbasis vorhandene Wissen darauf angewendet. Das Wissen in der Wissensbasis kann in vier Klassen unterteil werden:

- allgemeine Ablaufregeln
- Datentransferregeln
- Statusregeln
- Aktionsregeln

In diesen Regeln sind die Informationen des Feedback-Diagramms und die allgemeine Vorgehensweise zur Früherkennung gespeichert.

Die allgemeinen Ablaufregeln sind im engeren Sinn die Steuerung des Systems. Zu Beginn einer Konsultation wird stets das *root-frame* ABSATZ der Wissensbasis instantiiert, d.h. das System versucht den Zielparametern dieses Rahmens Werte zuzuweisen. Das geschieht in der Reihenfolge in der die Ziele angegeben sind:

1. Zeiten geholt
2. Ende erreicht
3. Änderungen abgefragt
4. Inferenz abgeschlossen

Da das System als Basisstrategie rückwärtsverkettet arbeitet, wird zunächst versucht eine Regel zu finden, in deren Konklusionsteil ZEITEN-GEHOLT ein Wert zugewiesen wird:

Rule 7 [Absatz-Rules]

IF	200 > 100
THEN	Dummy = DBASE-EXECUTE-FILE "wifrab5"
AND	DOS-CALL "kopieren.com" "daten"
AND	READ-FROM-FILE "Daten" Startzeit Momentzeit Endzeit
AND	Zeiten-geholt

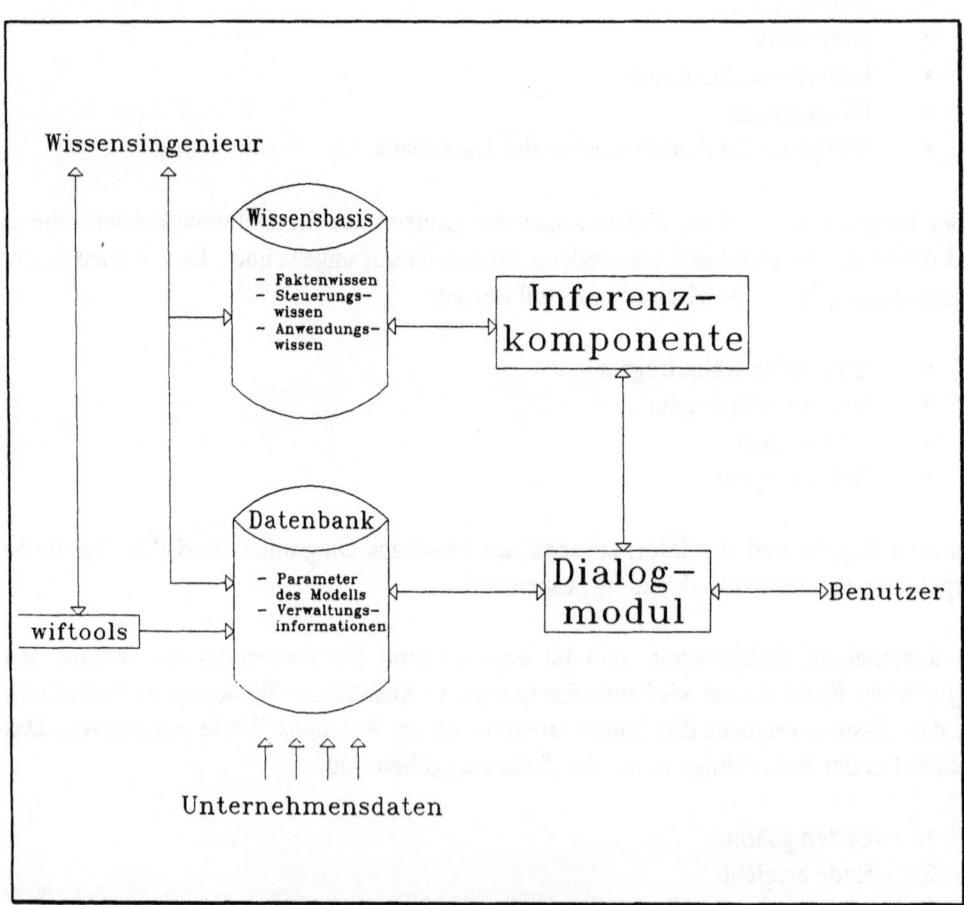

Abbildung 5.2.4/1:   Architektur des WIFRAB-SYSTEMS

Da die Prämisse dieser Regel immer wahr ist, kann dem Teilziel "Zeiten geholt" der Wert
TRUE zugewiesen werden. Als Seiteneffekt wird ein externes Programm ("kopieren.com")
angestoßen, das die entsprechenden Zeiten ("daten") zur Verfügung stellt. Auf diese
Weise wird auch den anderen Zeiten ein Wert zugewiesen. Innerhalb des weiteren
Ablaufs werden dann andere Klassen von Regeln aktiviert.

Datentransferregeln werden immer dann ausgeführt, wenn für den weiteren Ablauf Daten aus der Datenbank benötigt werden. Dazu sind die Regeln vorwärtsverkettet (antecedent) vereinbart.

RULE 008 [Absatz-Rules/antecedent]

IF	Aenderungen abgefragt
AND	Ende erreicht IS notknown
THEN	Dummy = DBASE-EXECUTE-FILE "wifrab6"
AND	DOS-CALL "kopieren.com" "daten"
AND	read-from-file "daten" Regel-003-Param Regel-004-Param Regel-010-Param ...
AND	Parameter geholt

Statusregeln testen explizit, ob eine Beziehung des Feedback-Diagramms bereits abgearbeitet worden ist. Wenn das der Fall ist, wird ein Parameter der Regel entsprechend auf TRUE gesetzt, z. B. Regeln-KO-ME-Fertig, was bedeutet, daß die Beziehung zwischen *Kosten* und *Menge* abgearbeitet wurde. Im folgenden Beispiel wird die Beziehung zwischen *Kosten* und *Menge* in Abhängigkeit vom jeweiligen Zustand in den Regeln 51 bis 57 bearbeitet.

RULE 58 [Inferenz-Rules]

IF	Regel-051-fertig
OR	Regel-052-fertig
OR	Regel-053-fertig
OR	Regel-054-fertig
OR	Regel-055-fertig
OR	Regel-056-fertig
OR	Regel-057-fertig
OR	200 > 100
THEN	Regeln-KO-ME-fertig

Diese Regeln dürfen aber erst abgearbeitet werden, wenn alle Beziehungen, die auf eine Variable wirken (hier KO: Kosten) bereits abgearbeitet worden sind. Diese Bedingung kann in einer Aktionsregel gesetzt werden.

RULE 57 [Inferenz Rules]

IF	Indexwerte geholt
AND	Regeln-PR-KO-fertig
AND	Regeln-WE-KO-fertig
AND...	
THEN	Index-Menge = Value Index-Menge + Value Regel-057-Param
AND	...
AND	Regel-057-fertig

In den Aktionsregeln werden weiter die Beziehungen des Feedback-Diagramms abgearbeitet. In der Prämisse einer Aktionsregel ist zu testen, ob alle Beziehungen entsprechend vorher abgearbeitet wurden und es wird zusätzlich ein Vergleich zwischen momentaner Zeit und End-Zeit des Prognoseprozeßes durchgeführt. Im Konklusionsteil werden dann die in der jeweiligen Regel behandelten Parameter gesetzt und an die Datenbank übergeben.

Die Datenbank des WIFRAB-Systems besteht aus einer Anzahl von Tabellen, die nicht nur die Ist-/Plan- und Prognosewerte der einzelnen Variablen beinhaltet, sondern zusätzlich auch Verwaltungsinformationen:

- Verzeichnis der Variablen
  - ◇ Nummer der Variable
  - ◇ Zugehörige Zeitreihen-Tabelle
  - ◇ Abkürzung der Variable
  - ◇ Maßeinheit
  - ◇ minimale, maximale Ausprägung
  - ◇ Glättungsfaktor zur Basiswertberechnung
- Verwaltung der Regelparameter
  - ◇ Wirkt-von
  - ◇ Wirkt-auf
  - ◇ Zeitliche Wirkungsverzögerung
  - ◇ Stärke der Wirkung
- Zeitverwaltung im Prognoseprozeß
- Puffer zur Zwischenspeicherung vor dem Übertragen zur Wissensbasis

Die eigentlichen Werte der Variablen stehen in Tabellen, die die Ist-, Plan- und Prognosewerte zu einem bestimmten Zeitpunkt repräsentieren.

Als aktiver Teil stößt die Inferenzkomponente den Ablauf an. Dadurch werden entsprechende Regeln der Wissensbasis instantiiert und das Dialogmodul wird angestoßen. Der Benutzer kann in der ersten Phase des Ablaufs bestimmte Werte verändern und bekommt die Ergebnisse angezeigt, sobald alle Beziehungen - kausale und funktionale - abgearbeitet worden sind.

Die Komponente WIFTOOLS unterstützt den Wissensingenieur bei notwendigen Erweiterungen am System. Über diese Komponente werden Änderungen an den Verwaltungsinformationen in der Datenbank vorgenommen.

WIFTOOLS übt eine Servicefunktion für den Wissensingenieur aus. Eine Änderung des Modells ist immer mit dem Löschen oder Hinzufügen von Parametern und Beziehungen verbunden. Dafür stellt WIFTOOLS die notwendigen Grundoperationen auf der Datenbankseite zur Verfügung:

- Hinzufügen einer Regel
- Ändern/Löschen einer bestehenden Regel
- Hinzufügen eines Parameters
- Ändern/Löschen eines Parameters
- Verändern von Einflüssen
- Setzen von Start- und Endzeitpunkt des Prognoseprozeßes

5.2.5 Ablauf einer WIFRAB-Sitzung (aus Benutzersicht)

Der Benutzer des WIFRAB-Systems wird von dem Dialogmodul des Systems geleitet. Hierbei kann er Daten verändern und notfalls neue hinzufügen. Beim Aufruf des Systems gelangt der Benutzer in das Hauptmenü. Von hier aus können zunächst für das Verfahren wichtige Parameter verändert werden:

- Regelparameter
  Die kausalen Beziehungen des zugrundeliegenden Modells werden durch
  Regeln repräsentiert, die jeweils einen Regelparameter besitzen, der
  angibt, wie hoch die prozentuale Abweichung zu bestimmten
  Zeitpunkten auf die beeinflußte Variable ist.
- Toleranzschwellen
  Für jeden Parameter können obere und untere Toleranzgrenzen gesetzt
  werden, die sich jeweils auf den Planwert beziehen. Dadurch können
  später im Ablauf signifikante Abweichungen erkannt werden.
- Planwerte
  Veränderung von Planwerten erfolgt entweder direkt in der Datenbank
  oder bei Ablauf der Konsultation. Hierbei können z. B. auch
  Plananpassungen vorgenommen werden.
- Istwerte
  Für die Istwerte der Variablen kann die Eingabe auch direkt in die
  Datenbank erfolgen oder bei Ablauf der Konsultation. Diese Werte

werden einer Konsistenzprüfung unterzogen , für den Fall, daß nichtsinnvolle Ausprägungen eingegeben wurden.

Wenn alle Parameter gesetzt wurden, bzw. keine Veränderungen an den Voreinstellungen vorgenommen wurden, werden die funktional abhängigen Variablen berechnet.

Damit ist der erste Schritt des Ablaufs beendet. Im nächsten Schritt können die Glättungsparameter für nicht funktional abhängigen Variablen gesetzt werden, da hier der später benötigte Basiswert mit Hilfe der exponentiellen Glättung bestimmt wird. Falls die errechneten Basiswerte nicht mit den Erwartungen des Benutzers übereinstimmen, kann dieser die errechneten Werte durch eigene ersetzen.

Hierauf beginnt die Abarbeitung der Modell-Beziehungen. Nach Abschluß erhält der Benutzer eine Information über die vermuteten Abweichungen zwischen Planwert und Prognosewert. Unterstützt wird die Erklärung einer signifikanten Abweichung durch das Aufzeigen möglicher Ursachen, indem die bestimmenden Faktoren mit den Ausprägungen ausgegeben werden. Abbildung 5.2.5/1 zeigt eine solche Meldung [BARTELS 89, S.91]

```
          --------------------------------------------------------
                     Abschlußinformation für Periode 4
          --------------------------------------------------------


          Startzeit:              augenblickliche Zeit:          Endzeit:
          4                       4                              8



          Positive Meldung:


          Die obere Toleranzgrenze für den Parameter Gesamt-Deckungsbeitrag
          könnte um   1.10   Prozent überschritten werden !


          Die Abweichung ist auf folgende Einflussparameter mit Ihren Ausprägungen
          zurückzuführen:


          Menge                   12694.22 Stk.
          Stueckdeckungsbeitrag      51.00 DM/Stk.



                      Weiter mit beliebiger Taste ! :
```

Abbildung 5.2.5/1:   Früherkennungsmeldung in WIFRAB

5.2.6 Änderungen und Erweiterungen

Das für diesen Prototyp verwendete Modell des Absatzbereiches einer Unternehmung ist natürlich kein allgemeingültiges, auf jede Unternehmung zutreffendes Modell. Es enthält Beziehungen, die in manchen Unternehmen nicht relevant sind und unterschlägt solche, die sehr wohl für Unternehmen von Bedeutung sein können.

Um nun auch mögliche Änderungen am zugrundeliegenden Modell vornehmen zu können, kann der Wissensingenieur nach bestimmten Vorgaben die Datenbank und die Wissensbasis modifizieren. Grundsätzlich sollte dabei immer nur eine Änderungsoperation vorgenommen werden, da es sonst sehr schnell zu Inkonsistenzen kommen kann, weil die Übersicht verloren gegangen ist [BARTELS 89, S. 98]. Folgende Schritte sind beim Einfügen einer neuen Variable notwendig:

- Einfügen im Feedback-Diagramm
- Erweiterung der Verwaltungsdatenbank
- Einrichten einer Zeitreihendatenbank
- ggf. Ändern der Zeitreihendatenbank beeinflußter Variablen
- Berücksichtigung der neuen Variable innerhalb der Wissensbasis
    - ◇ in der Parametergruppe
    - ◇ in der Konklusion von Steuerregeln wegen Datenübertragung
- Berücksichtigung der Beziehungen auf andere Variablen
    - ◇ Indexwerte im Inferenz-Rahmen
- Einfügen der "neuen" Regeln in der Datenbank (WIFTOOLS)

Das Löschen von Variablen geschieht entsprechend im umgekehrter Reihenfolge. Bei anderen Veränderungen kann der Wissensingenieur direkt in der Wissensbasis die entsprechenden Werte verändern.

5.2.7 Abschlußbetrachtung

Mit dem System WIFRAB ist es gelungen, das Eingangs vorgestellte Modell (vgl. Kapitel 2.1.5) für ein Früherkennungssystem zu implementieren. Die eingesetzten Werkzeuge waren ein adäquates Mittel zur Darstellung von kausalen und funktionalen Beziehungen des Modells. Das vorgestellte System kann so in die industrielle Praxis Eingang finden. Dazu müssen bestimmte Rahmenbedingungen verändert werden, die bei der Prototyp-Version auftraten:

1. Geschwindigkeit der Inferenzmaschine
   Die für das Beispiel entwickelte Wissensbasis umfaßt z.Zt. 57 Regeln,

deren Abarbeitung auf einem IBM-PC-AT ca. 7 Minuten dauert. Bei kommerziellen Anwendungen werden vermutlich mehrere hundert Regeln zu verwalten und abzuarbeiten sein, so daß kaum vernünftige Dialoge zu erwarten sind. Dieser Einwand ist zu vernachlässigen, wenn das System im BATCH-Betrieb läuft. Setzt man jedoch die in Kapitel 3.4 beschriebene *blackboard*-Organisation voraus, müssen Untersuchungen über das Laufzeitverhalten des Systems vorgenommen werden.

2. Gestaltung der Benutzeroberfläche
   Bei der Gestaltung der Oberfläche konnte nicht auf die Funktionen von *Personal Consultant* zurückgegriffen werden, da lediglich Basisfunktionen vorhanden sind. Deshalb wurde das Dialogmodul vollständig außerhalb von *Personal Consultant* realisiert.

3. Steuerung der Konsultation
   Eine Konsultation des WIFRAB-Systems kann ausschließlich über dem "Activities Screen" oder nach Erstellung einer RUNTIME-Version über eine Batch-Datei erfolgen. Es ist nicht möglich gewesen, die Inferenzkomponente in eine höhere Programmiersprache einzubinden.

4. Die Ankopplung der Datenbank
   Die Schnittstelle zum Datenbanksystem hat zwar funktioniert, jedoch ist DBASE nicht unbedingt als Standard im Industriebetrieb anzusehen. Wünschenswert wäre eine SQL-Schnittstelle, um auf in der Industrie anzutreffende "leistungsfähige" Datenbanksysteme, wie ORACLE oder INGRES zugreifen zu können.

Wenn man davon ausgeht, daß das vorgestellte Modell in einem Unternehmen mit Hilfe einer Expertensystemshell implementiert werden soll, dann müssen die genannten Einschränkungen berücksichtigt werden. Darüberhinaus ist zu überlegen, ob man ein solches System nicht besser in einer höheren Programmiersprache, wie z. B. C implementiert, weil hier Schnittstellen zu den großen Datenbanksystemen existieren.

5.3 Alternative Modellierungskonzepte

Der vorige Abschnitt zeigte die Möglichkeiten auf, wie mit wissensbasierte Systemen ein informationsverarbeitendes Element des Früherkennungssystems modelliert werden konnte. Hier soll nun auf andere Konzepte eingegangen werden, die im Bereich der betriebswirtschaftlichen Datenverarbeitung weit verbreitet sind. Entstanden sind diese Konzepte aus den Problemen, die in der Zusammenarbeit zwischen den betrieblichen Fachabteilungen und zentraler Datenverarbeitung bestanden. Die Mitarbeiter in den Fachabteilungen besaßen gewöhnlich nicht die notwendigen DV-Fachkenntnisse, um ihre Problemstellungen in einer Form zu beschreiben, die der DV-Fachmann verstand. So mußte die von der DV-Abteilung erstellte Lösung oftmals überarbeitet werden, was zu einer ständigen Überlastung der DV-Abteilung und damit zu langen Anwenderstaus führte.

Der Ausweg aus dieser Situation wurde durch eine Verlagerung der Anwendungsentwicklung von der DV-Abteilung zur Fachabteilung erreicht. Unterstützt wurde diese Entwicklung durch die sinkenden Kosten im Hardwarebereich und die Leistungssteigerung im PC-Sektor. Auf diese Weise erhielten die Fachabteilungen Zugriff auf eigene Computer. Für die Nutzung der Computer besaßen die Anwender jedoch keine ausreichenden Kenntnisse. Um eigene Anwendungen zu entwickeln mußte eine Software geschaffen werden, die es dem Anwender erlaubt, seine Modelle zu formulieren.

Die meisten Anwendungen in den Fachabteilungen betreffen die Bearbeitung von Datenbeständen, die in den betrieblichen Basissystemen erzeugt werden. Die Bearbeitung reicht dabei von einfachen Berichten, die Texte, Tabellen und Graphiken enthalten, bis zu Alternativrechnungen (what-if-, schrittweise Sensitivitäts-, how-to-achieve-Analyse, Szenariotechnik) [MERTENS/ZEUCH 87,S.52]. Software, die diese Modellbildung unterstützt, wird der sogenannten 4. Softwaregeneration zugerechnet [BARTH 87,S.12]. Da der Anwender in der Fachabteilung über keine ausreichenden DV-Fachkenntnisse verfügt, sind diese Systeme i.d.R. interaktiv. Der Zugriff auf die benötigten Daten der Unternehmensdatenbank erfolgt dann meist nicht-prozedural, um den Anwender nicht mit den Details des Datenbank-Managementsystems zu belasten.

In der betrieblichen Praxis sind zwei verschiedene Ausprägungen dieser Software vorzufinden: Planungssprachen und Tabellenkalkulationsprogramme. Beide Sprachen bieten nicht so viele Kombinationsmöglichkeiten ihrer Syntaxelemente wie höhere Programmiersprachen, sind aber wesentlich flexibler in der Modellgestaltung als Methodenpakete mit fest definierter Logik und vordefinierten Variablen [TILEMANN 79,S.168].

Zur Modellierung der Früherkennungsfunktion sind beide Sprachen bedingt geeignet. Die folgenden Abschnitte beschreiben die Möglichkeiten der Modellierung und ziehen Vergleiche zur wissensbasierten Lösung.

5.3.1 Modellierung mit einer Planungssprache

Neben dem beschriebenen Vorteil der Entwicklungsverlagerung auf den Anwender bieten Planungssprachen einen weiteren Vorteil, der ihren Einsatz in der betrieblichen Praxis rechtfertigt, nämlich daß der Zeitaufwand für die Systementwicklung gegenüber der Erstellung mit einer höheren Programmiersprache wesentlich niedriger ist [HAUN 87, S.176]. Ein Grund dafür ist, daß Planungssprachen problemorientiert sind und deshalb gerade auf Problemstellungen in Planungs- und Berichtssystemen angewendet werden können. Dabei wird der Begriff der Planungssprache häufig mit einer höheren Programmiersprache verglichen, was jedoch irreführend ist. Am Beispiel des Systems FCS™ soll der Aufbau einer Planungssprache beschrieben werden.

Planungssprachen beinhalten i.d.R. ein komplettes Informationsverarbeitungskonzept, daß alle für operative Controlling-Systeme geforderten Richtlinien (vgl. Kapitel 3), nämlich Trennung von Daten und Methoden einhält (Abb. 5.3.1/1). Dazu werden auf der Datenseite relationale Datenbanken, bzw. Schnittstellen zu solchen angeboten. So können Datenbanksysteme der verschiedensten Hersteller mit in das System eingebunden werden, z.B. DB2, SQL/DS, ADABAS, IDMS, FOCUS. Diese Daten werden im Verarbeitungsteil, der Logik, verdichtet. Die Logik stellt damit eine Methode dar. Innerhalb dieser Logik können nun verschiedene Funktionen benutzt werden, die auf die o.a. Planungs- und Berichtssysteme abgestimmt sind. Darin liegt auch eine der Klassifikationsmöglichkeiten für Planungssprachen: der vorprogrammierte Funktionsvorrat. MERTENS/GRIESE nennen vier Systemkategorien, in die diese Funktionen eingestuft werden können [MERTENS/GRIESE 88, S.59]:

- Kosten- und Budgetplanung
- Finanz- und Investitionsplanung
- Absatz- und Marketingplanung
- Unternehmensgesamtplanung

In diese Klassen fallen die vorprogrammierten Funktionen. Die mit Hilfe der Logik verarbeiteten Daten können dann in Reportgeneratoren ausgegeben werden, wobei Texte mit Tabellen und Graphiken gemischt werden können.

Zur Modellierung der Früherkennungsfunktion wird ein Modell in drei Phasen durchlaufen:

- Phase I   Initialisierung der Modellparameter

- Phase II Berichtsfunktion (Ist-Plan-Vergleich)
- Phase III Früherkennungsphase

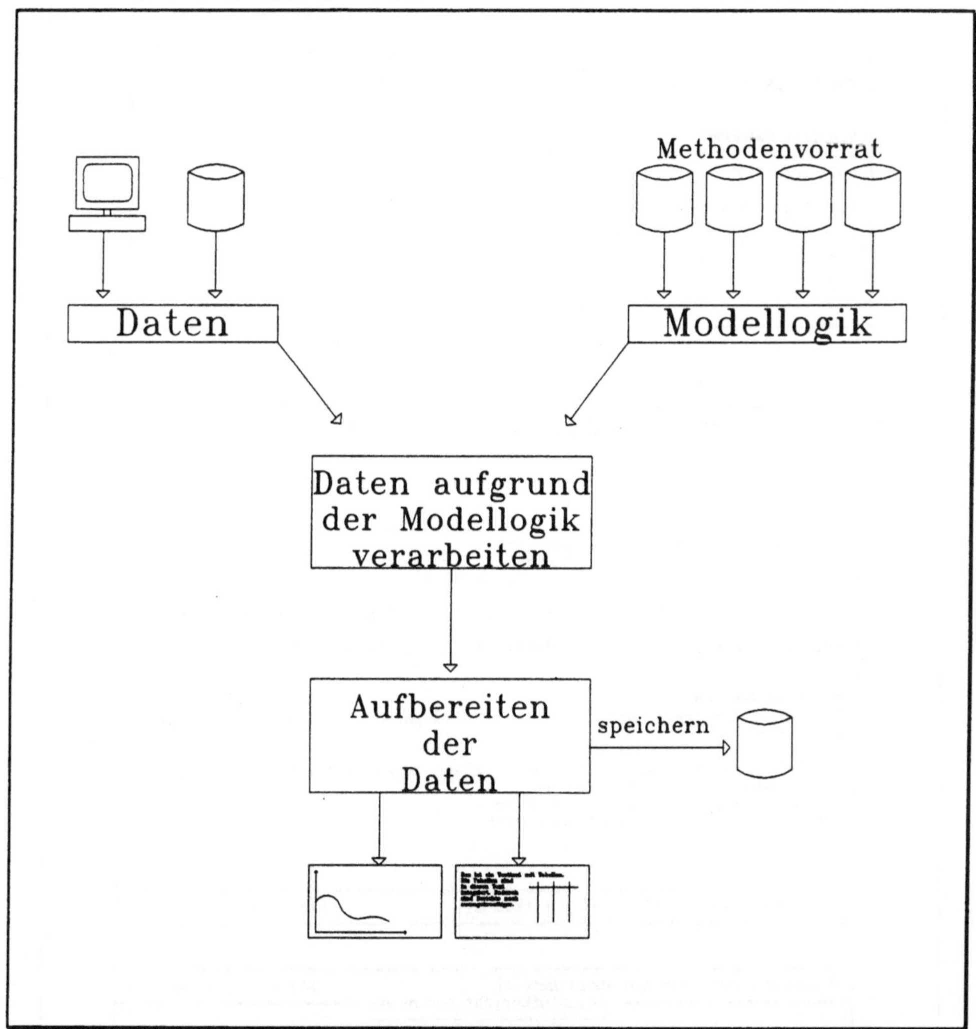

Abbildung 5.3.1/1:   Aufbau der Planungssprache FCS

In der Initialisierungsphase werden die Istwerte für die atomaren Variable bis zum aktuellen Zeitpunkt gesetzt, bzw. aus Datenbanken übernommen. Zusätzlich können die für den weiteren Ablauf benötigten Parameter, Glättungsfaktoren und Toleranzschwellen, vom Benutzer gesetzt werden.

In der Berichtsphase wird ein Plan-Ist-Vergleich vorgenommen, und es wird ein Bericht für die Zielvariablen ausgegeben. Dieser Bericht weist auf Abweichungen hin, die ausserhalb der vorgegebenen Toleranzschwellen liegen. Zusätzlich kann der Benutzer die Werte der Einflußfaktoren nachfragen, durch die eine Variable beeinflußt wurde (vgl. Abbildung 5.3.1/2).

```
Prognose-Modell für den Absatzbereich                    aktuelle Periode:  7
                    ──> Abschlußbericht für Gewinn <──


                             Prognose        Plan      Abw(abs)     Abw(%)

Gewinn (DM/Per.):            -64915.47     18700.00    -83615.47    -447.14


Negative Meldung:
Die untere Toleranzgrenze für diesen Ergebnisparameter wurde um  447.14 %
unterschritten!

Der Prognosewert berechnet sich aufgrund der durch das Modell ermittelten
Prognosewerte folgender Parameter:
Deckungsbeitrag :     590564.57 DM/Per.
Fixkosten       :     655480.04 DM/Per.
```

Abbildung 5.3.1/2:   Bericht für die Zielvariable GEWINN

```
Prognose-Modell für den Absatzbereich                   aktuelle Periode: 10
                    ──> Abschlußbericht für Gewinn <──


                             Prognose        Plan      Abw(abs)     Abw(%)

Gewinn (DM/Per.):            36864.69     49750.00     -12885.31     -25.90


Negative Meldung:
Die untere Toleranzgrenze für diesen Ergebnisparameter wurde um   25.90 %
unterschritten!

Der Prognosewert berechnet sich aufgrund der durch das Modell ermittelten
Prognosewerte folgender Parameter:
Deckungsbeitrag :     692344.73 DM/Per.
Fixkosten       :     655480.04 DM/Per.



F1 - Deckungsbeitrag     F2 - Fixkosten           F10 - Zurück zum Menü
```

```
Prognose-Modell für den Absatzbereich                   aktuelle Periode: 10
                    ──> Abschlußbericht für Menge <──


                             Prognose        Plan      Abw(abs)     Abw(%)
Menge:                      13421.86     11500.00      1921.86      16.71

Positive Meldung:
Die obere Toleranzgrenze für diesen Modellparameter wurde um    6.71 %
überschritten!
Der Prognosewert errechnet sich aus dem Basiswert und dem Indexwert, der
sich aufgrund folgender kausaler Beziehungen zusammensetzt:
aus Periode:       7        8        9       10       11       12      Summe

Preis        :   0.00     0.00     0.00     0.00                      0.00
Werbung      :   1.00     0.00     0.00     0.00                      1.00
Attraktivität:   0.00     0.00     0.00     0.00                      0.00
Konkurrenz   :   0.00     0.00     0.00     0.00                      0.00

Index        :                                                       1.00

F1 - Attraktivität    F2 - Konkurrenz          F10 - Zurück zum Menü
```

Abbildung 5.3.1/3:   Früherkennungsmeldung für die Variable GEWINN

In der Früherkennungsphase werden die signifikanten Abweichungen durch das Setzen von Wirkungsvektoren berücksichtigt. Diese werden interaktiv vom Benutzer erfragt. Bei der späteren Ausgabe eines Früherkennungsberichts kann der Benutzer auch diese Einflüsse, die auf eine Variable wirken, erfragen, und zwar die Stärke der Wirkung und den Zeitpunkt, zu dem diese Wirkung gesetzt wurde (vgl. Abbildung 5.3.1/3).

Die Unterschiede der FCS-Version zu der Expertensystem-Version sind für den Benutzer nicht sichtbar. Beide Systeme sind in der Lage, den Ablauf einer Konsultation zu steuern. Es sind vielmehr die Philosophien, die hinter diesen Entwicklungswerkzeugen stehen, die den Unterschied ausmachen. So sieht REUSCH sogar die Möglichkeit, FCS mit Hilfe von weiteren Problemlösungstechniken zu einem Expertensystem auszubauen [REUSCH 88, S.2-24].

5.3.2   Modellierung mit Tabellenkalkulationssystemen

Es scheint zunächst nicht einsichtig zu sein, weshalb Tabellenkalkulations-Systeme in einem Gebiet zur Modellierung geeignet sein sollen, daß typischerweise durch wissensbasierte Systeme abgedeckt wird. Jedoch können Tabellenkalkulations-Systeme durchaus in der Lage sein, als 'Experten-Unterstützungs-Systeme' eingesetzt zu werden. Als Hauptaufgabe solcher Systeme sieht STIERLEN das "Transparentmachen" der vielen Interdependenzen, um Fachleute bei der Entscheidungsfindung zu unterstützen [STIERLEN 87,S.1].

Tabellenkalkulationsprogramme haben die Struktur eines Rechenblattes. Ein solches Rechenblatt oder Arbeitsblatt besteht aus Zellen, die über die entsprechende Spalten- und Zeilennummer definiert sind. In diesen Zelle können Texte (Labels), Zahlen oder Formeln eingetragen werden. Während der Bearbeitung eines Arbeitsblattes können gleichzeitig Daten und Formeln eingegeben und verändert werden. Angezeigt werden im Arbeitsblatt die Zahlen, die Texte und die anhand der Formeln errechneten Ergebnisse. Die Formeln setzen sich aus Konstanten, Variablen (entspricht einer Zelle im Arbeitsblatt) und Funktionen zusammen, die in unterschiedlichem Umfang vom System bereitgestellt werden. Besonderes Merkmal ist, daß Änderungen an einer Zelle sofort an allen Bezug nehmenden Zellen sichtbar werden [ZEUCH/HAUN 86, S.1].

Ausgangspunkt für die Modellbildung sind wieder die Grunddaten:

- Istwerte
- Planwerte
- Signifikanzschwellen
- zeitliche Verzögerungswirkungen

Sie können im Arbeitsblatt direkt gespeichert werden. In einigen Systemen, den sogenannten integrierten Paketen, wird zusätzlich zum Tabellenkalkulationsbereich noch ein Datenbereich und eine Textverarbeitung angeboten. Dadurch kann der Trennung zwischen Daten und darauf operierenden Methoden mit Einschränkung Rechnung getragen werden.

```
Tabelle     Konkurrenzverhalte! Abhängigkeiten      ! Rechenbereich
  t    Ist     Plan   Prognose ! Preis    ! Werbung ! Abweichung
========================================================================  =====
  1   10000   10000            !  3,00%!    2,00%!      0,00%
  2    9000   10000            !  4,50%!    2,00%!    -11,11%
  3    8000   10000            !  4,33%!    2,00%!    -25,00%
  4   10125   10000            !  3,25%!    2,00%!      1,23%
  5   10000   10000            !  3,78%!    2,00%!      0,00%
  6           10000 9687,015   !  2,78%!    2,00%!
  7           10000 9570,145   !  1,54%!    0,00%!
  8           10000     9425   !  0,00%!    0,00%!
  9           10000     9425   !  0,00%!    0,00%!
 10           10000     9425   !  0,00%!    0,00%!
 11           10000     9425   !  0,00%!    0,00%!
 12           10000     9425   !  0,00%!    0,00%!
 13           10000     9425   !  0,00%!    0,00%!
 14           10000     9425   !  0,00%!    0,00%!
 15           10000     9425   !  0,00%!    0,00%!
                                                          KONKURRENZ
                                                     FRÜHERKENNUNG
```

Abbildung 5.3.2/1   Darstellung der Basisdaten im Kalkulationsblatt

Für jede kausale Beziehung aus dem Feedback-Diagramm wird eine Wirkungstabelle angelegt.

```
              Ausgangspunkt der Wirkung in Periode
                     1        2        3        4        5        6
 Wirkung     1     0,03
   von       2     0,06     0,03
 PREIS       3     0,04     0,06     0,03
   auf       4      0       0,04     0,06     0,03
 KONKURRENZ  5      0        0       0,04     0,06    0,0888
             6               0        0       0,04    0,099      0
             7                        0        0      0,077      0
             8                                 0        0        0
             9                                          0        0
            10                                                   0
            11
            12
            13
                                                        WIRKUNG PR->KO
                                                     FRÜHERKENNUNG
```

Abbildung 5.3.2/2:   Darstellung der kausalen Abhängigkeiten im Kalkulationsblatt

Falls eine Variable signifikant ist, muß in der Tabelle abhängig vom Zeitpunkt der Wirkungsvektor eingetragen werden. In der Summenspalte wird nun derjenige Wert berechnet, der in den Prognoseprozeß eingeht. Das ist sinnvoll, weil sich Einflüsse aus verschiedenen Perioden überlagern können. Dadurch kann der zu übergebene Wert als Funktion aller Einflüsse zu einem bestimmten Zeitpunkt berechnet werden, z.B. als Durchschnitt, Summe, gewichtet u.s.w.

Aus diesen Daten werden dann die Prognosewerte für die atomaren Variablen berechnet. Dazu wird zunächst

- der Basiswert als Formel aus den Istwerten oder als Systemfunktion

bestimmt und

- um Einflüsse aus den Wirkungstabellen korrigiert.

Der so prognostizierte Wert kann der Übersicht wegen mit den entsprechenden Einflüssen aufgezeigt werden, um die Ursachenanalyse zu unterstützen.

Aus diesen Prognosedaten der atomaren Variablen werden die funktional abhängigen Variablen berechnet. Die Berechnung bezieht sich jeweils auf einen Zeitpunkt. Nach dem Vergleich der Prognosedaten mit den Plandaten können anschließend nicht nur die Abweichungen der Variablen angezeigt werden, sondern zusätzlich zur Unterstützung der Ursachenanalyse die zugrunde liegenden atomaren Variablen mit den zugehörigen Einflußfaktoren.

Wie kurz skizziert wurde, ist ein Tabellenkalkulations-Programm durchaus in der Lage, die Modellierung für operative Früherkennungssysteme zu unterstützen. Die Unterschiede zu der Expertensystem-Lösung und zu den Planungssprachen findet man in der Ablaufsteuerung. Das bisher beschriebene Konzept realisiert nur die statischen Aspekte. Die Dynamik erhält das System erst durch die Dialogorientierung, was zu Anforderungen an die Funktionalität solcher Systeme führt:

- Automatische Übernahme von Werten in Tabellen von außerhalb (Ist-, Planwerte)
- Bei signifikanten Abweichungen (Ist-Plan > Signifikanzschwelle) direkter Sprung in die Wirkungstabelle, und zwar für jede signifikante Abweichung
- Übernahme von default-Werten als Wirkungsvektoren oder Dialogabfrage des Wirkungsvektors
- Unterstützung der Berichtsfunktion durch Einbindung von Textkonserven
- Graphik zur Darstellung von Zeitentwicklungen

Im Gegensatz zur Expertensystem-Lösung muß bei der Tabellenkalkulationslösung vom Benutzer wesentlich mehr Wissen bezüglich des Systemablaufes verlangt werden. Grundsätzlich sind Tabellenkalkulationsprogramme geeignet, als Modellierungskonzept für informationsverarbeitende Elemente eingesetzt zu werden, und zwar als Unterstützungssystem. Jedoch widersprechen sie den Anforderungen an allgemeine DV-gestützte Controllingsysteme, da eine klare Trennung von Daten und darauf operierenden

Methoden nicht möglich ist. Daraus resultiert die größte Schwäche solcher Systeme. Bei umfassenden Modellen geht die Übersicht sehr schnell verloren, und so können Änderungen und Erweiterungen am System nur schwer vorgenommen werden.

6 Zusammenfassung

Die vorliegende Arbeit beschreibt ein Informationsverarbeitungskonzept für operative Früherkennungssysteme. Dabei wird zwei Blickrichtungen Rechnung getragen.

Der **Integrationsgedanke** beschreibt die organisatorische Verflechtung des Früherkennungssystems mit den anderen Teilsystemen der Planung und Kontrolle. Dabei gibt es zwei Besonderheiten zu beachten. Früherkennungssysteme benötigen nicht nur interne Daten der Unternehmung, sondern auch externe Daten über den Markt, Wettbewerber etc. und sie sind i.d.R. bereichsübergreifend. Dazu definieren die Verantwortlichen für das Früherkennungssystem ein konzeptionelles Schema des Bereiches und bekommen von dem DB-Administrator eine Sicht auf die vom *informationsaufnehmenden Element* zu überwachenden Größen. Aus der bereichsübergreifenden Arbeitsweise eines Früherkennungssystems ergibt sich eine Koordinationsaufgabe, die über den *blackboard*-Ansatz gelöst werden kann. Daten, die in das Früherkennungssystem über die *informationsaufnehmenden Elemente* einfließen, müssen vorher von diesen auf Signifikanz überprüft werden. Erst wenn das der Fall ist, wird ein Datum in das Früherkennungssystem übernommen. Da das zu nicht vorhersehbaren Zeitpunkten geschieht, und bei Anfall des Datums noch nicht mit Bestimmtheit alle Empfänger bekannt sind, ist gerade die *blackboard*-Organisation geeignet, die Asynchronität von Informationsanfall und Informationsweiterverarbeitung zu bewältigen.

Die Integration des *blackboard*-Systems in die organisatorische Struktur eines Unternehmens wird durch ein computergestütztes System beschrieben, das in dieser Konzeption auf seine Eignung im Unternehmen überprüft werden muß. Das jedoch erscheint z.Zt. kaum möglich, da es in vielen Unternehmen schon bei der Nutzung von Informationssystemen erheblichen Akzeptanzprobleme gerade in den oberen Management-Ebenen gibt. So kann eine gewissermaßen abgeschwächte Organisationsform, z.B. eine Expertenrunde, oder Einzelgespräche die *blackboard*-Organisation ersetzen.

Für die zweite Blickrichtung, die **Automationspotentiale**, ergeben sich dadurch negative Auswirkungen. Die Organisationsform *blackboard* ist in besonderer Weise dazu geeignet, den *Knowledge-Engineering*-Prozeß zu unterstützen. Hier können die Experten in ihrem Problemlösungsverhalten beobachtet werden. Dadurch kann die Entwicklung eines computergestützten Systems für die informationsverarbeitende Funktion unterstützt werden.

Ein wichtiges Teilergebnis ist die Relativierung des wissensbasierten Ansatzes. Solche Modellierungstechniken sind für bestimmte Problemstellungen, auch für Früherkennungssysteme, ein geeignetes Mittel, um den Anforderungen an die Funktionalität zu genügen. Jedoch kann dieselbe Funktionalität auch mit anderen

Techniken erreicht werden. Das Problem der Systementwicklung verschiebt sich deshalb von der grundsätzlichen Frage, ob eine für ein Expertensystem geeignete Problemstellung vorliegt, zu den Möglichkeiten der Erfassung des Expertenwissens. Hier muß das klassische Konzept des Software-Engineering um Elemente des Knowledge-Engineering erweitert werden, weil gewisse Verhaltensweisen nicht per Definition festliegen, sondern beobachtet werden müssen. Gerade dazu ist der *blackboard*-Ansatz besonders geeignet.

Das Automationspotential der *informationsaufnehmenden Elemente* ist für den Bereich der gerichteten Überwachung (Schwellenwertprinzip) sehr groß, da über Trigger dieser Teil der Informationsaufnahme direkt abgedeckt werden kann. Im Bereich der ungerichteten Überwachung ist dagegen kein Automationspotential erkennbar, da hier eine ungerichtete Überwachung von nicht vorhersehbaren Sachverhalten stattfindet und dazu Intelligenz erforderlich ist, in dem Sinn, daß ein *informationsaufnehmendes Element* Verbindungen zu Unternehmenszielen herstellen muß.

Das Automationspotential des *informationsverarbeitenden Elemente*, also der Entscheidungsträger auf den jeweiligen Hierarchiestufen eines Unternehmens, konnte anhand eines Beispiels gezeigt werden. Inwieweit das zugrunde gelegte Modell repräsentativ für ein Unternehmensbereich ist, kann nur in einem Praxistest erprobt werden. Hier jedoch ergeben sich wie schon beim *blackboard*-Ansatz die größten Probleme. Es ist nicht möglich gewesen, ein Unternehmen zur Unterstützung dieser Forschungsaufgabe zu finden. Die Gründe dafür sind sogar verständlich:

1) Das Unternehmen müßte einem Außenstehenden aktuelle Daten zur Verfügung stellen
2) Die Entscheidungsträger müßten ihre Problemlösungsverhalten offenlegen
3) Die Zeitbelastung für einen Entscheidungsträger, der ständig Befragungen über sein Problemlösungsverhalten über sich ergehen lassen müßte, ist zu groß.

Hieraus kann als weiteres Ergebnis abgeleitet werden, daß an die Einführung von computergestützten Früherkennungssystemen Bedingungen geknüpft werden müssen, die die Organisationsstruktur des Unternehmens beeinflussen. Um den o.a. Gründen Rechnung zu tragen, muß

1) der Entscheidungsträger selbst in die Lage versetzt werden, ein solches System zur eigenen Unterstützung zu erstellen.
2) der Entscheidungsträger über entsprechende Kenntnisse der Systementwicklung verfügen,

was sich auf die Anforderungen an einen Experten in der entsprechenden Position und damit auf die Organisationsstruktur (hier Anforderungsprofil) auswirkt.

Vernachlässigt man diese Punkte, dann bieten die drei angesprochenen Modellierungskonzepte Automationspotentiale für die informationsverarbeitende Funktion in fallendem Automatisierungsgrad. Während die Expertensystemlösung alle Wissensarten repräsentieren konnte und bis auf Parameteränderungen als eigenständiges System denkbar ist, das den Benutzer führt, kann das für eine Planungssprache nur in eingeschränktem Maß gelten. Durch ihre Struktur begründet, verfügen Expertensysteme über eine Trace-Funktion, die die Schlußfolgerungskette einfach ausgeben kann. Eine solche Funktion fehlt in Planungssprachen völlig und müßte programmiert werden, was nur mit zusätzlichem Programmieraufwand möglich ist. So kann eine Planungssprache an die Funktionalität eines wissensbasierten Systems heranreichen. Das kann für Tabellenkalkulationsprogramme nicht erreicht werden. Ein solches System bietet lediglich Möglichkeiten zur Erfassung und Berechnung von Daten, so daß der Nutzer den Ablauf selbst vornehmen muß.

Aufgrund der Ergebnisse dieser Arbeit kann der Weg zu computergestützten Früherkennungssystemen aus systemtechnischer Sicht beschritten werden. Aus psychologischer Sicht jedoch scheint dieser Weg noch sehr weit zu sein, da vorhandene Akzeptanzprobleme sich nicht problemlos Beseite schaffen lassen. Ans Ziel kann man nur gelangen, wenn die theoretisch vorliegenden Konzepte in der Praxis überprüft werden können und so über den Weg der Praktikabilität die vorhandenen Akzeptanzprobleme zerstreut werden können.

Literaturverzeichnis

ALAGIC 86

Alagic,Suad: Relational Database Technology. New York 1986.

ALBACH/HAHN/MERTENS 79

Albach, Horst;Hahn, Dietger; Mertens, Peter: Frühwarnsysteme (ZfB-Ergänzungsheft 2/79).

ALLGEYER 87

Allgeyer,Karl-Heinz: Das Expertensystemtool HEXE und seine Anwendung zur Schwachstellendiagnose in der Produktion. Diss. ,Nürnberg 1987.

ALTMANN 68

Altmann,Edward I.: Financial Ratios, Discriminant Analysis and the Prediction of Corporate Bankruptcy. In: Journal of Finance 1968, S.589-609.

APPELRATH 85

Appelrath,Hans-Jürgen: Von Datenbanken zu Expertensystemen. Berlin 1985.

BAETGE 83

Baetge,Jörg: Kybernetische Methoden und Lösungen in der Unternehmenspraxis. Berlin 1983.

BALZERT 87

Balzert,Helmut[Hrsg.]: Expertensysteme 87 - Konzepte und Werkzeuge. Stuttgart 1987.

BARR/FEIGENBAUM 81

Barr,A.;Feigenbaum,E.A.: The Handbook of Artificial Intelligence. Vol.1-3, Los Altos, CA, 1981.

BARTELS 89

Bartels,Stefan: Implementierung eines wissensbasierten Modells zur Früherkennung von Abweichungen im Absatzbereich. Diplomarbeit, Hildesheim 1989.

BARTH 87

Barth, Gerhard: Zielsetzung, Definition und Klassifikation der 3. bis 5. Softwaregeneration. In: HMD 137/1987, S.3-14.

BEAVER 66

Beaver,William H.: Financial Ratios as Predictors of Failure. In: Journal of Accounting Research 1966, S.71-111.

BELKIN/SEEGER/WERSIG 83

Belkin,N.J.;Seeger,T.;Wersig,G.: Distributet expert problem treatment as a model for information systems analysis and design. In: Journal of Information Sciences 5 (1983), S.153-167.

BEREKOVEN/ECKERT/ ELLENRIEDER 87

Berekoven, Ludwig;Eckert, Werner; Ellenrieder, Peter: Marktforschung. 3.Auflage, Wiesbaden 1987.

BERG 79

Berg,Claus C.: Frühwarnsysteme im Bereich der Materialwirtschaft. In: Albach/Hahn/Mertens 79, S.135ff.

BERG/TREFFERT 79

Berg,C.C.;Treffert,J.C.: Die Unternehmenskrise - Organisatorische Probleme und Ansätze zu ihrer Lösung. In: ZfB 49 (1979), S.459ff.

BLASER/JARKE/LEHMANN/MÜLLER 87

Blaser, Albrecht;Jarke, Matthias;Lehmann, Hein;Müller, Gunter: Datenbanksprachen und Datenbankbenutzung. In: Lockemann/Schmidt 87, S.563-635.

BÖCKER 86

Böcker, Franz: Preistheorie und Preisverhalten. München 1982.

BOLKART 87

Bolkart,Wilhelm: Programmiersprachen der 4. und 5. Generation. Hamburg 1987.

BONATO 87

Bonato,Marcellus: Knowledge elicitation with structure formation techniques. In: Diederich/Uthmann 87, S.49-66.

BOOSE 85

Boose,John: A Knowledge Acquisition Program for Expert Systems Based on Peronal Construct Psychology. In: International Journal on Man-Machine Studies, Vol.23 (1985), S.495-525.

BOOSE /GAINES 88

Boose,John;Gaines,Brian: Knowledge Acqusition Tools for Expert Systems. Cambridge 1988.

BOUWMAN 83

Bouwman,Marinus: Human Diagnostic Reasoning by Computer. In: Management Science 29 (1983), S.653ff.

BROMBACHER 88
Brombacher,Reinhard: Entscheidungsunterstützungssysteme für das Marketing-Management. Berlin-Heidelberg 1988.

BUCHANAN /SHORTLIFFE 84
Buchanan, Bruce; Shortliffe, Edward: Rule-Based Expert Systems. Reading, Massachusetts 1984.

BUCHNER 85
Buchner,Robert: Finanzwirtschaftliche Statistik und Kennzahlenrechnung. München 1985.

BÜHLER 85
Bühler,Wilhelm: Unternehmenssicherung mittels Problemerkennungssystem - eine Aufgabe moderner Unternehmensführung. In: ZfB 55 (1985), S.330-345.

BULLINGER/NIEMEIER 89
Bullinger,Jörg;Niemeier,Joachim: Integrationsmanagement auf dem Weg zu CIB. In: Office Management 10/89, S.6-21.

BUNDY 83
Bundy,Alan: Proceedings of the Joint Conference on Artificial Intelligence 8, Vol.1/1983.

BÜRGEL 80
Bürgel,Hans Dietmar: Frühwarnsystem der SEL AG in: ZfbF 32 (1980), S.270-275.

BÜTTNER U.A. 88
Büttner,U.; Dräger,U.; Geiß,M.; Krug,P.; Mertens,P.; Purnhagen,J.; Rauh,N.; Wittmann,S.: Expertensysteme zur Jahresabschlußanalyse für kleine und mittlere Unternehmen. In: ZfB 58 (1988), S.229ff.

CRASEMANN 88
Crasemann,C.;Krasemann,H.: Der Wissensingenieur - ein neuer Hut auf altem Kopf. In: Informatik Spektrum 11 (1988), S.43-48.

DIEDERICH /MAY/RUHMANN 87
Diederich, Joachim;May, Mark;Ruhmann, Ingo: KRITON:Wissensakqusition für Expertensysteme. In: BALZERT 87, S.210-221.

DIEDERICH /UTHMANN 87
Diederich,Joachim,Uthmann,Thomas: Knowledge Acqusition for Expert Systems. Arbeitsbericht der GMD 281,Bonn 1987.

DIEDERICH 87
Diederich,Joachim: Wissensakquisition. Arbeitsbericht 245 der GMD, Bonn 1987.

DILLER 82

Diller, Herrmann: Der Preis als Qualitätsindikator. In: BÖCKER 82, S.60-89.

DILLER 85

Diller, Herrmann: Preispolitik: Stuttgart-Berlin-Köln-Mainz 1985.

DORMAYER 86

Dormayer,Hans-Jürgen: Konjunkturelle Früherkennung und Flexibilität im Produktions-bereich. München 1986.

DREXEL 84

Drexel,Gerhard: Frühwarnsysteme für die Praxis - dargestellt am Beispiel eines Einzel-unternehmens. In: ZfB 54 (1984), S.89-105.

ERMAN 81

Erman,L.D.;London,P.E.;Fickas,S.F.: The design and an example use of HAERSAY III. In: International Joint Conference on Artificial Intelligence 7, S.409-415.

FREUND 87

Freund,Werner: Vorgehensweise zur Entwicklung von Expertensystemen. Vortrag beim Fachseminar: Expertensysteme in der Unternehmung II. Betriebswirtschaftliches Institut für Organisation und Automation, Köln 1987.

GERNERT 79

Gernert,Dieter: Frühwarnung und Krisenbewältigung - vom passiven zum aktiven Infor-mationssystem. In:ALBACH/HAHN/MERTENS 79, S.147-150

GOMEZ 83

Gomez,Peter: Frühwarnung in der Unternehmung. Bern 1983.

GOMEZ 86

Gomez,Peter: Modelle und Methoden des systemorientierten Managements. Bern-Stuttgart 1986.

GRAF 89

Graf,Rolf: Bürokommunikation mit CIM-Mentalität. In: Office Management 10/89, S.24-29.

GRIESE/ECKHARD 81

Griese,J.; Eckhard,T.: Initialisierung und Überwachung von Prognosemodellen. In: MERTENS 81, S.117-132.

HAEDRICH 76

Haedrich, Gunther: Werbung als Marketinginstrument. Berlin-New York 1976.

HAHN 78

Hahn,Dietger: Hat sich das Konzept des Controllers in der deutschen Industrie bewährt?
In: BFuP Heft 2, 30.Jg. (1978), S.101-128.

HAHN 79

Hahn,Dietger: Frühwarnsysteme, Krisenmanagement und Unternehmensplanung. In:
ALBACH/HAHN/MERTENS 79, S.25-46.

HAHN 85

Hahn,Dietger: Planungs- und Kontrollrechnung. 3.Auflage, Wiesbaden 1985.

HAHN/KLAUSMANN 83

Hahn,Dietger;Klausmann,Walter: Frühwarnsysteme und strategische Unternehmensplanung. In: HAHN/TAYLOR 83, S.250-266.

HAHN/KRYSTEK 79

Hahn, Dietger; Krystek, Ulrich: Betriebliche und überbetriebliche Frühwarnsysteme für
die Industrie. In: ZfbF 31 (1979), S.76-88.

HAHN/KRYSTEK 84

Hahn, Dietger; Krystek, Ulrich: Frühwarnsysteme als Instrument der Krisenerkennung.
In: STAEHLE,W.H.;STOLL,E.: Betriebswirtschaftslehre und ökonomische Krise - Kontroverse Beiträge zur betriebswirtschaftlichen Krisenbewältigung. Wiesbaden 1984, S.3-24.

HAHN/TAYLOR 83

Hahn, Dietger;Taylor, Bernard: Strategische Unternehmensplanung. 2.Auflage,
Würzburg-Wien-Zürich 1983.

HANSEN 79

Hansen, Ursula: Verbraucherabteilungen als Frühwarnsysteme. In:
ALBACH/HAHN/MERTENS 79, S.120-134.

HANSMANN/RAUBACH 86

Hansmann, Karl-Werner;Raubach, Ulrich: Der Einsatz von Kennzahlen zur Aufdeckung
von Unternehmenskrisen. In: JACOB 86, S.31-47.

HARMON /KING 86

Harmon, Paul;King, David: Expertensysteme in der Praxis. München-Wien 1986.

HART 86

Hart,Anna: Knowledge Acquisition for Expert Systems. New York 1986.

HAUN 87

Haun,Peter: Entscheidungsorientiertes Rechnungswesen mit Daten- und Methodenbanken. Berlin-Heidelberg 1987.

HAUN/ZEUCH 87

Haun, Peter; Zeuch, Klaus: Alternativrechnungen mit Planungssprachen und Tabellen-kalkulationssystemen. In: HMD 138/1987, S.52-64.

HAYES-ROTH 83

Hayes-Roth, Frederick; Waterman, Donald; Lenat, Douglas: Building Expert Systems. Reading, Massachusetts 1983.

HEINRICH/BURGHOLZER 87

Heinrich, Lutz; Burgholzer, Peter: Informationsmanagement. München-Wien 1987.

HEINZELBECKER 85

Heinzelbecker, Klaus: Marketing-Informationssysteme. Stuttgart-Berlin-Köln-Mainz 1985.

HENNINGS /MUNTER 85

Hennings, Ralf-Dirk;Munter, Heinz: Expertensysteme. Berlin 1985.

HODLER/RITTER 87

Hodler,Martin;Ritter,Laurent: Corporate Monitoring: Ein Frühwarn- und Chancener-kennungssystem. In: IO Management Zeitschrift, 56 (1987), Nr.12, S.566-569.

HOLLEY/DANSEREAU 84

Holley,C.D.;Dansereau,D.F.:Networking - The technique and the empirical evidence. Orlando/Florida 1984.

HOMMEL/SCHINDLER

Hommel,Gunter;Schindler,Sigram [Hrsg]: GI - 16. Jahrestagung: Informatik Anwendungen. Berlin 1986.

HORVATH 86

Horvath,Peter: Controlling. 2.Auflage, München 1986.

HUCH 84

Huch, Burkhard: Einführung in die Kostenrechnung. 7.Auflage, Würzburg-Wien 1984.

HUCH 89

Huch, Burkhard: EDV gestütztes Controlling - Konzepte und Systeme; Stand und Ent-wicklungstendenzen. Betriebswirtschaftliches Forum, Universität Hildesheim 1989.

HÜTTNER 82

Hüttner, Manfred: Markt- und Absatzprognosen. Stuttgart-Berlin-Köln-Mainz 1982.

HÜTTNER 86

Hüttner, Manfred: Prognoseverfahren und ihre Anwendung, Berlin-New York 1986.

JACOB 86

Jacob,Herbert: Früherkennung und Steuerung von Unternehmensentwicklungen.
Wiesbaden 1986.

JACOB/LANKER 88

Jacob, Olaf; Lanker, Edi: Konzept eines Bürovorgangssystems auf der Basis eines
Bulletin-Board-Systems und seine Integration mit PC-Endbenutzerwerkzeugen. In:
Angewandte Informatik 10/1988, S.435-442.

JANSON 82

Janson,Robert: Ein Frühwarnsystem für das Management. In: HARVARDmanager 3
(1982), S.58-65.

KAAS 77

Kaas, Klaus Peter: Empirische Preis-Absatz-Funktionen bei Konsumgütern. Berlin-
Heidelberg-New York 1977.

KARRAS /KREDEL/PAPE 87

Karras, Detlef; Kredel, Lutz; Pape, Uwe: Entwicklungsumgebungen für Expertensysteme.
Berlin-New York 1987.

KELLY 55

Kelly, G.: The psychology of personal constructs. New York-Norton 1955.

KILGER 81

Kilger, Wolfgang: Flexible Plankostenrechnung und Deckungsbeitragsrechnung.
8.Auflage, Wiesbaden 1981.

KILGER 84

Kilger, Wolfgang: Die Konzeption der Grundrechnung als Grundlage einer datenbanko-
rienierten Kostenrechnung. In: KILGER/SCHEER: Rechnungswesen und EDV. Würzburg
1984.

KIM /COURTNEY 88

Kim, Jungduck; Courtney, James: A Survey of Knowledge Acquisition Techniques and
their Relevance to Managerial Problem Domains. In: Decision Support Systems 4 (1988),
S.269-284.

KMUCHE 87

Kmuche,Wolfgang: Umgang mit externen Datenbanken. Planegg/München 1987.

KNAPPE/SUER 88

Knappe, Torsten; Suer, Karsten: CADD - Computer Aided Database Design. In: Angewandte Informatik 11/1988, S.469-477.

KOBSDA 84

Kobsda,Alfred: AI und die kognitive Psychologie. In: RETTI 84, S.99ff.

KÖHLER 85

Köhler, R.: Marketing und Rechnungswesen: "Zwei Welten" oder Partner?. In: Absatzwirtschaft 28 (1985), Nr.8, S.72-77.

KOTZ 89

Kotz, Angelika: Triggermechanismen in Datenbanksystemen. Berlin-Heidelberg 1989.

KOWALSKI 79

Kowalski,R.: Algorithm = Logic + control. Communications of the ACM, Vol.22, Nr.7, 1979.

KROEBER-RIEL 83

Kroeber-Riel, W.: Neuere Methoden der Marktforschung. In: Die Betriebswirtschaft 43 (1983), S.277-285.

KROEBER-RIEL/MEYER-HENTSCHEL 82

Kroeber-Riel, Werner; Meyer-Hentschel, Gundolf: Werbung - Steuerung des Konsumentenverhaltens. Würzburg-Wien 1982.

KRYSTEK 81

Krystek,Ulrich: Krisenbewältigungs - Management und Unternehmensplanung. Wiesbaden 1981.

KRYSTEK 85

Krystek, Ulrich: Frühwarnsysteme für das Management. In: Agplan- Handbuch, 30.Erg.-Lfg 4/85,5261.

KÜHN/WALLISER 78

Kühn, Richard; Walliser, Marius: Problemdeckungssystem mit Frühwarneigenschaften. In: Die Unternehmung 32 (1978), S.223-246.

LACHNIT 76

Lachnit, Laurenz: Zur Weiterentwicklung betriebswirtschaftlicher Kennzahlensysteme. In: ZfbF 28 (1976), S.216-230.

LACHNIT 86

Lachnit, Laurenz: Betriebliche Früherkennung auf Prognosebasis. In: JACOB 86, S.5-30.

LEBSANFT 88
Lebsanft, Ernst: Entwicklungsmethodik für Expertensysteme. In: Management-Zeitschrift 57 (1988), Nr.2, S.87-91.

LENAT 83
Lenat, Douglas; Clarkson, Albert; Kiremidjian, Garo: An expert system for indications & warning analysis. In: BUNDY 83, S.259-262.

LISCHKA 87
Lischka, Christoph: Über die Blindheit des Wissensingenieurs, die Geworfenheit kognitiver Systeme und anderes . In: KI 4/87, S.15ff.

LITTLE 70
Little, J.D.C.: Models and Managers: The Concept of a Decision Calculus. In: Management Science 16 (1970), S.B466-B485.

LÖCHER/SCHUMACHER 85
Löcher, Werner; Schumacher, Frank: Die Nutzung von Datenbanken. Düsseldorf 1985.

LOCKEMANN/SCHMIDT 87
Lockemann, P.C.; Schmidt, J.W. [Hrsg]: Datenbank-Handbuch. Berlin-Heidelberg-New York 1987.

LÖHNEYSEN 82
Löhneysen, Gisela von: Die rechtzeitige Erkennung von Unternehmenskrisen mit Hilfe von Frühwarnsystemen als Voraussetzung für ein wirksames Krisenmanagement. Dissertation, Göttingen 1982.

MAIER/REHEKAMPFF 88
Maier, Helmut; Rehekampff, Klaus: Fernmeldedienste, Hardware und Kommunikationssoftware für Online-Recherchen. In: HMD Heft 141 (1988), S.55-70.

MATHY 87
Mathy, Gunther: Wettbewerbsinstrument Relationale Datenbanken. Hallbergmoos 1987.

MAYR/DITTRICH/LOCKEMANN 87
Mayr,Heinrich; Dittrich, Klaus; Lockemann, Peter: Datenbankentwurf. In: LOCKEMANN/SCHMIDT 87, S.482-557.

MEFFERT 82
Meffert, Heribert: Marketing. 6.Auflage, Wiesbaden 1982.

MEFFERT 86
Meffert,Heribert:Marktforschung. Wiesbaden 1986.

MERTENS 81
Mertens, Peter [Hrsg.]: Prognoserechnung. Würzburg 1981.

MERTENS 86
Mertens, Peter;: Industrielle Datenverarbeitung 1. 6.Auflage, Wiesbaden 1986.

MERTENS 88
Mertens, Peter; Bodendorf, Volker; Geis, Wolfgang: Betriebliche Expertensystem-Anwendungen - Eine Materialsammlung. Berlin-Heidelberg 1988.

MERTENS/GRIESE 88
Mertens, Peter; Griese, Joachim: Industrielle Datenverarbeitung 2. 5. Auflage, Wiesbaden 1988.

MINSKY 75
Minsky, M.: A Framework for Representing Knowledge. In: WINSTON [ed.]: The Psychology of Computer Vision (1975), S.211-277.

MUCHNA 86
Muchna,Claus: Datenbankdienste und Online-Recherchen. Neue Formen der Informationsbeschaffung im Unternehmen. Arbeitspapier Fachgebiet Marketing. Universität Essen 1988.

MÜLLER-MERBACH 77
Müller-Merbach, Heiner: Frühwarnsysteme zur betrieblichen Krisenerkennung und Modelle zur Beurteilung von Krisenabwehrmaßnahmen. In: PLÖTZENDER 77, S.419-438.

MÜLLER-MERBACH 79
Müller-Merbach,Heiner: Datenursprungsbezogene Alarmsysteme. In: ALBACH/HAHN/MERTENS 79,S. 151-161.

NASTANSKY/GLOOR 86
Nastansky, Ludwig; Gloor, Peter: Designmöglichkeiten von bulletin-board-Systemen als Coorperative Processing-Systeme. In: HOMMEL/SCHINDLER 86, S.213-227.

NEUKOM/MARIONI 87
Neukom; Marioni: Expertensysteme im praktischen Einsatz. In: OUTPUT 1/87, S.41-45.

NILSSON 82
Nilsson, Nils: Principles of Artificial Intelligence. Berlin-Heidelberg-New York 1982.

NOELKE 85
Noelke, Uwe: Das Wesen des Knowledge Engineering. In: SAVORY 85, S.109-123.

OEHLER 80
Oehler, Otto: Checklist Frühwarnsystem mit Alarmkennziffern, München 1980.

PFOHL 81
Pfohl, Hans-Christian: Planung und Kontrolle. Stuttgart-Berlin-Köln-Mainz 1981.

PLÖTZENDER 77
Plötzender, H.-D.[Hrsg.]: Computergestützte Unternehmensplanung. Stuttgart 1977.

PRACHT 86
Pracht, W.E.; Courtney: A Visual User Interface for Capturing Mental Models in Model Management. Proceedings of the 19th Hawaii Conference on Systems Sciences, Vol.1, 1986, S.535-545.

PUPPE 88
Puppe, Frank: Einführung in Expertensysteme. Berlin-Heidelberg 1988.

QUILLIAN 68
Quillian, M.R.: Semantic Memory. In: MINSKY [ed.]: Semantic Information Processing, MIT-Press, Cambridge, MA, 1968, S.216-270.

RAUBACH 83
Raubach,Ulrich: Früherkennung von Unternehmenskrisen, dargestellt am Beispiel von Handwerksbetrieben. Frankfurt am Main-Berlin-New York 1983.

RAULEFS 81
Raulefs, Peter: Expert Systems: State of the Art and Future Prospects. In: SIEKMANN 81, S. 98ff.

REGOCZEI /PLANTINGA 88
Regoczei, Stephen; Plantinga, Edwin: Creating the domain of discourse: ontology and inventory. In: BOOSE/GAINES 88, S.293-308.

REICHMANN 85
Reichmann, Thomas: Controlling mit Kennzahlen. München 1985.

REICHMANN/LACHNIT 76
Reichmann, Thomas; Lachnit, Laurenz: Planung, Steuerung und Kontrolle mit Hilfe von Kennzahlen. In: ZfbF 28 (1976), S.705-723.

REICHMANN/LACHNIT 78
Reichmann, Thomas; Lachnit, Laurenz: Das Rechnungswesen als Management-Informationssystem zur Krisenerkennung und Krisenüberwindung. In:BFuP 30 (1978), S.203-219.

REICHMANN/LACHNIT 79

Reichmann, Thomas; Lachnit, Laurenz: Unternehmensführung mit Hilfe eines absatzorientierten Frühwarnsystems. In: ALBACH/HAHN/MERTENS 79, S.107-119.

RETTI 84
Retti, Johannes: Artificial Intelligence. Stuttgart 1984.

RIESER 78
Rieser, Ignaz: Frühwarnsysteme. In: Die Unternehmung 32 (1978), S.51-68.

RIESER 80
Rieser, Ignaz: Frühwarnsysteme für die Unternehmung. München 1980.

REUSCH 88
Reusch, Peter: Modellverwaltung und Expertensystemkomponenten für betriebliche Informationssysteme. Mannheim-Wien-Zürich 1988.

SAVORY 85
Savory, Stuart: Künstliche Intelligenz und Expertensysteme. München-Wien 1985.

SCHAARSCHMIDT 89
Schaarschmidt, Klaus: Aufbereitung der Möglichkeiten zur Erfassung, Speicherung und Weiterverarbeitung unternehmensinterner und -externer Daten unter Berücksichtigung von Früherkennungssystemen. Diplomarbeit, Universität Hildesheim 1989.

SCHEELE/GROEBEN 84
Scheele,B.;Groeben,N.: Die Heidelberger Struktur-Lege-Technik (SLT). Weinheim 1984.

SCHEFE 86
Schefe,Peter: Künstliche Intelligenz - Überblick und Grundlagen. Mannheim-Wien-Zürich 1986.

SCHERFF 88
Scherff,Jürgen:Information Retrieval mit Online-Datenbanken. In:HMD 144/1988,S.3-18.

SCHEER 88
Scheer,August-Wilhelm:Wirtschaftsinformatik. Berlin-Heidelberg 1988.

SCHERFF 88
Scherff, Jürgen: Information Retrieval mit Online-Datenbanken. In: HMD Heft 144 (1988), S.3-18.

SCHIEMENZ 82
Schiemenz,Bernd: Betriebskybernetik. Stuttgart 1982.

SCHNUPP /NGUYEN HUU 87
Schnupp, Peter; Nguyen Huu, Chau: Expertensystem-Praktikum. Berlin-Heidelberg 1987.

SCHMALEN 82
Schmalen, Helmut: Preispolitik. Stuttgart-New York 1982.

SCHOLZ 82
Scholz,Christian: Aufbau hierarchischer Kontrollsysteme mit PYRAMID. In: Pfeiffer, Rolf;
Lindner Helmut [Hrsg.]: Systemtheorie und Kybernetik in Wirtschaft und Verwaltung.
Berlin 1982, S.263-281.

SCHWARZE 85
Schwarze, Jochen: Grundlagen der Statistik - Beschreibende Verfahren. 3.Auflage,
Herne-Berlin 1985.

SIEKMANN 81
Siekmann, Jörg[Hrsg.]: German Workshop on Artificial Intelligence. Bad Honnef 1981.

STAEHLE 69
Staehle, Wolfgang: Kennzahlen und Kennzahlensysteme Wiesbaden 1969.

STAHLKNECHT 89
Stahlknecht, Peter: Einführung in die Wirtschaftsinformatik. 4.Auflage, Berlin-Heidelberg
1989.

STAUDT 87
Staudt, Josef: Online Wirtschaftdatenbanken 1987. Frankfurt 1987.

STIERLEN 87
Stierlen, Christof: Absatzprognosen mit Hilfe von Experten-Unterstützungssystemen. Ar-
beitspapiere zum Marketing Nr.17. Universität Bochum 1987.

THUMB 68
Thumb,N.: Grundlagen und Praxis der Netzplantechnik. München 1968.

TILEMANN 79
Tilemann,T.:Planungssprachen. In:Informatik-Spektrum 2/1979, S.168.

TIMM 71
Timm,H.J.: Konstruktion und Aussagefähigkeit von Konjunktur-Indikatoren. In: Wirt-
schaftsdienst, Wirtschaftspolitische Monatsschrift (Hrsg.:HWWA-Institut für Wirtschafts-
forschung,Hamburg) 1971/VII, S.376ff.

TÖPFER 76

Töpfer, Armin: Planungs- und Kontrollsysteme industrieller Unternehmungen. Berlin 1976.

UHLIR 79

Uhlir,Helmut: Bedeutung von Kennzahlenanalysen zur Früherkennung negativer Unternehmensentwicklungen aus der Sicht der Anteilseigner. In: ALBACH/HAHN/MERTENS 79, S.89ff.

UHRIG 87

Uhrig, Matthias: Datenbanksysteme und Online-Datenbanken. Hannover 1987.

UNGER 87

Unger-Zussman,John; Sachs, Jonathan; Gomez, Gregory: SQL*FORMS Designers Reference.Belmont,CA 1987.

VETTER 87

Vetter,M.: Aufbau betrieblicher Informationssysteme mittels konzeptioneller Datenmodellierung. 4.Auflage, Stuttgart 1987.

VORMBAUM/RAUTENBERG 85

Vormbaum, Herbert; Rautenberg, Hans: Kostenrechnung III: Plankostenrechnung. Baden-Baden 1985.

WAGNER 87

Wagner,Manfred: Computergestützte Informationssysteme in der Unternehmensplanung. München 1987.

WALKER /MILLER 87

Walker, Terri; Miller, Richard: Expert Systems 1987 - An Assessment of Technology and Applications. SEAI Technical Publications, Madison 1987.

WATERMAN 86

Waterman, Donald: A Guide to Expert Systems. Reading (Ma.), 1986.

WATERMAN /NEWELL 71

Waterman, Donald; Newell, Alan: Protocol Analysis as a Task for Artificial Intelligence. In: Artificial Intelligence, Vol.2, 1971, S.285-318.

WELTER 79

Welter, Jürgen: Betriebliches Frühwarnsystem am Beispiel der Ruhrkohle AG. In: ZfbF - Kontaktstudium, 1979, S.117-124.

WIEDMANN 84

Wiedmann, Peter: Frühwarnung, Früherkennung, Frühaufklärung,: Arbeitspapier Nr.25 des Instituts für Marketing, Universität München 1984.

WIELINGA 84

Wielinga, B.; Breuker, J.: Interpretation of verbal data for knowledge acqusition. In: European Conference on Artificial Intelligence 1984, S.3-12.

WIELINGA 86

Wielinga, B.; Breuker, J.: Models of Expertise. In: European Conference on Artificial Intelligence 1986, S.306-318.

WILD 82

Wild, Jürgen: Grundlagen der Unternehmensplanung. 4.Auflage, Opladen 1982.

WILDEMANN 84

Wildemann, Horst: Frühwarnsysteme - Gestaltung und Nutzen. München 1984.

WILDEMANN/HOFFMANN 83

Wildemann, Horst; Hoffmann, Heinz-Peter: Frühwarnsysteme. In: HFO, 12Lfg.,II.83, 5642.

WINSTON 84

Winston, Patrik Henry: Artificial Intelligence. Reading (Ma.) 1984.

WINSTON 87

Winston,Patrik Henry: Künstliche Intelligenz. Bonn-Reading (Ma.) 1987.

WIRTH 76

Wirth, Niklas: Algorithm + Data Structures = Programs. Prentice Hall, Englewood Cliffs 1976.

ZENTES 87

Zentes, Joachim: EDV-gestütztes Marketing. Berlin-Heidelberg 1987.

ZVEI 76

Zentralverband der elektrotechnischen Industrie: ZVEI Kennzahlensystem. 3.Auflage Frankfurt a.M. 1976.

Wirtschaftswissenschaftliche Beiträge

Band 28: Ingo Heinz und
Renate Klaaßen-Mielke
**Krankheitskosten durch
Luftverschmutzung**
1990. 147 Seiten. Brosch. DM 55,-
ISBN 3-7908-0471-1

Band 29: Brigitte Kalkofen
**Gleichgewichtsauswahl in
strategischen Spielen**
1990. 214 Seiten. Brosch. DM 65,-
ISBN 3-7908-0473-8

Band 30: Klaus G. Grunert
**Kognitive Strukturen in der
Konsumforschung**
1990. 290 Seiten. Brosch. DM 75,-
ISBN 3-7908-0480-0

Band 31: Stefan Felder
**Eine neo-österreichische
Theorie des Vermögens**
1990. 118 Seiten. Brosch. DM 49,-
ISBN 3-7908-0484-3

Band 32: Götz Uebe (Hrsg.)
Zwei Festreden Joseph Langs
1990. 116 Seiten. Brosch. DM 55,-
ISBN 3-7908-0487-8

Band 33: Uwe Cantner
**Technischer Fortschritt, neue Güter
und internationaler Handel**
1990. 289 Seiten. Brosch. DM 75,-
ISBN 3-7908-0488-6

Band 34: Wolfgang Rosenthal
**Der erweiterte Maskengenerator
eines Software-Entwicklungs-
Systems**
1990. 275 Seiten. Brosch. DM 75,-
ISBN 3-7908-0492-4

Band 35: Ursula Nessmayr
Die Kapitalsituation im Handwerk
1990. 177 Seiten. Brosch. DM 59,-
ISBN 3-7908-0495-9

Band 36: Henning Wüster
**Die sektorale Allokation von Arbeits-
kräften bei strukturellem Wandel**
1990. 148 Seiten. Brosch. DM 55,-
ISBN 3-7908-0497-5

Band 37: Rudolf Hammerschmid
**Entwicklung technisch-wirtschaftlich
optimierter regionaler Entsorgungs-
alternativen**
1990. 239 Seiten. Brosch. DM 68,-
ISBN 3-7908-0499-1

Band 38: Peter Mitter /
Andreas Wörgötter (Hrsg.)
Austro-Keynesianismus
1990. 102 Seiten. Brosch. DM 55,-
ISBN 3-7908-0514-9

Band 39: Alfred Katterl/
Kurt Kratena
**Reale Input-Output Tabelle
und ökologischer Kreislauf**
1990. 114 Seiten. Brosch. DM 55,-
ISBN 3-7908-0515-7

Band 40: Anette Gehrig
**Strategischer Handel und seine
Implikationen für Zollunion**
1990. 174 Seiten. Brosch. DM 65,-
ISBN 3-7908-0519-X

Band 41: Gholamreza
Nakhaeizadeh/
Karl-Heinz Vollmer (Hrsg.)
**Anwendungsaspekte von
Prognoseverfahren**
1990. 169 Seiten. Brosch. DM 59,-
ISBN 3-7908-0519-X

Band 42: Claudia Fantapié
Altobelli
**Die Diffusion neuer Kommuni-
kationstechniken in der
Bundesrepublik Deutschland**
1991. 319 Seiten. Brosch. DM 79,-
ISBN 3-7908-0525-4

Band 43: Josef Richter
**Aktualisierung und Prognose techni-
scher Koeffizienten in gesamtwirt-
schaftlichen Input-Output Modellen**
1991. 376 Seiten. Brosch. DM 89,-
ISBN 3-7908-0529-7

Band 44: Elmar Spranger
Expertensystem für Bilanzpolitik
1991. 228 Seiten. Brosch. DM 69,-
ISBN 3-7908-0532-7

Band 45: Frank Schneider
**Corporate-Identity-orientierte
Unternehmenspolitik**
1991. 295 Seiten. Brosch. DM 79,-
ISBN 3-7908-0533-5

Band 46: Beat Gygi
**Internationale Organisationen
aus der Sicht der Neuen Politischen
Ökonomie**
1991. 258 Seiten. Brosch. DM 75,-
ISBN 3-7908-0537-8

Band 47: Ludwig Hennicke
**Wissensbasierte Erweiterung
der Netzplantechnik**
1991. 194 Seiten. Brosch. DM 55,-
ISBN 3-7908-0544-0